幼稚園幼児指導要録

書き方&文例集

平成30年度実施

チャイルド本社

序章

マンガでわかる

心配しなくて大丈夫！新要録を上手に書くコツ

平成30年度から新しくなった「幼稚園幼児指導要録」。
「要録って、何をどう書いたらいいの？」「新しい要録は何が変わったの？」
不安でいっぱいなあなたも大丈夫！ 新要録の基本と、伝わる要録を書くコツをご紹介します。

記入する時に意識したい　6つのポイント！

❶その年度に「特にその子が伸びた所」を書く

❷他児との比較や達成度ではなく、「育ちつつある姿」を書く

❸読み手が小学校の先生であることを意識し、できるだけ具体的に書く

❹否定的な視点での記述や、家庭事情など背景の記載は避ける

❺保育者がしてきた指導・援助や、「こうするとよい」などの対応策を盛り込む

❻文字の大きさなどにも気を付け、読みやすい書面を心がける

要録は、子どもの育ちつつある姿を小学校に伝える重要な書類です。様式の限られたスペースの中で、書くべき情報を取捨選択して記述することが大切になります

➡詳しくは p.46 を チェック！

1. 新しい要録は何が変わった？

要録の大きな変更点は２つ。１つめは様式が変わったこと。２つめは「幼児期の終わりまでに育ってほしい姿」（10の姿）の視点が加わったことです。

おさらい 「資質・能力」の３つの柱と「10の姿」

「資質・能力」の３つの柱

知識及び技能の基礎
感じたり、気付いたり、分かったり、できるようになったりする

思考力、判断力、表現力等の基礎
考えたり、試したり、工夫したり、表現したりする

学びに向かう力、人間性等
意欲をもつ、頑張る、粘り強く取り組む
つまり
心情・意欲・態度

「幼児期の終わりまでに育ってほしい姿」（10の姿）

- 健康な心と体
- 自立心
- 協同性
- 道徳性・規範意識の芽生え
- 社会生活との関わり
- 思考力の芽生え
- 自然との関わり・生命尊重
- 数量や図形、標識や文字などへの関心・感覚
- 言葉による伝え合い
- 豊かな感性と表現

「幼稚園教育要領」「保育所保育指針」
「幼保連携型認定こども園教育・保育要領」より抜粋

この２つの観点で考えると、５領域の活動を通じて**子どもが何を経験し、その経験で何が育っているか**、という子どもの育ちがみえてきます。

2.「10の姿」を取り入れて書こう！

５領域も「10の姿」も両方とも大切です。５領域の活動から「10の姿」を意識して、子どもの育ちをみましょう。

書き方テクニック❶

「資質・能力」の３つの柱や「10の姿」のキーワードを盛り込もう！

５歳児の要録では、幼児教育において育みたい「資質・能力」の３つの柱や「幼児期の終わりまでに育ってほしい姿」（10 の姿）のキーワードを盛り込みましょう。

「キーワードを入れよう」と意識して、要録を書いていくと、必然的に「資質・能力」の３つの柱や「10 の姿」の視点で、子どもの姿を見直すことになります。また、これらのキーワードは、小学校の先生に伝わりやすい言葉でもあります。

「３つの柱」のキーワード

例えば「思考力、判断力、表現力等の基礎」では…

キーワード
- 考える
- 試す
- 工夫する
- 表現する　など

「10 の姿」のキーワード

例えば「思考力の芽生え」では…

キーワード
- 物の性質や仕組みを感じ取ったり気付いたりする
- 考えたり、予想したり、工夫したりする　など

キーワードを生かして要録の文章に！

砂場で夢中になって遊ぶうちに、砂や水の性質に気付き、どうしたら勢いよく水が流れるかを考え、何度も試したり工夫したりしながら、粘り強く取り組んでいた。

４歳児以下の要録を書く場合は、発達に沿った表現にしましょう！

p.44 の「５歳児後期の育ちの姿シート」にキーワードを掲載！

3. 保育記録を生かして書こう！

子どもの育ちを具体的に書くには、「保育記録」が欠かせません。子どもの育ちを振り返ることで、子どもの伸びている所がみえやすくなります。

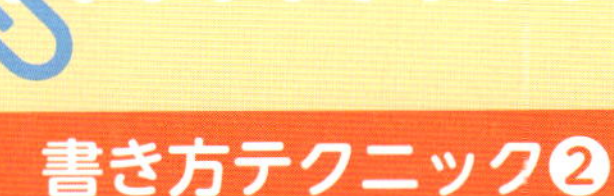

Good な書き方例

育ちが書けました！

Before 「活発で工作が好きである。」

Good 「共同製作では、友達の話をよく聞き、自分の考えも伝えながら、アイデアをよりよいものにしようとする姿がみられた。役割分担をして大きなロケットを完成させ、達成感を味わっていた。」

書き方テクニック❷

その子らしさが伝わる要録にしよう！

どの子の要録も同じようになってしまっていませんか？　１つの活動でも、子どもによって楽しんでいることや学んでいることは様々です。その子が何に興味をもち、何が育っているのか、しっかりとみて保育記録に残しましょう。そして、その記録を振り返りながら、「その子が特に伸びた所」「その子らしさがよく伝わる内容」を選び、要録に記入していきます。

その際、「10の姿」を網羅する必要はありません。その子が特に伸びた姿を選んで書きましょう。

4. プラスの視点で書こう！

保育者は、子どもの気になる所を書いてしまいがち。でも重要なのは、子どもの伸びた所に目を向けて書くことです。

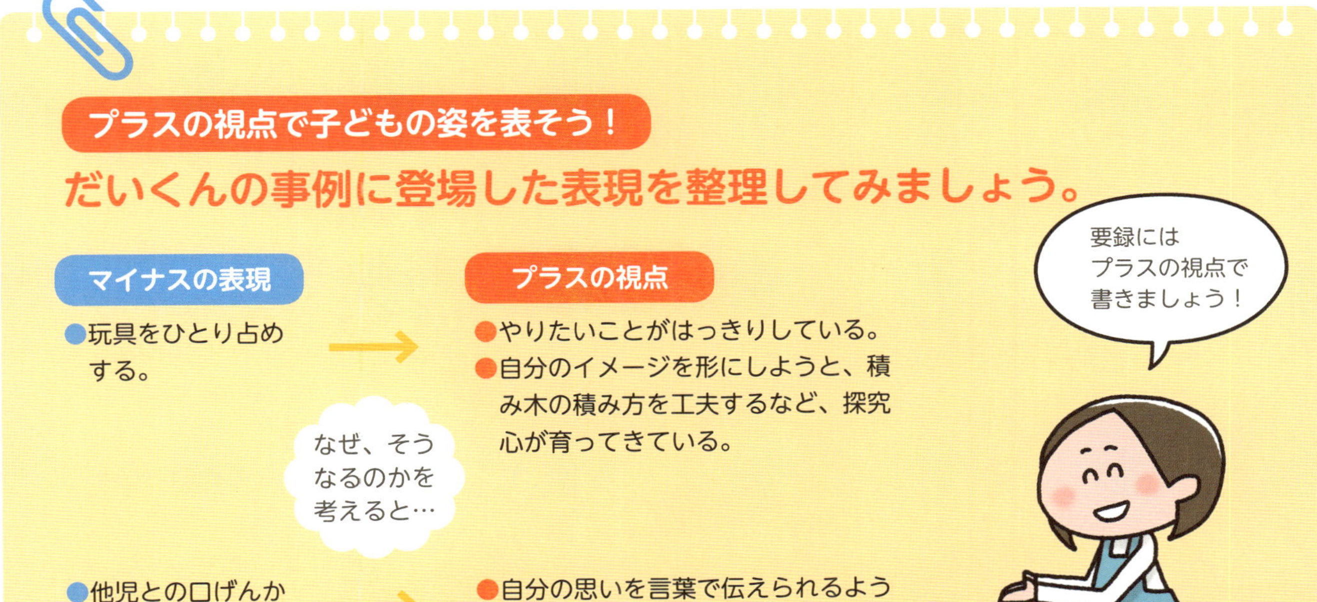

プラスの視点で子どもの姿を表そう！

だいくんの事例に登場した表現を整理してみましょう。

マイナスの表現		プラスの視点
●玩具をひとり占めする。	→	●やりたいことがはっきりしている。 ●自分のイメージを形にしようと、積み木の積み方を工夫するなど、探究心が育ってきている。
●他児との口げんかが多い。	→	●自分の思いを言葉で伝えられるようになってきた。

5. 育ちを多面的に書こう！

子どもはいろいろな育ちをしています。
小学校の先生は、どんなことを要録に
書いてほしいと思っているのでしょう。

Good な書き方例

Before 「様々な活動に友達と一緒に積極的に参加している。」と、どの子の要録にも書いてある。

Good 「台風のニュースを見て、水が生活に欠かせないものであると同時に、恐ろしいものでもあると知り、水が姿を変える様子を絵本で調べるなど、自然事象への興味を広げている。」

小学校の先生に聞きました

小学校の先生は、要録でどんなことが知りたいの？

●その子らしさを伝えてほしい

どの子も同じようなことが書いてある要録だと、その子の個性がわかりません。要録を読むことで、あらかじめその子の育ちを理解し、入学後の指導に生かしたいと考えています。担任の保育者だからこそ知っている、その子の姿を教えてほしいです。

●課題ばかり書いてあると…

「手のかかる子が来るぞ」と先入観をもってしまいます。

●育ちを多面的に知りたい

子どもの人間関係の育ちも知りたいですが、そればかりではなく、「10の姿」の「思考力の芽生え」「社会生活との関わり」「自然との関わり・生命尊重」のように、小学校の生活科などにつながるような興味・関心についても知りたいです。

6. 書く時の注意点とは？

要録に書く文章のポイントと、
使用する筆記用具や保管方法など、
注意事項を確認していきましょう。

書き方テクニック❸

文章の書き方、基本のき！

●誤字・脱字がないかチェックする

間違いのないよう、確認しましょう。他の保育者に読んでもらってもよいでしょう。

●具体的に書く

抽象的な表現ばかりだと、読み手に子どもの姿がよく伝わりません。生き生きと子どもの姿がイメージできるよう、具体的に書きましょう。

●だらだらと長く書かない

たくさん書きたいことがあっても、細かい文字でびっしりと記入欄を埋めてしまうと、読みにくくなってしまいます。文章の量・文字の大きさ・改行など、読みやすくする工夫をしましょう。

●園内でしか通じない言葉は使わない

小学校の先生が読んだ時、わからない言葉は使わないようにします。

●保育者が「～させる」という表現は使わない

「～させる」という表現は、保育者中心の保育を行ってきたような印象を与えてしまいます。

●主語と述語の関係をはっきりと

主語が子どもなのに、文の途中から保育者がしたことになっていませんか？　「誰が何をしたか」という主語・述語の関係を、はっきりさせましょう。

はじめに

平成30年３月末に、幼稚園幼児指導要録、保育所児童保育要録、幼保連携型認定こども園園児指導要録の新しい様式が発表になりました。

新しい指導要録では、「最終学年の指導に関する記録」の様式に、「幼児期の終わりまでに育ってほしい姿」(10の姿)が記載されるようになりました。これは、園での子どもの育ちをわかりやすく小学校に伝え、それを小学校でさらに伸ばしていくためです。

そのために、教科書がない幼児教育ならではの子どもの姿、環境を通した遊び(活動)における子どもの内面の育ちを、「資質・能力」の視点から要録に記載しましょう。遊び(活動)は余暇ではありません。子どもは遊び(活動)を通じて何に気付き、何を探究し、何を繰り返しながら身に付け、できるようになっているのでしょう。実践を通じて積み重ねてきた子どもの体験による学びを、幼稚園教諭ならではの視点を大切にして記載してください。

本書では、子どもの姿をプラスの視点で捉え、その子どもの育ちつつある姿が伝わる書き方を掲載しています。また、日々の保育の記録を要録に生かす方法も紹介していますので、参考になさってください。

本書が皆様の指導要録作成に役立ち、子どもたちの学びと育ちが未来へ引き継がれていくことを願ってやみません。そして要録を通じて、小学校の先生方が幼児教育の奥深さに気付いてくださることを祈念しております。

2018年12月

大阪総合保育大学大学院　教授
大阪総合保育大学　学長
文部科学省 幼児理解に基づいた評価に関する検討会
厚生労働省 保育所児童保育要録の見直し検討会　委員
大方美香

付属CD-ROMにデータを収録！

 記入例・文例を収録しています。

 フォーマットデータを収録しています。

※元号は変更可能です。

CONTENTS

第4章 アレンジして使える! 指導要録 文例

本書付属のCD-ROMについて

本書付属のCD-ROMには、各種フォーマット、記入例、文例のデータが収録されています。
以下の事項に合意いただいた上で、ご開封ください。

● 本書付属CD-ROMをお使いになる前に

【動作環境】

◎付属CD-ROMは、以下のOS、アプリケーションがインストールされているパソコンでご利用いただけます。

< Windows >
OS：Windows 7 以降
アプリケーション：Microsoft Office 2010 以降
Adobe Acrobat Reader

< Macintosh >
OS：Mac OS X 10.8 以降
アプリケーション：Microsoft Office for Mac 2010 以降
Adobe Acrobat Reader

◎付属CD-ROMをご使用いただくためには、お使いのパソコンにCD-ROMドライブ、またはCD-ROMを読み込めるDVD-ROMドライブが装備されている必要があります。

【使用上のご注意】

・付属CD-ROMに収録されたデータは、お使いのパソコン環境やアプリケーションのバージョンによっては、レイアウトなどが崩れる可能性があります。
・収録されたデータは、本書誌面と異なる場合があります。
・収録されたデータについての更新や、使い方などのサポートは行っておりません。
・パソコンやアプリケーションの操作方法については、お手持ちの使用説明書などをご覧ください。
・付属CD-ROMを使用して生じたデータの消失、ハードウェアの損傷、その他いかなる事態にも、弊社およびデータ作成者は一切の責任を負いません。

※Microsoft Windows、Microsoft Office は、米国およびその他の国におけるMicrosoft Corporation の登録商標または商標です。
※Macintosh は、米国およびその他の国におけるApple Inc. の商標です。
※Adobe Reader は、米国およびその他の国におけるAdobe Systems Incorporated の登録商標または商標です。
※本書では、商標登録マークなどの表記は省略しています。

● CD-ROM 取り扱い上の注意

・付属のディスクは「CD-ROM」です。オーディオ用のプレイヤーでは再生しないでください。
・付属CD-ROMの裏面に汚れや傷をつけると、データが読み取れなくなる場合があります。取り扱いには十分ご注意ください。
・CD-ROMドライブに正しくセットしたのち、お手持ちのパソコンの操作方法に従ってください。CD-ROMドライブにCD-ROMを入れる際には、無理な力を加えないでください。トレイにCD-ROMを正しく載せなかったり、強い力で押し込んだりすると、CD-ROMドライブが破損するおそれがあります。その場合でも、弊社およびデータ作成者は、一切の補償はできません。

● 付属CD-ROMに収録されたデータの内容

・ページの上部に下記のようなCD-ROMのマークが付いているものは、付属CD-ROMにデータが収録されています。

・図のような構成で、データが収録されています。

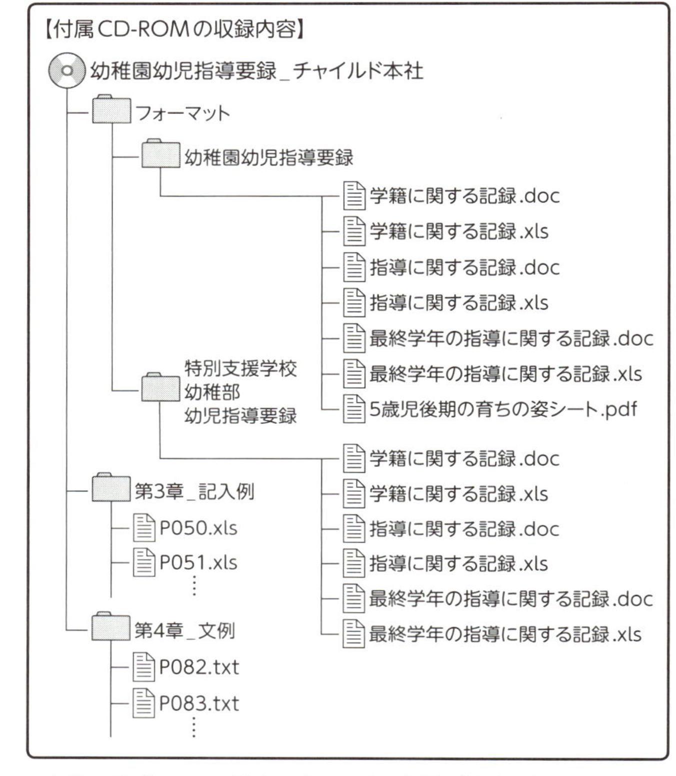

・お使いのパソコンの設定によっては、上図の順番で表示されない場合があります。
・付属CD-ROMに収録されたデータに、イラストは入っていません。

● CD-ROMに収録されている デジタルコンテンツの使用許諾と禁止事項

・本書付属のCD-ROMに収録されているデジタルコンテンツは、本書を購入された個人または法人が、その私的利用の範囲内においてお使いいただけます。
・本コンテンツを無断で複製して、第三者に販売・貸与・譲渡・頒布（インターネットを通じた提供も含む）することは、著作権法で固く禁じられています。
・本書付属CD-ROMの図書館外への貸し出しを禁じます。

第1章

指導要録 記入上の注意点

「そもそも、『指導要録』って何？」

「様式のこの欄は、何を書けばいいの？」

「書く時＆保管する時の注意点は？」

気になる基本事項を、まず確認していきましょう。

指導要録とは

指導要録は、長く保存する必要がある
大切な文書です。
普段の記録を生かして、充実した
指導要録を作成していきましょう。

学籍と指導について記録した「公的な文書」

担任をもつ教師は、担当するクラスの子ども一人ひとりについて「幼稚園幼児指導要録」を作成します。この指導要録とは、そもそもどのような文書なのでしょうか。

幼稚園幼児指導要録とは、法律上の教育機関である幼稚園が「作成」し、「備えなければならない表簿」として法令※で定められている公的な文書です。内容には「学籍に関する記録」と「指導に関する記録」の２つの要素があります。

学籍の記録とは、幼稚園の教育課程に２年間または３年間在籍したという証明になるものです。一方、指導の記録は、教育課程に基づく指導の過程とその結果を要約したものです。就学時には、進学先の校長にこの指導要録（写し）を送付することが定められています。また、これらの記録はその幼児に関する公的な情報の原簿として扱われ、学籍の記録は作成後 20 年間、指導の記録は５年間、保存されることになります。

いわば指導要録は、小学校との連携において、個々の子どもが「この幼稚園に通い、このような指導を受けて育ちつつある」ということを引き継ぐためのものです。長く保存される文書でもありますから、内容や表現に十分配慮しながら、その子どもの一番育ったところを記載するようにします。

※学校教育法施行規則第 24 条、第 28 条など。

小学校に引き継ぐためにも普段の記録を大切に

平成 30 年度からは、指導要録の「最終学年の指導に関する記録」の様式に、「幼児期の終わりまでに育ってほしい姿」（10 の姿）が記載されるようになりました。これは、幼稚園での子どもの育ちをわかりやすく小学校に伝え、それを小学校の指導でさらに伸ばしていくことが目的です。「最終学年の指導の記録」では「10 の姿」を活用しながら、子どもに育ちつつある力（資質・能力）を捉え、記録することを意識してみてください。

もちろん、こうした子どもの姿を振り返るには、普段の保育の記録が重要になります。日頃の記録をもとに、教師が行ってきた指導と、担任だからこそ知ることができた子どもの育ちつつある姿を書き出していくと、充実した指導要録になります。

作成から送付までの流れ

指導要録を記入するまで、
そして、指導要録を記入して
小学校へと送付するまでの
流れを確認していきましょう。

指導の記録は、日々の記録と定期的な振り返りがカギ

指導要録の「学籍に関する記録」は、入園時または進級した学年当初に記入します。これは年度途中で転園をした際にも引き継がれる情報ですから、子どもの氏名や住所など記載事項に変更があった時はそのつど新しい情報を記入し、変更した日付を欄外に記載します。

一方、「指導に関する記録」は、1年間の指導を終えた学年末に、教師が行ってきた指導と、この1年で子どもの伸びた所を中心に記入します。ここで重要になるのが、日頃の保育の記録です。指導計画に基づいて活動を展開していく中で、子どもの遊びの内容や人との関わり方、または心の動きなど、保育の中で気付いた変化をできるだけ記録しておきましょう。そして1か月、または1学期といった期間での活動内容や子どもの育ちについて、5領域や「資質・能力」、「10の姿」を参考にしながら振り返りをします。すると「ここをもっと育てよう」「この子の発達に合った遊びを考えよう」といった改善点が見えてきます。その上で、改善点は次の月や学期に反映していきます。ＰＤＣＡサイクルとは、この振り返りを次に生かすことを繰り返しながら記録を反映していくことです。続けていくと、学年末の頃には、指導要録に書くべき内容が見えてきます。

このようにして担任が書いた記録は、最終的に園長（施設長）の責任で指導要録として完成させ、年度内にそれぞれの子どもの進学先の小学校へ送付します。

各項目を記入する時期の目安

※記入・押印の時期は一例です。

時期	学籍に関する記録	指導に関する記録／最終学年の指導に関する記録
入園時	□ 年度、学級、整理番号 □「幼児」の欄 □「保護者」の欄 □ 入園年月日 □ 入園前の状況 □ 幼稚園名及び所在地 □ 年度及び入園（転入園）・進級時の幼児の年齢 □ 園長氏名、学級担任者氏名	□ 氏名、生年月日 □ 性別 □ 年度 □ 学年の重点
学年当初	□ 年度、学級、整理番号 □ 年度及び入園（転入園）・進級時の幼児の年齢 □ 園長氏名、学級担任者氏名	□ 年度 □ 学年の重点
学年末	□ 園長、学級担任者 印	□ 個人の重点 □ 指導上参考となる事項 □ 出欠状況、備考
修了時	□ 修了年月日 □ 進学先等	
事由発生時	□ 転入園年月日、転・退園年月日 □ 園長氏名、学級担任者氏名（変更が生じた場合）	

管理上の注意点

要録には、個人情報が多く含まれるため、管理には十分な注意が必要です。具体的な管理についての注意点をおさえておきましょう。

保管について

1 指導要録原本は幼稚園で保管する。
2 幼児が卒園もしくは転園した後、「学籍に関する記録」は20年間、「指導に関する記録」「最終学年の指導に関する記録」は5年間、保存すること。
3 保管期間中は、耐火金庫などに入れて厳重に保管し、責任者を決めて管理すること。
4 金庫に入れない場合も、日光による退色が起こらない場所で、鍵のかかる書類棚などに保管すること。
5 個人情報を書いた重要な書類なので、第三者の目に触れないように保管すること。
6 保存期間が過ぎた後は、速やかに完全に破棄すること。

個人情報ゆえの注意

個人情報の取り扱いについては、入園前に保護者に渡す説明書等で「指導要録」の「目的」と「内容」を説明します。説明書と併せて承諾書を準備し、個人情報の記載について、保護者の承諾を得ておきましょう。

書かれた内容は原則として非開示ですが、開示請求があった場合を考慮して、客観的な事実に基づく記載をします。また、指導要録に基づいて外部への証明書を作成する場合は、個人情報保護の観点から、目的に応じて必要な部分のみを記載します。

記入上のルール

公的な書類である指導要録を
記入する際に知っておきたい、
具体的なルールを解説します。

現代かなづかいを使用

氏名や地名などの固有名詞以外は常用漢字と現代かなづかいを用いて、楷書で正確に記入します。原則として算用数字を使用し、誤字・脱字に注意して丁寧に清書しましょう。

訂正・変更について

書き間違えた場合は、該当箇所に二重線を引き、訂正者の認印を押した上で、訂正後の内容を書き入れます。修正液（テープ）を使用してはいけません。押印は朱肉を使う印鑑で行います。書き間違いではなく、住所変更など記載内容に変更があった場合は、二重線で消し、変更された内容を記入します。変更の場合、訂正印は不要です。

手書きにする場合

手書きの場合は、黒または青の耐水性のペンを使用しましょう。消せるタイプのボールペンは絶対に使用してはいけません。

ゴム印の使用について

園名や所在地などには、ゴム印が使用できます。インクは20年間消えないタイプの物を使用してください。

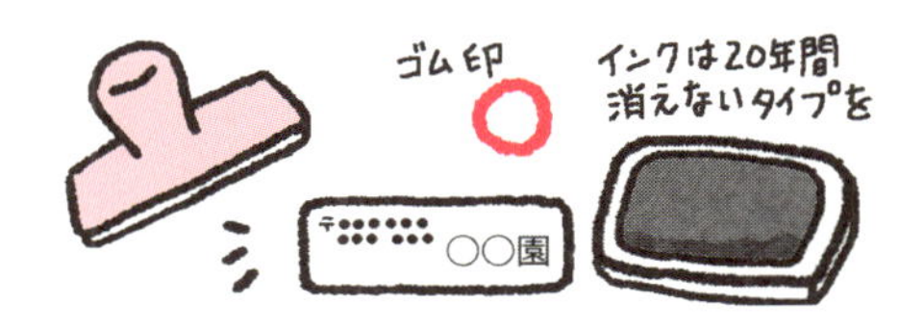

パソコンを使用する場合

指導要録をパソコンで作成する場合は、私物のパソコンではなく、園のパソコンを使用することが望ましいです。個人情報が書かれているので、情報の流出や改ざんを防ぐためにも、セキュリティー対策が必要です。また、パソコン本体やデータを保存した記録媒体、プリント後の用紙の園外への持ち出しは、絶対に避けましょう。

プリント後に、園長の署名・捺印、担任の署名・捺印をしたものが、最終的な原本になります。保存してあるだけのデータは、原本にはなりません。

※署名・捺印は、電子署名及び認証業務に関する法律に基づく「電子署名」を行うことで替えられる。

学籍に関する記録

CD-ROMにフォーマットを収録しています。

「学籍に関する記録」は、幼児の在籍を外部に証明する公的な書類です。原則として、入園・進級時及び異動の生じた時に記入します。

※指導要録の様式は、各市区町村で統一様式を作っているケースもあるので、自治体に確認しましょう。

幼稚園幼児指導要録（学籍に関する記録）

区分＼年度	平成　年度	平成　年度	平成　年度	平成　年度
学　級				
整理番号				

A 学級・整理番号

＊元号は幼児に合わせて変更します。

幼　児	ふりがな 氏　名		性　別	
		平　成　　年　　月　　日　生		
	現住所			
保護者	ふりがな 氏　名			
	現住所			

B 幼児の氏名・生年月日・性別・現住所

C 保護者の氏名・現住所

入　園	平成　年　月　日	入園前の状　況	E 入園前の状況
転入園	平成　年　月　日		
転・退園	平成　年　月　日	進学先等	F 進学先等
修　了	平成　年　月　日		

D 入園・転入園などの期日

幼稚園名及び所在地				
年度及び入園（転入園）・進級時の幼児の年齢	平成　年度 歳　か月	平成　年度 歳　か月	平成　年度 歳　か月	平成　年度 歳　か月
園　長 氏名　印	（満３歳児）	（３歳児）	（４歳児）	（５歳児）
学級担任者 氏名　印				

G 幼稚園名及び所在地

H 年度及び入園（転入園）・進級時の幼児の年齢

I 園長氏名 印・学級担任者氏名 印

＊文部科学省からの通知に掲載されている「様式の参考例」をもとに説明しています。

A 学級・整理番号

● 1番左の欄から、満3歳児、3歳児、4歳児、5歳児と進級順に書きます。右端の欄が最終学年です。
● 2年保育の場合は、左の欄を空けて右に寄せて書きます。
●整理番号の付け方には、決まりはありません。途中で転・退園があった場合は、欠番にします。

●3歳児から入園した子の場合

区分＼年度	平成　年度	平成28年度	平成29年度	平成30年度
学　級		にじ	さくら	つき
整理番号		6	11	7

B 幼児の氏名・生年月日・性別・現住所

●氏名は楷書で書き、上にふりがなを振ります。
●外国籍の幼児の場合、氏名は省略せずに本名を記入し、ふりがなは母国語に近い読み方で、カタカナで書きます。
●現住所欄は現在生活している住所を記入します。都道府県から、マンション名なども省略せずに記入します。数字の部分は、固有名詞を除き、算用数字を使用します。変更に備えて、やや上部に書き、欄の下に余白を残します。

●住所に変更があった場合

<table>
<tr><td rowspan="2">幼　児</td><td>ふりがな
氏　名</td><td>きのした　はるき
木下　晴季
平成 24 年 10 月 25 日 生</td><td>性 別</td><td>男</td></tr>
<tr><td>現住所</td><td colspan="3"><s>東京都中野市大石川1丁目2番3号すずらんハイツ202号室</s>
東京都朝日市黒山3丁目4番3号</td></tr>
</table>

＊変更があった場合は、二重線で消し、下に新しい住所を記入（訂正印不要）。
＊誤りの場合は、二重線で訂正し、訂正印を押す。

C 保護者の氏名・現住所

●幼児の親権者の氏名を記入します。親権者がいない場合は後見人の氏名を書き、氏名の後に(後見人)と書きます。
●現住所が幼児と同じ場合は「幼児の欄に同じ」と記入します（ゴム印可）。幼児と異なる場合は、都道府県から記入し、変更に備えてやや上部に書き、下に余白を残します。
●両親のもとを離れ祖父母の家などから通園している場合でも、両親のどちらかが親権者であれば、その氏名と現住所を記入します。

●現住所が幼児と同じ場合

<table>
<tr><td rowspan="2">保護者</td><td>ふりがな
氏　名</td><td>きのした　ともゆき
木下　友之</td></tr>
<tr><td>現住所</td><td>幼児の欄に同じ</td></tr>
</table>

●後見人の場合

<table>
<tr><td rowspan="2">保護者</td><td>ふりがな
氏　名</td><td>さいとう　かずゆき
斎藤　和行（後見人）</td></tr>
<tr><td>現住所</td><td>幼児の欄に同じ</td></tr>
</table>

D 入園・転入園などの期日

- 入園は、公立幼稚園は所轄の市区町村の教育委員会が通知した年月日を、その他の幼稚園は園が定めた入園の年月日を記入します。
- 転入園は、他の園から転園してきた場合に記入します。公立幼稚園は市区町村の教育委員会が通知した転入園の日を、その他の幼稚園は園が定めた転入園の日を記入します。
- 転・退園は、他の園へ転園したり退園したりする場合に記入します。公立幼稚園は、転園先の園が転入園を許可した日の前日を、その他の園は園が定めた日を記入します。
- 修了は、公立幼稚園は市区町村の教育委員会が通知した年月日（原則3月31日）を、その他の幼稚園では園が定めた修了日を記入します。

E 入園前の状況

- 入園前に特に集団生活の経験がない場合は「特記事項なし」と記入します。
- 入園前に集団生活の経験がある場合、前所（園）の名称、所在地、入所（園）した年齢、入園（転入園）の事由を記入します。
- 海外に居住していた場合、国名、居住していた年齢と期間、通園の状況などについて記入します。

●保育所から転入園してきた場合

入園前の状　況	両親が共働きになり、１歳５か月から日の出保育所（東京都小川市高田１丁目７番６号）に入所。転居に伴い、３歳３か月で転入園。

●他の幼稚園から転入園した場合

入園前の状　況	学校法人日村学園さくら幼稚園（東京都大山市日村３丁目３３番２号）に３歳３か月で入園。祖母との同居に伴い、４歳２か月で転入園。

F 進学先等

- 小学校等へ進学する場合は、小学校等の正式名称・所在地を、他の幼稚園へ転園する場合は、転園先の正式名称と所在地・転園の事由を記入します。公立の場合、名称は各自治体の規定により、都道府県名から記入する場合もあります。
- 退園する場合は退園の事由を記入し、転居などの場合は住所等（連絡先）を記入します。

●小学校へ進学する場合

進学先等	東京都美原市立第七小学校 東京都美原市東町４丁目３１番１号

●他の園へ転園する場合

進学先等	父親の転勤のため、東京都池田市立みずほ幼稚園（東京都池田市川本４丁目３番２号）に転園。

例）・通園距離が長いため､近くの園に転園することになった。
・父親が海外へ転勤となり、退園することになった。

G 幼稚園名及び所在地

●正式な園名を省略せずに記入します。公立の場合は、自治体によって都道府県名から記入することもあります。
●分園の場合は本園名と、(　　) で分園名を記入します。
●所在地は、都道府県から省略せずに記入します。変更に備え、下部に余白を残します。
●変更の場合は、二重線を引きます（訂正印は不要)。誤記は二重線を引き、訂正印を押します。
●ゴム印を使用してもかまいません。

幼稚園名 及び所在地	学校法人武村学園みどり幼稚園 東京都山下市緑ヶ丘２丁目54番１号

H 年度及び入園(転入園)・進級時の幼児の年齢

● ４月１日から翌年３月31日までの、各学年に所属した年度を記入します。
●年齢は、当該年度の４月１日時点での幼児の年齢を月数まで記入します。
●学級・整理番号の欄と同様に、右端が最終年齢で、左から右に寄せて記入します。

●平成27年９月から入園した平成24年７月10日生まれの子の場合

年度及び入園(転入園) ・進級時の幼児の年齢	平成27年度 ３歳１か月	平成28年度 ３歳８か月	平成29年度 ４歳８か月	平成30年度 ５歳８か月

●誕生日ごとの４月１日時点の月数早見表

誕生日	4/2 ～5/1	5/2 ～6/1	6/2 ～7/1	7/2 ～8/1	8/2 ～9/1	9/2 ～10/1
月数	11	10	9	8	7	6
誕生日	10/2 ～11/1	11/2 ～12/1	12/2 ～1/1	1/2 ～2/1	2/2 ～3/1	3/2 ～4/1
月数	5	4	3	2	1	0

I 園長氏名 印・学級担任者氏名 印

●年度初め、または幼児が転入園した際の園長、担任名を記入します(ゴム印を使用してもかまいません)。変更に備え、下部に余白を空けておきます。
●複数の担任や副担任がいる場合、氏名を列挙して記入し、副担任の場合は（副担任）と記入します。
●年度内に変更があった場合は、その都度後任者名を記入し、担当した期間を（　）で書きます。産休などで臨時職員が担任した場合は、その期間と名前を併記します。
●印は年度末（または転園時）に園長・担任であった者が押印します。*

●園長や担任が年度内に変更になった場合

園長 氏名　印	富沢康美(4.1～8.31) 前川健介(9.1～3.31)（前川）	前川健介（前川）	
学級担任者 氏名　印	吉川玲子（吉川）	浜野真知子（浜野） （4.1～6.5、10.5～3.31） （産・補）大谷由美 （6.6～10.4）	

●副担任を置いている場合

学級担任者 氏名　印	田中浩司（田中） 和田良子（和田） （副担任）	

＊この押印の時期は、一例です。押印は、責任の所在を明らかにし、改ざんなどを防ぐ目的があります。押印の時期に明確な決まりはありませんが、この目的から逸脱しないようにしましょう。

CD-ROMにフォーマットを収録しています。

指導に関する記録

「指導に関する記録」及び
「最終学年の指導に関する記録」を
記入する際の、具体的な
書き方や注意点を紹介します。

＊元号は幼児に
合わせて変更
します。

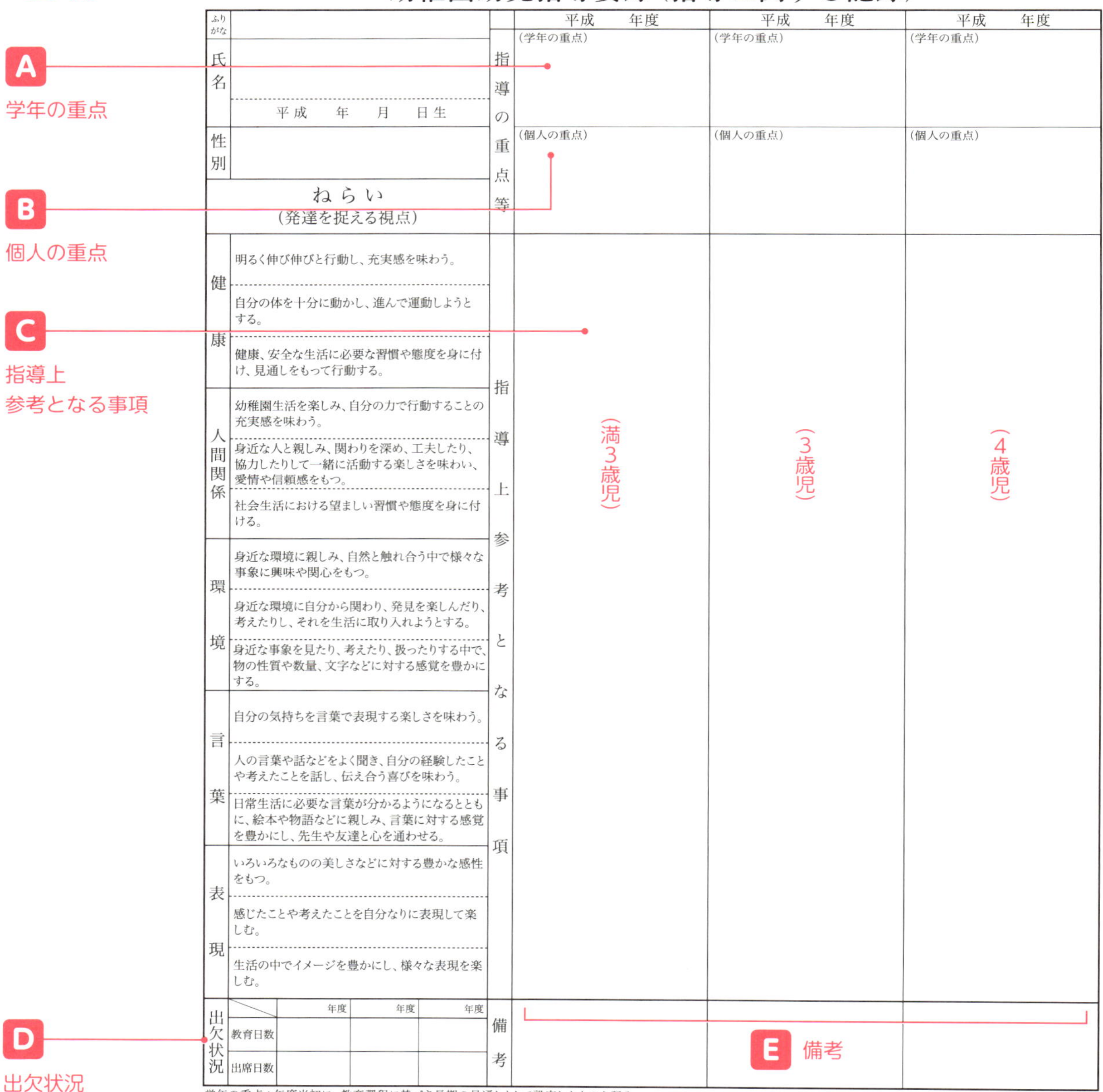

幼稚園幼児指導要録（指導に関する記録）

			平成　年度	平成　年度	平成　年度
ふりがな		指導の重点等	（学年の重点）	（学年の重点）	（学年の重点）
氏名	平成　年　月　日生				
性別			（個人の重点）	（個人の重点）	（個人の重点）
ねらい（発達を捉える視点）					
健康	明るく伸び伸びと行動し、充実感を味わう。	指導上参考となる事項			
	自分の体を十分に動かし、進んで運動しようとする。				
	健康、安全な生活に必要な習慣や態度を身に付け、見通しをもって行動する。				
人間関係	幼稚園生活を楽しみ、自分の力で行動することの充実感を味わう。				
	身近な人と親しみ、関わりを深め、工夫したり、協力したりして一緒に活動する楽しさを味わい、愛情や信頼感をもつ。				
	社会生活における望ましい習慣や態度を身に付ける。				
環境	身近な環境に親しみ、自然と触れ合う中で様々な事象に興味や関心をもつ。				
	身近な環境に自分から関わり、発見を楽しんだり、考えたりし、それを生活に取り入れようとする。				
	身近な事象を見たり、考えたり、扱ったりする中で、物の性質や数量、文字などに対する感覚を豊かにする。				
言葉	自分の気持ちを言葉で表現する楽しさを味わう。				
	人の言葉や話などをよく聞き、自分の経験したことや考えたことを話し、伝え合う喜びを味わう。				
	日常生活に必要な言葉が分かるようになるとともに、絵本や物語などに親しみ、言葉に対する感覚を豊かにし、先生や友達と心を通わせる。				
表現	いろいろなものの美しさなどに対する豊かな感性をもつ。				
	感じたことや考えたことを自分なりに表現して楽しむ。				
	生活の中でイメージを豊かにし、様々な表現を楽しむ。				

出欠状況	年度	年度	年度	備考			
教育日数							
出席日数							

学年の重点：年度当初に、教育課程に基づき長期の見通しとして設定したものを記入
個人の重点：1年間を振り返って、当該幼児の指導について特に重視してきた点を記入
指導上参考となる事項：
(1) 次の事項について記入すること。
①1年間の指導の過程と幼児の発達の姿について以下の事項を踏まえ記入すること。
・幼稚園教育要領第2章「ねらい及び内容」に示された各領域のねらいを視点として、当該幼児の発達の実情から向上が著しいと思われるもの。
その際、他の幼児との比較や一定の基準に対する達成度についての評定によって捉えるものではないことに留意すること。
・幼稚園生活を通して全体的、総合的に捉えた幼児の発達の姿。
②次の年度の指導に必要と考えられる配慮事項等について記入すること。
(2) 幼児の健康の状況等指導上特に留意する必要がある場合等について記入すること。
備考：教育課程に係る教育時間の終了後等に行う教育活動を行っている場合には、必要に応じて当該教育活動を通した幼児の発達の姿を記入すること。

A 学年の重点

年度当初、教育課程に基づき、この学年の長期の見通しとして指導の重点を設定します。各学年を担当する全ての教師で話し合い、学年共通の指導の重点を考えます。保育の中で意識しておくことが重要です。

B 個人の重点

年度末に１年間を振り返り、その子どもに対して何を重点的に指導してきたかを考え、記入します。一人ひとりの発達や個性、課題などに基づくので、内容はそれぞれ異なるはずです。

記入するにあたり、前年度の同欄及び「指導上参考となる事項」の内容を踏まえ、子どもの育ちがつながるように考慮します。

C 指導上参考となる事項

この欄には、以下の４点を踏まえて、子どもの１年間の発達の姿、すなわち子どもの園生活の様子と教師の関わり（指導・援助）の過程、及びその結果、子どもにどんな育ちがあったかを書いていきます。次の年度の担任や、小学校での指導に役立つ内容を心がけましょう。以下は記入上の留意点です。

①１年間の指導の過程とその子どもの発達の姿について、左側にある５領域に関わるねらいを視点として、年度当初よりも著しく発達したと思われることについて記述します。他の子どもとの比較や、この年齢で達成してほしいレベルとの相違を記述するのではありません。

②①以外でも必要に応じて、幼稚園生活を通して全体的・総合的に捉えたその子どもの発達の姿を、具体的な指導・援助とその後の育ちを含めて記述します。

③指導上困難なこと、その子どもにとって課題であったことは、「できなかった」ではなく、そのことを保育者がどう捉え指導してきたか、そして子どもがどのように乗り越えようとしたかを、次の年度に生かせるよう記入します。

④健康状態など、指導上特に留意することがある場合は記述します。

D 出欠状況

教育日数は、１年間に教育した総日数を記入します。夏休み中の登園日など教育課程に位置づけられた日は含まれますが、自由参加のプール遊びなどは含まれません。

教育日数は指導計画に基づくもので、同学年では同じ数になります。転入園した子どもは転入以降の教育日数を、転・退園した子どもは転・退園までの教育日数を記入します。満３歳児で入園した子どもは入園時からの教育日数になります。

出席日数は、１年間にその子どもが出席した総日数を記入します。早退や遅刻も出席として扱います。出席日数が０の場合は空欄にせず、０と記入します。

E 備考

特記すべき欠席理由（学級閉鎖、出席停止、忌引など）とその日数や、その他出欠に関する特記事項を記入します。
（例）出席停止８日間（水痘）／忌引３日（祖父死亡のため）

また、「教育課程に係る教育時間の終了後等に行う教育活動」に参加している場合、そこでの姿を記入することもできます。

＊幼稚園の各学年の教育週数は、特別な事情のある場合を除き、39週を下回ってはならないと定められています（学校教育法施行規則第37条）。

幼稚園幼児指導要録（最終学年の指導に関する記録）

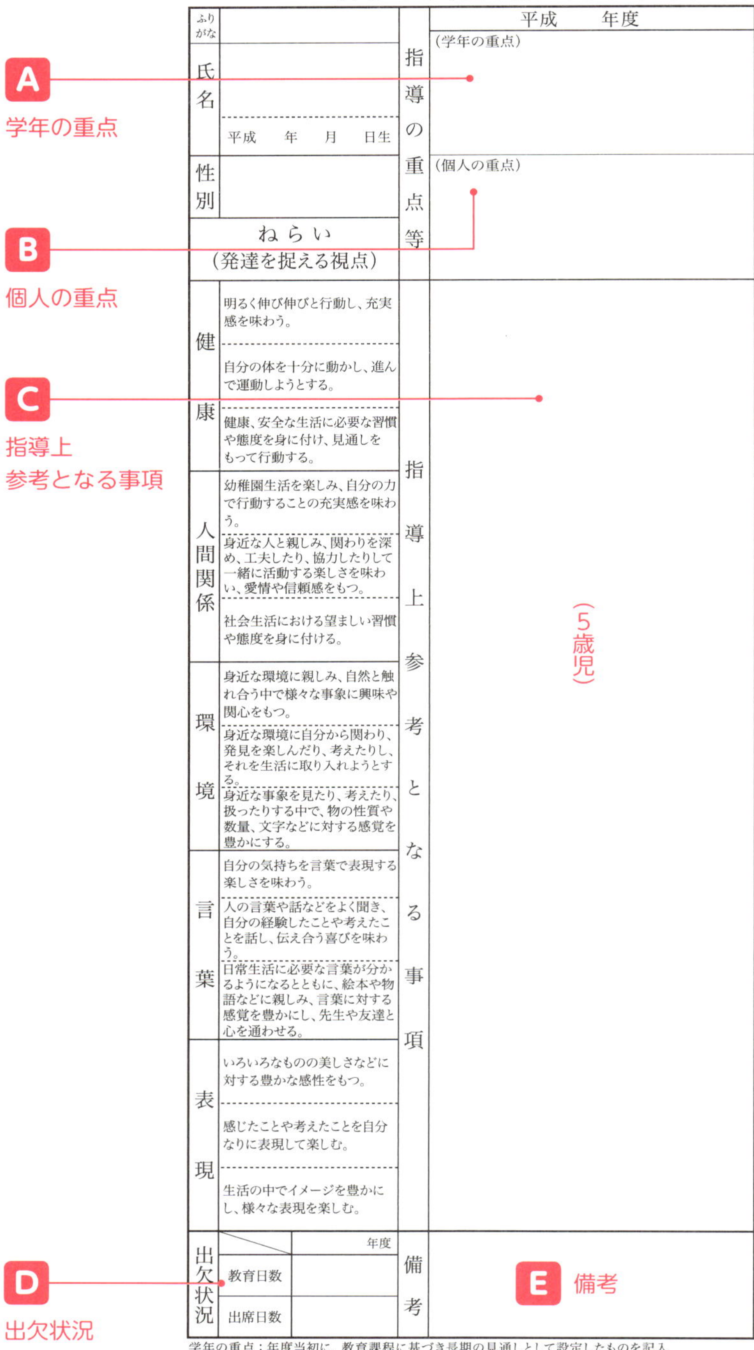

A 学年の重点

B 個人の重点

C 指導上参考となる事項

D 出欠状況

E 備考

ふりがな		指導の重点等	平成　　年度
氏名	平成　　年　　月　　日生		（学年の重点）
性別			（個人の重点）
ねらい（発達を捉える視点）			
健康	明るく伸び伸びと行動し、充実感を味わう。	指導上参考となる事項	（5歳児）
	自分の体を十分に動かし、進んで運動しようとする。		
	健康、安全な生活に必要な習慣や態度を身に付け、見通しをもって行動する。		
人間関係	幼稚園生活を楽しみ、自分の力で行動することの充実感を味わう。		
	身近な人と親しみ、関わりを深め、工夫したり、協力したりして一緒に活動する楽しさを味わい、愛情や信頼感をもつ。		
	社会生活における望ましい習慣や態度を身に付ける。		
環境	身近な環境に親しみ、自然と触れ合う中で様々な事象に興味や関心をもつ。		
	身近な環境に自分から関わり、発見を楽しんだり、考えたりし、それを生活に取り入れようとする。		
	身近な事象を見たり、考えたり、扱ったりする中で、物の性質や数量、文字などに対する感覚を豊かにする。		
言葉	自分の気持ちを言葉で表現する楽しさを味わう。		
	人の言葉や話などをよく聞き、自分の経験したことや考えたことを話し、伝え合う喜びを味わう。		
	日常生活に必要な言葉が分かるようになるとともに、絵本や物語などに親しみ、言葉に対する感覚を豊かにし、先生や友達と心を通わせる。		
表現	いろいろなものの美しさなどに対する豊かな感性をもつ。		
	感じたことや考えたことを自分なりに表現して楽しむ。		
	生活の中でイメージを豊かにし、様々な表現を楽しむ。		
出欠状況	年度	備考	
	教育日数		
	出席日数		

幼児期の終わりまでに育ってほしい姿	
「幼児期の終わりまでに育ってほしい姿」は、幼稚園教育要領第２章に示すねらい及び内容に基づいて、各幼稚園で、幼児期にふさわしい遊びや生活を積み重ねることにより、幼稚園教育において育みたい資質・能力が育まれている幼児の具体的な姿であり、特に５歳児後半に見られるようになる姿である。「幼児期の終わりまでに育ってほしい姿」は、とりわけ幼児の自発的な活動としての遊びを通して、一人一人の発達の特性に応じて、これらの姿が育っていくものであり、全ての幼児に同じように見られるものではないことに留意すること。	
健康な心と体	幼稚園生活の中で、充実感をもって自分のやりたいことに向かって心と体を十分に働かせ、見通しをもって行動し、自ら健康で安全な生活をつくり出すようになる。
自立心	身近な環境に主体的に関わり様々な活動を楽しむ中で、しなければならないことを自覚し、自分の力で行うために考えたり、工夫したりしながら、諦めずにやり遂げることで達成感を味わい、自信をもって行動するようになる。
協同性	友達と関わる中で、互いの思いや考えなどを共有し、共通の目的の実現に向けて、考えたり、工夫したり、協力したりし、充実感をもってやり遂げるようになる。
道徳性・規範意識の芽生え	友達と様々な体験を重ねる中で、してよいことや悪いことが分かり、自分の行動を振り返ったり、友達の気持ちに共感したりし、相手の立場に立って行動するようになる。また、きまりを守る必要性が分かり、自分の気持ちを調整し、友達と折り合いを付けながら、きまりをつくったり、守ったりするようになる。
社会生活との関わり	家族を大切にしようとする気持ちをもつとともに、地域の身近な人と触れ合う中で、人との様々な関わり方に気付き、相手の気持ちを考えて関わり、自分が役に立つ喜びを感じ、地域に親しみをもつようになる。また、幼稚園内外の様々な環境に関わる中で、遊びや生活に必要な情報を取り入れ、情報に基づき判断したり、情報を伝え合ったり、活用したりするなど、情報を役立てながら活動するようになるとともに、公共の施設を大切に利用するなどして、社会とのつながりなどを意識するようになる。
思考力の芽生え	身近な事象に積極的に関わる中で、物の性質や仕組みなどを感じ取ったり、気付いたりし、考えたり、予想したり、工夫したりするなど、多様な関わりを楽しむようになる。また、友達の様々な考えに触れる中で、自分と異なる考えがあることに気付き、自ら判断したり、考え直したりするなど、新しい考えを生み出す喜びを味わいながら、自分の考えをよりよいものにするようになる。
自然との関わり・生命尊重	自然に触れて感動する体験を通して、自然の変化などを感じ取り、好奇心や探究心をもって考え言葉などで表現しながら、身近な事象への関心が高まるとともに、自然への愛情や畏敬の念をもつようになる。また、身近な動植物に心を動かされる中で、生命の不思議さや尊さに気付き、身近な動植物への接し方を考え、命あるものとしていたわり、大切にする気持ちをもって関わるようになる。
数量や図形、標識や文字などへの関心・感覚	遊びや生活の中で、数量や図形、標識や文字などに親しむ体験を重ねたり、標識や文字の役割に気付いたりし、自らの必要感に基づきこれらを活用し、興味や関心、感覚をもつようになる。
言葉による伝え合い	先生や友達と心を通わせる中で、絵本や物語などに親しみながら、豊かな言葉や表現を身に付け、経験したことや考えたことなどを言葉で伝えたり、相手の話を注意して聞いたりし、言葉による伝え合いを楽しむようになる。
豊かな感性と表現	心を動かす出来事などに触れ感性を働かせる中で、様々な素材の特徴や表現の仕方などに気付き、感じたことや考えたことを自分で表現したり、友達同士で表現する過程を楽しんだりし、表現する喜びを味わい、意欲をもつようになる。

学年の重点：年度当初に、教育課程に基づき長期の見通しとして設定したものを記入
個人の重点：１年間を振り返って、当該幼児の指導について特に重視してきた点を記入
指導上参考となる事項：
(1) 次の事項について記入すること。
　① １年間の指導の過程と幼児の発達の姿について以下の事項を踏まえ記入すること。
　・幼稚園教育要領第２章「ねらい及び内容」に示された各領域のねらいを視点として、当該幼児の発達の実情から向上が著しいと思われるもの。
　　その際、他の幼児との比較や一定の基準に対する達成度についての評定によって捉えるものではないことに留意すること。
　・幼稚園生活を通して全体的、総合的に捉えた幼児の発達の姿。
　② 次の年度の指導に必要と考えられる配慮事項等について記入すること。
　③ 最終年度の記入に当たっては、特に小学校等における児童の指導に生かされるよう、幼稚園教育要領第１章総則に示された「幼児期の終わりまでに育ってほしい姿」を活用して幼児に育まれている資質・能力を捉え、指導の過程と育ちつつある姿を分かりやすく記入するように留意すること。また、「幼児期の終わりまでに育ってほしい姿」が到達すべき目標ではないことに留意し、項目別に幼児の育ちつつある姿を記入するのではなく、全体的、総合的に捉えて記入すること。
(2) 幼児の健康の状況等指導上特に留意する必要がある場合等について記入すること。
備考：教育課程に係る教育時間の終了後等に行う教育活動を行っている場合には、必要に応じて当該教育活動を通した幼児の発達の姿を記入すること。

A 学年の重点

「指導に関する記録」の「学年の重点」(31 ページ)と同様。

B 個人の重点

「指導に関する記録」の「個人の重点」(31 ページ)と同様。

C 指導上参考となる事項

「指導等に関する記録」と同様に、当該幼児の育ちの実情から向上が著しいと思われるものを記入します。その際、他の幼児と比較したり、一定の基準に対する達成度について評価したりしないように気を付け、園生活を通して全体的・総合的に捉えた幼児の発達の姿を記入します。

「幼児期の終わりまでに育ってほしい姿」(以下、「10 の姿」とする)は、幼稚園教育要領第２章に示すねらい及び内容について、各幼稚園で幼児期にふさわしい遊びや生活を積み重ねることにより、幼稚園教育において育みたい資質・能力が育まれている幼児の具体的な姿であり、特に５歳児後半にみられるようになる姿です。教師は、子どもの育ちを見てとる上での視点として「10 の姿」を念頭に置き、指導を行う際に考慮することが求められています。以下、主な留意点を挙げます。

①「10 の姿」は到達すべき目標ではなく、また、それぞれの姿は個別に指導されるものではありません。遊びや生活を通して、一人ひとりの発達の特性に応じて育っていくものであり、全ての幼児に同じようにみられるものではないことに留意しましょう。

②「10 の姿」は、５歳児になると突然みられるようになるものではないため、３歳児、４歳児の時期から、幼児の発達していく方向を意識して、それぞれの時期にふさわしい指導を積み重ねながら、記述していきましょう。

③「10 の姿」は、幼児期に育まれた子どもの育ちや学びの姿を、よりわかりやすく小学校教育につなげるために示されたものです。小学校教育の授業づくり、スタートカリキュラムにつながっていくことを理解して、記述しましょう。

④幼稚園での指導だけでなく、保護者や専門機関等との連携により教育効果があった際、小学校教育でも引き続き同様の援助が必要な場合には、その旨を記述することも検討してみましょう。

D 出欠状況

「指導に関する記録」の「出欠状況」(31 ページ)と同様。

＊指導要録は、小学校に送る記録です。複数人の教師に読んでもらうなどして、書き手の先入観が入らないように気を付け、客観的な記録としましょう。

＊小学校の先生にとって「幼児期の終わりまでに育ってほしい姿」(10の姿)は理解しやすい表現です。参考にして記述しましょう。

E 備考

「指導に関する記録」の「備考」(31 ページ)と同様。

第2章

保育記録を指導要録に生かそう！

「5歳児後期の育ちの姿シート」掲載！

要録を書くには、子どもの日常の保育記録が重要です。
でも、子どもの姿を５領域や「10の姿」で捉え、
実際に「記録」を「要録」に生かすには、コツがいります。
無藤隆先生考案の「５歳児後期の 育ちの姿シート」を使って、
子どもの記録をとる方法を紹介します。
子どもの育ちが整理でき、より充実した要録につなげられます。

日々の記録から育ちの姿を捉え、要録へ

無藤 隆
（白梅学園大学大学院 特任教授）

要録の役割と記入にあたって必要なこと

要録は、教育課程をもつ幼稚園と幼保連携型認定こども園においてはその修了の証明と小学校への参考資料として、保育所では小学校への参考資料として、それぞれ位置付けられています。つまり、幼児教育を通してどのようにその子どもが育ってきたかを、要約的に示すものになります。とはいえ、実際の欄を見れば、あまりたくさんの文章は書けないことがわかるでしょう。そこで、各々の子どもの日々の育ちを端的にまとめる必要が出てきます。その際には、「5領域」「資質・能力」「幼児期の終わりまでに育ってほしい姿」（10の姿）を参照して、わかりやすく要点を捉えることが重要になります。

3つの視点で子どもの育ちを捉える

そのために、まず保育記録をもとに子どもの育ちの姿を捉えていきましょう。具体的に、どんな活動（遊び・生活）の中で、どのように子どもが力を発揮して、成長に向かっているかを捉えます。まず、活動の顕著な所に注目して記録をとり、整理してみましょう。

記録を作成する際に、〈健康〉〈人間関係〉〈環境〉〈言葉〉〈表現〉の「5領域」に沿って記述することは、以前から示されてきた通りです。それぞれの領域ごとに書いてもよいのですが、子どもの育ちは領域ごとにはっきり分けられるものでもないので、いくつかをまとめたり、顕著な点がなければ特定の領域について省いたりしてもよいでしょう。

「資質・能力」は、〈気付き、できるようになること〉〈試し、工夫すること〉〈意欲をもち、粘り強く取り組むこと〉などの3つの柱からなります。そういったキーワードを意識して、子どもの様子（姿）の記述に盛り込むようにすると、「資質・能力」とのつながりがみえてきます。どんな活動の姿においても、これら3つのどれかにあてはまる姿は発揮されているでしょうから、できるだけそれらを意識的に使って記述していくようにしましょう。

「幼児期の終わりまでに育ってほしい姿」については、「10の姿」全てを網羅する必要はありません。例えば、何人かでおにごっこをしていれば、そこには運動（健康な心と体）、協同性、話し合い（言葉による伝え合い）など、様々な「10の姿」の育ちがみられるでしょう。1つの活動の姿にはいくつもの学びがあり、それを通じて様々な育ちが可能になっていくのが、幼児教育の総合的なあり方なのです。

「10の姿」とはそれぞれ、「資質・能力」の表れ方を具体的に示したものです。さらに、完成形を示すものではなく、今育ちつつあり、その方向に向かっていこうとする様子を捉えるものです。ですから、記録を作成する時に、先ほどの「資質・能力」のキーワードと併せて「10の姿」のキーワードを使って書くようにすると、その活動を通しての育ちがみえてきます。

例えば「健康な心と体」では、〈充実感〉〈見通し〉〈自ら～する〉などがその要となるキーワードです。44ページの**「5歳児後期の 育ちの姿シート」**には、10の姿それぞれのキーワードが示されています。その通りの言葉である必要はありませんが、それに類する言葉を意識して、記録に入れていきましょう。

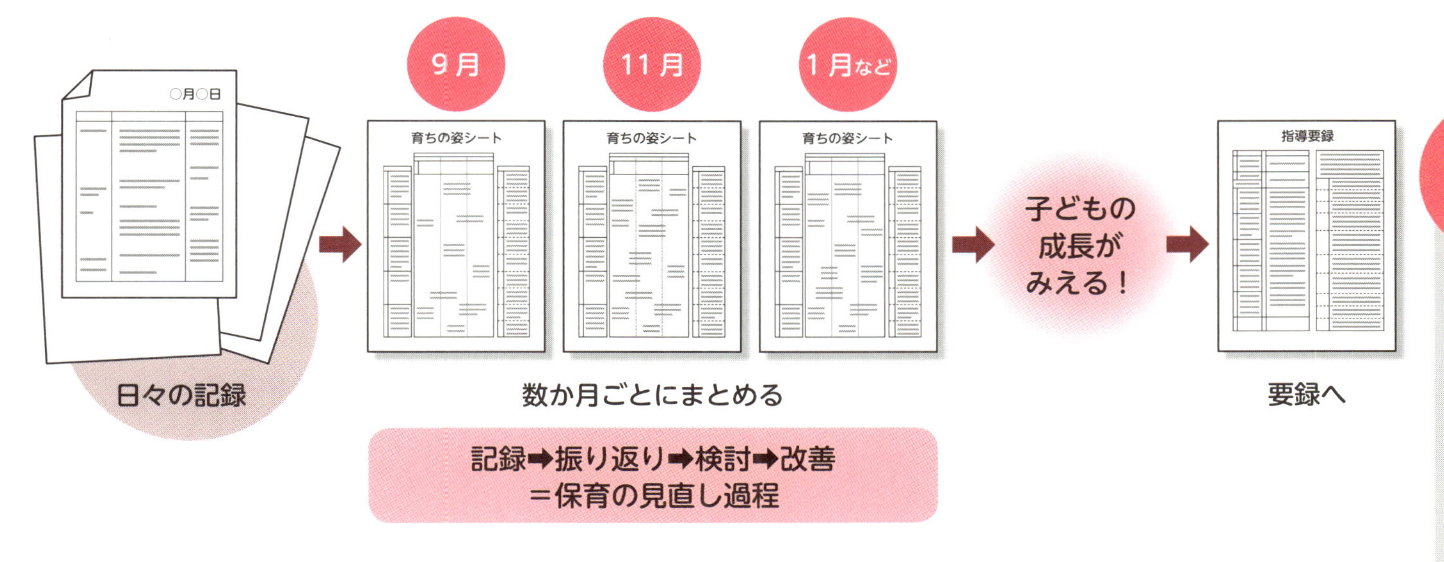

日々の記録の積み重ねが要録作成につながる

要録作成の基本として最も重要なのは、毎日の保育の中で記録をとり、その記録を「資質・能力」と「10の姿」で検討していくことです。「資質・能力」と「10の姿」のキーワードを用いながら子どもの姿を描写し、どの領域に特に関わる育ちなのかを記述するようにします。

日々書きためた記録と、その検討の資料を、１か月、あるいは数か月くらいの単位で眺め直して、特に「10の姿」のいくつかの育ちに注目してまとめてみます。子どものよい所や成長の著しい所、子どもが特に集中して力を発揮している所などを中心にしてまとめましょう。これが、子どもの「育ちの記録」になります。

こうした育ちの姿の記録については、担任一人で記録し振り返りを行うというより、園長・主任、また他の担任などと共有して保育の改善に役立てていくのが望ましいでしょう。これを、１週間、１か月、数か月、１学期、半年といった一定の期間ごとに振り返り、一人の幼児の成長の姿へとまとめていきます。その際には担任としてどう関わり、記録をもとにどのような保育の改善を図ったのか、その中で子どもがどのような成長を示したのかを検討します。

このように、記録・振り返り・検討・改善という保育の見直しの過程を通じて、子どもの成長の捉えを的確なものにしていきます。単に客観的な振り返りをするという意味ではなく、その姿の記述を通して子どもの育ちをより深く理解することを目的として検討することが大切です。

子どもの育ちの姿をバランスよく捉えるために、保育の中でみられる育ちの様子を記録できる**「５歳児後期の 育ちの姿シート」**の使用例を次ページに掲載しています。「５領域」「資質･能力」「10の姿」の観点から子どもの姿を捉え直して、要録をまとめる際に役立ててください。

無藤 隆先生考案の「5歳児後期の 育ちの姿シート」を使って

育ちの姿をバランスよく捉えよう

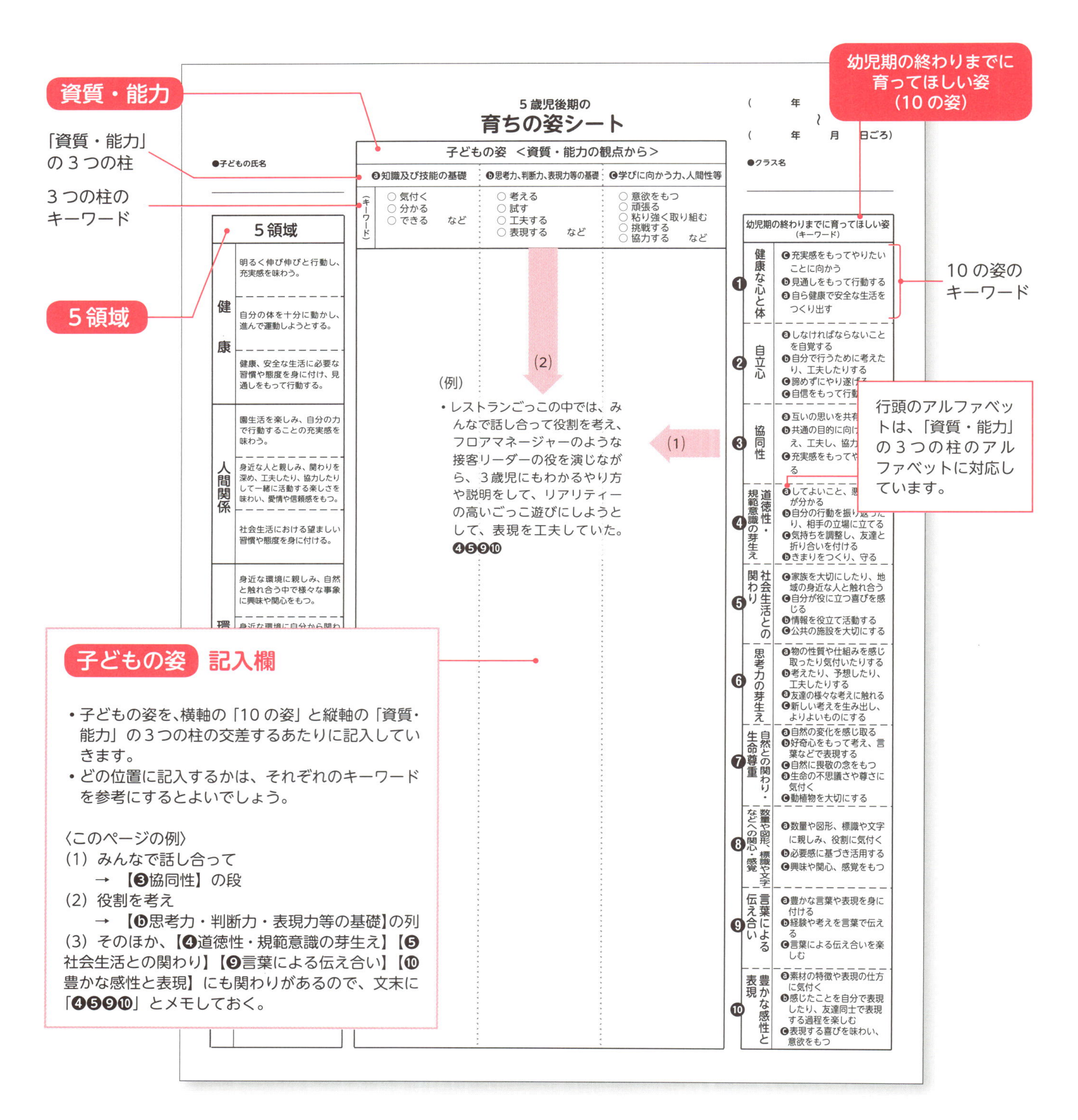

まずは、エピソード集めから

子どもの育ちの姿をまとめる際に難しいのは、なにより「５領域」「資質・能力（の３つの柱）」「幼児期の終わりまでに育ってほしい姿」（10の姿）と、多くの要素を踏まえて書くという点です。この３つの視点を全て盛り込むには、どうすればよいでしょうか。

実際には、３つの視点は全く別々の内容ではなく、互いに関係し合っています。例えば、「10の姿」は５領域に対応しており、内容のいくつかは５領域の一部（特に人間関係と環境）を５歳児の成長の特徴に合わせて細分化したものです。また、「10の姿」には「資質・能力」の捉え方も組み入れられています。なぜなら、そもそも「10の姿」とは、「資質・能力」の育ちをより具体的に捉えて、保育の場において実際にみられる姿として示したものだからです。４、５歳児くらいの子どもの育ちについては、主に「10の姿」を意識して記録すればよいでしょう。

ただ、いきなり「10の姿」ごとに書こうとしても難しいはずです。そこで、まずはその子どものよさや力を発揮している場面、成長の著しい所に注目し、そのことをよく表すエピソードを、日常の保育記録から集めてみましょう。

キーワードを軸に、シートに書き込もう

エピソードを集め終わったら、いよいよ左ページの「育ちの姿シート」を使って整理していきます。それぞれのエピソードは、「10の姿」のどれに該当しそうでしょうか。たぶん１つのエピソードにつき主には１つか２つの姿が表れており、その他にもいくつかの姿が多少関連していることに気付くでしょう。まずはメインとなる「10の姿」を決め、それが例えば「協同性」なら、❸「協同性」の段のあたりに高さを決めます。そのようにして、表中の記入位置を絞ります。

次に、同様に「資質・能力」の育ちの観点でもみていきます。３つの柱のキーワードに照らせば、どの項目が伸びようとしているのかがわかります。例えば、試したり工夫したりする姿がみられたら、ⓑ「思考力、判断力、表現力等の基礎」の列に入れます。

「資質・能力」と「10の姿」、それぞれの観点で記入位置が決まったら、書き込みましょう。その他、メイン以外でも関連すると思われる「10の姿」の番号を付記しておくと、後から別の振り返りをする際などにも参照できて便利です。（左ページの記入例参照）

このようにしてシートに記入していくことで、子どもの姿を３つの視点でみた育ちの記録に落とし込むことができます。

シートをまとめて、要録へ

このシートを一人ひとりの子どもごとに、定期的に書いていきます。どの子どもにも、学期（あるいは数か月）ごとに数枚程度ずつ、記録と分析のシートがたまっていくでしょう。それらを改めて見直し、のちに要録として１枚にまとめるのです。

要録の記入スペースは限られているので、シートの内容がたくさんある場合は、特定の１つにテーマを絞って中心におき、その他の育ちは付記しておいた番号を参照して、バランスをみながら補足して書くとよいでしょう。次のページで、シートの記入例を紹介します。

「５歳児後期の 育ちの姿シート」から「要録」へ ―― 記入例①

１日のシートから育ちの姿をピックアップ

佐々木 晃（鳴門教育大学附属幼稚園 園長）

育ちの姿シート

▼A雄のある１日の保育記録から記入した「育ちの姿シート」（10月23日ごろ）

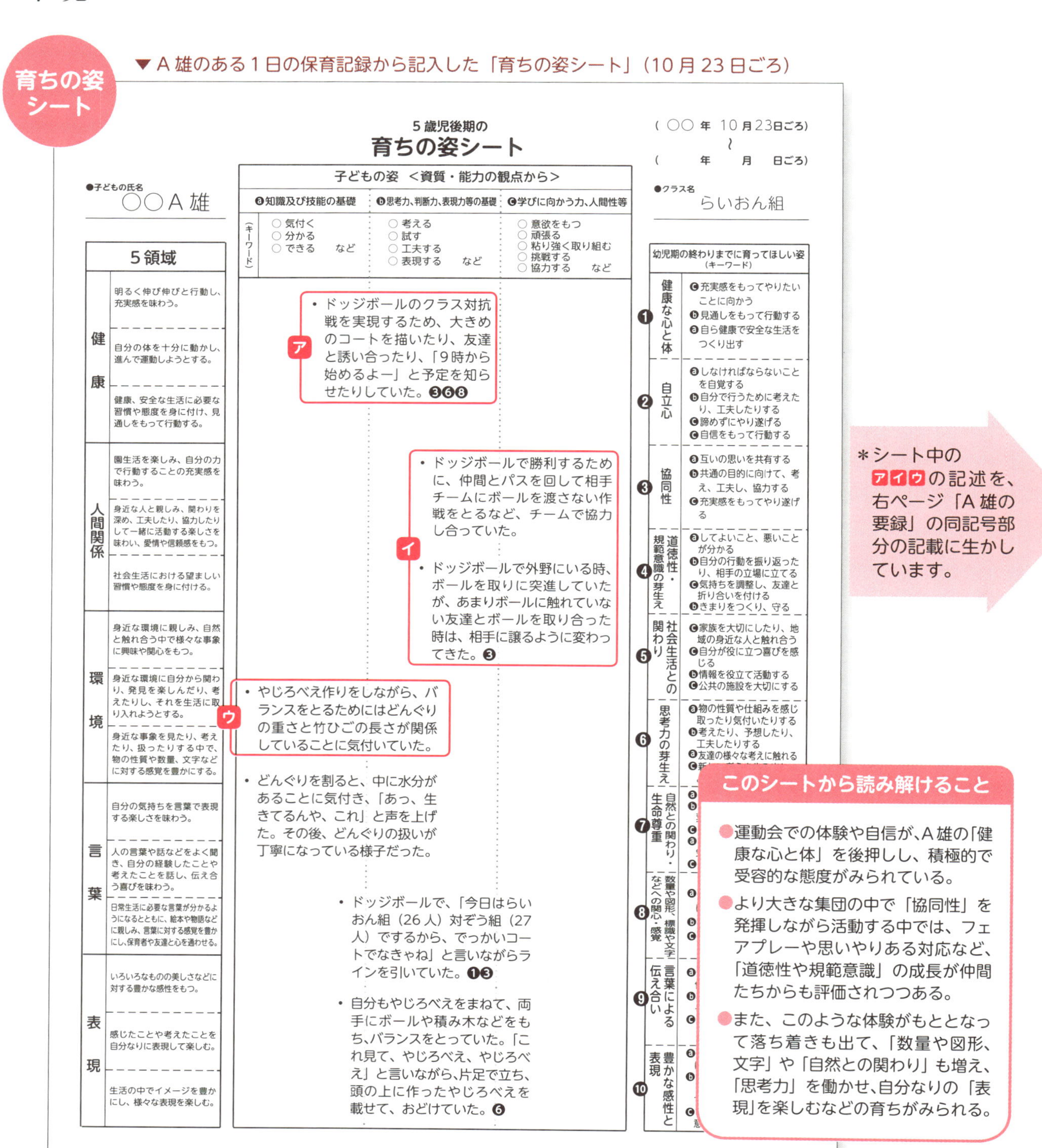

5歳児後期の
育ちの姿シート

（ ○○ 年 10 月 23 日ごろ）
〜
（ 年 月 日ごろ）

●子どもの氏名 ○○A雄

●クラス名 らいおん組

子どもの姿 ＜資質・能力の観点から＞

ⓐ知識及び技能の基礎	ⓑ思考力、判断力、表現力等の基礎	ⓒ学びに向かう力、人間性等
（キーワード）○気付く ○分かる ○できる など	○考える ○試す ○工夫する ○表現する など	○意欲をもつ ○頑張る ○粘り強く取り組む ○挑戦する ○協力する など

5領域

健康
- 明るく伸び伸びと行動し、充実感を味わう。
- 自分の体を十分に動かし、進んで運動しようとする。
- 健康、安全な生活に必要な習慣や態度を身に付け、見通しをもって行動する。

人間関係
- 園生活を楽しみ、自分の力で行動することの充実感を味わう。
- 身近な人と親しみ、関わりを深め、工夫したり、協力したりして一緒に活動する楽しさを味わい、愛情や信頼感をもつ。
- 社会生活における望ましい習慣や態度を身に付ける。

環境
- 身近な環境に親しみ、自然と触れ合う中で様々な事象に興味や関心をもつ。
- 身近な環境に自分から関わり、発見を楽しんだり、考えたりし、それを生活に取り入れようとする。
- 身近な事象を見たり、考えたり、扱ったりする中で、物の性質や数量、文字などに対する感覚を豊かにする。

言葉
- 自分の気持ちを言葉で表現する楽しさを味わう。
- 人の言葉や話などをよく聞き、自分の経験したことや考えたことを話し、伝え合う喜びを味わう。
- 日常生活に必要な言葉が分かるようになるとともに、絵本や物語などに親しみ、言葉に対する感覚を豊かにし、保育者や友達と心を通わせる。

表現
- いろいろなものの美しさなどに対する豊かな感性をもつ。
- 感じたことや考えたことを自分なりに表現して楽しむ。
- 生活の中でイメージを豊かにし、様々な表現を楽しむ。

記録

ア
- ドッジボールのクラス対抗戦を実現するため、大きめのコートを描いたり、友達と誘い合ったり、「９時から始めるよー」と予定を知らせたりしていた。❸❻❽

イ
- ドッジボールで勝利するために、仲間とパスを回して相手チームにボールを渡さない作戦をとるなど、チームで協力し合っていた。
- ドッジボールで外野にいる時、ボールを取りに突進していたが、あまりボールに触れていない友達とボールを取り合った時は、相手に譲るように変わってきた。❸

ウ
- やじろべえ作りをしながら、バランスをとるためにはどんぐりの重さと竹ひごの長さが関係していることに気付いていた。

- どんぐりを割ると、中に水分があることに気付き、「あっ、生きてるんや、これ」と声を上げた。その後、どんぐりの扱いが丁寧になっている様子だった。
- ドッジボールで、「今日はらいおん組（26人）対ぞう組（27人）ですから、でっかいコートでなきゃね」と言いながらラインを引いていた。❶❸
- 自分もやじろべえをまねて、両手にボールや積み木などをもち、バランスをとっていた。「これ見て、やじろべえ、やじろべえ」と言いながら、片足で立ち、頭の上に作ったやじろべえを載せて、おどけていた。❻

幼児期の終わりまでに育ってほしい姿（キーワード）

❶健康な心と体
- ⓒ充実感をもってやりたいことに向かう
- ⓑ見通しをもって行動する
- ⓐ自ら健康で安全な生活をつくり出す

❷自立心
- ⓐしなければならないことを自覚する
- ⓑ自分で行うために考えたり、工夫したりする
- ⓒ諦めずにやり遂げる
- ⓒ自信をもって行動する

❸協同性
- ⓐ互いの思いを共有する
- ⓑ共通の目的に向けて、考え、工夫し、協力する
- ⓒ充実感をもってやり遂げる

❹道徳性・規範意識の芽生え
- ⓐしてよいこと、悪いことが分かる
- ⓑ自分の行動を振り返ったり、相手の立場に立てる
- ⓒ気持ちを調整し、友達と折り合いを付ける
- ⓑきまりをつくり、守る

❺社会生活との関わり
- ⓒ家族を大切にしたり、地域の身近な人と触れ合う
- ⓒ自分が役に立つ喜びを感じる
- ⓑ情報を役立て活動する
- ⓒ公共の施設を大切にする

❻思考力の芽生え
- ⓐ物の性質や仕組みを感じ取ったり気付いたりする
- ⓑ考えたり、予想したり、工夫したりする
- ⓑ友達の様々な考えに触れる

❼自然との関わり・生命尊重

❽数量や図形、標識や文字などへの関心・感覚

❾言葉による伝え合い

❿豊かな感性と表現

＊シート中のアイウの記述を、右ページ「A雄の要録」の同記号部分の記載に生かしています。

このシートから読み解けること

- 運動会での体験や自信が、A雄の「健康な心と体」を後押しし、積極的で受容的な態度がみられている。
- より大きな集団の中で「協同性」を発揮しながら活動する中では、フェアプレーや思いやりある対応など、「道徳性や規範意識」の成長が仲間たちからも評価されつつある。
- また、このような体験がもととなって落ち着きも出て、「数量や図形、文字」や「自然との関わり」も増え、「思考力」を働かせ、自分なりの「表現」を楽しむなどの育ちがみられる。

指導要録

▼ A 雄の要録（最終学年の指導に関する記録）

…稚園幼児指導要録（最終学年の指導に関する記録）

	平成○○年度
指導の重点等	（学年の重点） 友達と工夫したり協力したりしながら様々な遊びや活動に取り組む。 （個人の重点） 相手の立場で考えたり、活動に見通しをもって行動したりして、やり遂げる充実感を味わう。
指導上参考となる事項	・伸び伸びと体を動かして遊んだり、工夫していろいろな技能を身に付けていったりするなど、機敏で運動能力に優れていて、サッカーやドッジボールなどの球技ではリーダーシップを発揮していた。ア ・勝敗にこだわったり、自分の欲求を通そうとして強い態度に出ることもあったため、教師が年少者やお年寄りなど、周囲の人に優しく関わる態度をほめたり、相手の立場になって考えようとする姿勢を励ましてきた。 ・秋の運動会での世話係の体験や、仲間と思いを共有しながらパフォーマンスを成功させた体験などを経て、友達に対する配慮やルールを守る態度もいっそう身に付いてきた。イ ・友達との関わりが広がるにつれ、友達の様々な考えに関心を示し、よく話を聞いたり、わからないことをたずねたりしながら、自分でも挑戦するようになってきた。 ・意欲的に動植物の世話をしたり、手指の巧緻性が求められる製作遊びや絵本作りなどにも根気強く取り組む姿もみられるようになってきている。ウ ・全体に向けて話される内容を自分の問題として聞き取ったり、理解したりする力も付いてきている。
備考	特記事項なし。

幼児期の終わりまでに育ってほし…

「幼児期の終わりまでに育ってほしい姿」は、幼稚園…に示すねらい及び内容に基づいて、各幼稚園で、幼…遊びや生活を積み重ねることにより、幼稚園教育に…質・能力が育まれている幼児の具体的な姿であり、…見られるようになる姿である。「幼児期の終わりまで…姿」は、とりわけ幼児の自発的な活動としての遊び…人の発達の特性に応じて、これらの姿が育っていくも…幼児に同じように見られるものではないことに留意す…

健康な心と体	幼稚園生活の中で、充実感をもって自分…かって心と体を十分に働かせ、見通しをも…康で安全な生活をつくり出すようになる。
自立心	身近な環境に主体的に関わり様々な活動…ければならないことを自覚し、自分の力で…工夫したりしながら、諦めずにやり遂げる…い、自信をもって行動するようになる。
協同性	友達と関わる中で、互いの思いや考えな…目的の実現に向けて、考えたり、工夫し…充実感をもってやり遂げるようになる。
道徳性・規範意識の芽生え	友達と様々な体験を重ねる中で、してよい…かり、自分の行動を振り返ったり、友達の…し、相手の立場に立って行動するようにな…守る必要性が分かり、自分の気持ちを調…いを付けながら、きまりをつくったり、守…
社会生活との関わり	家族を大切にしようとする気持ちをもつと…な人と触れ合う中で、人との様々な関わり…気持ちを考えて関わり、自分が役に立つ…しみをもつようになる。また、幼稚園内外…る中で、遊びや生活に必要な情報を取り…判断したり、情報を伝え合ったり、活用し…を役立てながら活動するようになるととも…切に利用するなどして、社会とのつながり…になる。
思考力の芽生え	身近な事象に積極的に関わる中で、物の…感じ取ったり、気付いたりし、考えたり、…りするなど、多様な関わりを楽しむように…様々な考えに触れる中で、自分と異なる考…き、自ら判断したり、考え直したりするな…出す喜びを味わいながら、自分の考えを…うになる。
自然との関わり・生命尊重	自然に触れて感動する体験を通して、自然…取り、好奇心や探究心をもって考え言葉…身近な事象への関心が高まるとともに、自…の念をもつようになる。また、身近な動植…中で、生命の不思議さや尊さに気付き、…し方を考え、命あるものとしていたわり、…もって関わるようになる。
数量や図形、標識や文字などへの関心・感覚	遊びや生活の中で、数量や図形、標識や…験を重ねたり、標識や文字の役割に気付…要感に基づきこれらを活用し、興味や関…なる。
言葉による伝え合い	先生や友達と心を通わせる中で、絵本や…がら、豊かな言葉や表現を身に付け、経…となどを言葉で伝えたり、相手の話を注…葉による伝え合いを楽しむようになる。
豊かな感性と表現	心を動かす出来事などに触れ感性を働か…材の特徴や表現の仕方などに気付き、感…とを自分で表現したり、友達同士で表現…りし、表現する喜びを味わい、意欲をもつ…

育ちの姿シートから要録へ

A 雄は球技などの遊びが得意で、リーダーシップを発揮していた。反面、勝敗にこだわったり、自分の欲求を通そうと強い態度に出て、相手を威圧したりすることもあった。このような A 雄の態度の背景には、自己肯定感が弱い面があると推察して、指導の手立てを考えてきた。

秋の運動会で世話係をこなした体験や、仲間と思いを共有しながらパフォーマンスを成功させた体験などを経て、友達に対する配慮やルールを守る態度が身に付いてきたことを、A 雄の成長と教師の指導がかみ合ってきたポイントとして記している。

また、このような成功体験が下地になって友達との関わりが広がり、動植物の世話を積極的に行ったり、製作遊びなどに根気強く取り組んだりする姿についても記述し、A 雄の育ちつつある姿をわかりやすく示している。

「５歳児後期の 育ちの姿シート」から「要録」へ ―― 記入例②

複数の記録をシートにまとめ、要録へ

育ちの姿シート

▼Ｂ子の数日にわたる保育記録から記入した「育ちの姿シート」（11 月ごろ）

５歳児後期の

育ちの姿シート

（ ○○ 年 11 月 5 日ごろ）
～
（ ○○ 年 11 月22日ごろ）

●子どもの氏名　○○Ｂ子

●クラス名　らいおん組

子どもの姿 ＜資質・能力の観点から＞

	ⓐ知識及び技能の基礎	ⓑ思考力、判断力、表現力等の基礎	ⓒ学びに向かう力、人間性等
（キーワード）	○ 気付く ○ 分かる ○ できる　など	○ 考える ○ 試す ○ 工夫する ○ 表現する　など	○ 意欲をもつ ○ 頑張る ○ 粘り強く取り組む ○ 挑戦する ○ 協力する　など

- 慣れないことをする時は消極的であったが、「♪おはぎがお嫁に行く時は～」と自分の順番がくるまで歌ったりジャンプしたりしてリハーサルしている。❹
- 友達がしている「おはぎがお嫁に行く時は」のじゃんけんゲームに参加する。１拍で１ジャンプのルールがわかり、何度もチャレンジする。❹❻
- みんなが落ち葉を遊びに使ってしまう前に、かめの冬眠用の分を確保しておくことを知っていて、竹ぼうきで掃き集め始めた。❸❼
- 動物の世話の当番日を意識して、友達と声をかけ合って動物の家に走っていった。❸❼
- 【ア】レストランごっこでは、みんなで話し合って役割を考え、フロアマネージャーのような接客リーダーの役を演じながら、３歳児にもわかるやり方や説明をして、リアリティーの高いごっこ遊びにしようと表現を工夫していた。❹❺❾❿
- 【イ】【オ】仲間のリアリティーを求める思いと、３歳児のわからないけれど関心はある思いの両方を大切にして、粘り強く応答している。❹❻
- ３歳児にわかるルールについて理解し、相手の思いを受け止めている。
- 【ア】レストランなどの公的な場での立ち居振る舞いを、自らの体験をもとに考え、工夫している。また３歳児にも、自分が媒介になることでつながりがもてるようになっている。❸❹
- 紅葉した葉の色や形、葉脈のデザインの美しさや面白さに気付いている。❼❿
- くぬぎのどんぐりを 100 円、それより小さなかしのどんぐりを 10 円に見立てたりして、お金の価値と単位をみんなが納得できるよう工夫している。❽
- レストランごっこで、色付いたさくらやいちょうを使ってオードブル盛り合わせを作る。かいづかいぶきの葉を潰して水を加え、緑茶にし、「これは、ずっと緑色だね」と言う。❿
- 【エ】朝一番に、動物の家のかめの冬眠のために落ち葉を集めに行く。「もう少し寒くなったら、葉っぱのお布団でおやすみよ」と話しながら、友達と集めている。❷❸❿
- 【ウ】どの皿にも同じ３個のオードブルを並べた。「どれも 100 円です」と言って、どんぐり１個で売っている。くぬぎは 100 円で、小さいかしは 10 円とのこと。❻
- 【ア】レストランの対応で使われる用語や表現を自然に使っている。接客が、客を大切にするサービスであることなどを理解してのことであろう。❺
- 勝手に商品に触れる３歳児に、「少々、お待ち下さいね」と優しく説明している。お金のどんぐりを持ってきていない子には、「今日はサービスです。今度はお母さんや先生と来て下さいね」と応じていた。❸❹
- 石けんを泡立て器でホイップ状にしたものを落ち葉にかけ、上に赤い実をあしらうなど、色の組み合わせを工夫し本物らしく見立てている。

５領域

領域	ねらい
健康	明るく伸び伸びと行動し、充実感を味わう。
	自分の体を十分に動かし、進んで運動しようとする。
	健康、安全な生活に必要な習慣や態度を身に付け、見通しをもって行動する。
人間関係	園生活を楽しみ、自分の力で行動することの充実感を味わう。
	身近な人と親しみ、関わりを深め、工夫したり、協力したりして一緒に活動する楽しさを味わい、愛情や信頼感をもつ。
	社会生活における望ましい習慣や態度を身に付ける。
環境	身近な環境に親しみ、自然と触れ合う中で様々な事象に興味や関心をもつ。
	身近な環境に自分から関わり、発見を楽しんだり、考えたりし、それを生活に取り入れようとする。
	身近な事象を見たり、考えたり、扱ったりする中で、物の性質や数量、文字などに対する感覚を豊かにする。
言葉	自分の気持ちを言葉で表現する楽しさを味わう。
	人の言葉や話などをよく聞き、自分の経験したことや考えたことを話し、伝え合う喜びを味わう。
	日常生活に必要な言葉が分かるようになるとともに、絵本や物語などに親しみ、言葉に対する感覚を豊かにし、保育者や友達と心を通わせる。
表現	いろいろなものの美しさなどに対する豊かな感性をもつ。
	感じたことや考えたことを自分なりに表現して楽しむ。
	生活の中でイメージを豊かにし、様々な表現を楽しむ。

幼児期の終わりまでに育ってほしい姿（キーワード）

	姿	キーワード
❶	健康な心と体	ⓒ充実感をもってやりたいことに向かう ⓑ見通しをもって行動する ⓐ自ら健康で安全な生活をつくり出す
❷	自立心	ⓐしなければならないことを自覚する ⓑ自分で行うために考えたり、工夫したりする ⓒ諦めずにやり遂げる ⓒ自信をもって行動する
❸	協同性	ⓐ互いの思いを共有する ⓑ共通の目的に向けて、考え、工夫し、協力する ⓒ充実感をもってやり遂げる
❹	道徳性・規範意識の芽生え	ⓐしてよいこと、悪いことが分かる ⓑ自分の行動を振り返ったり、相手の立場に立てる ⓒ気持ちを調整し、友達と折り合いを付ける ⓑきまりをつくり、守る
❺	社会生活との関わり	ⓒ家族を大切にしたり、地域の身近な人と触れ合う ⓒ自分が役に立つ喜びを感じる ⓑ情報を役立て活動する ⓒ公共の施設を大切にする
❻	思考力の芽生え	ⓐ物の性質や仕組みを感じ取ったり気付いたりする ⓑ考えたり、予想したり、工夫したりする ⓑ友達の様々な考えに触れる ⓒ…
❼	自然との関わり・生命尊重	…
❽	数量や図形、標識や文字などへの関心・感覚	…
❾	言葉による伝え合い	…
❿	豊かな感性と表現	… ⓒ表現する喜びを味わい、意欲をもつ

＊シート中のアイウエオの記述を、右ページ「Ｂ子の要録」の同記号部分の記載に生かしています。

このシートから読み解けること

- 気の合う友達との室内遊びが多かったＢ子が、自分の得意分野の豊富な知識（「社会生活との関わり」「豊かな感性と表現」「思考力」など）を示すことで、自分の存在感を示すきっかけを得た。
- これによって「自立心」や「健康な心と体」、「協同性」などを発揮しながら、戸外においてもいろいろな友達との関わりを広げ、ダイナミックに活動するようになってきた育ちの様子がみられる。

▼B子の要録（最終学年の指導に関する記録）

指導要録

稚園幼児指導要録（最終学年の指導に関する記録）

月　日生

い
る視点）

と行動し、充実

に動かし、進ん
る。

活に必要な習慣
け、見通しを

しみ、自分の力
充実感を味わ

み、関わりを深
協力したりして
楽しさを味わ
感をもつ。

る望ましい習慣
ける。

しみ、自然と触
な事象に興味や

分から関わり、
り、考えたりし、
り入れようとす

たり、考えたり、
さ、物の性質や
こ対する感覚を

言葉で表現する

どをよく聞き、
ことや考えたこ
う喜びを味わ

な言葉が分か
もに、絵本や物
言葉に対する
、先生や友達と

の美しさなどに
性をもつ。

したことを自分
楽しむ。

ージを豊かに
楽しむ。

年度

	平成〇〇年度
指導の重点等	（学年の重点） 友達と工夫したり協力したりしながら様々な遊びや活動に取り組み、考えたり、伝え合ったり、表現したりする。 （個人の重点） 友達と一緒に伸び伸びと活動し、やり遂げた充実感を味わう。
指導上参考となる事項	•進級当初は、仲よしの女児と一緒に室内での製作やごっこ遊びをして過ごすことが多かった。その関係の中では安定した気持ちで自分の思いや考えが表現できていたが、初めてのことや自分が苦手に思っていることなどに対しては、遠巻きに見ていたり不安そうにしたりすることもあった。 •教師が「あなたならどう？」と問いかけて、自分なりの言葉で表現してみるよう促したり、少し先の見通しをもって考えるよう助言したりし、行動してうまくいった時にはそれを認めて、励ましてきた。 •秋には、ハロウィンなどの行事やグルメ、エンターテイメントに対して豊富な知識を示すなど、自分の存在感を示すきっかけを得た。**ア** これまで関心のあったことを図書やインターネットなどを使ってさらに知識を広げ、調べた情報をクラスの集まりの場で発信したり、関心を示す友達に丁寧に説明したりする姿が周りから認められるようになった。**イ** •文字を使ったり、数量や形、色やデザインなどを考えて表現を工夫したりしながら様々な衣装や装飾品を作るなど、友達とのダイナミックな表現遊びを楽しむようになってきた。**ウ** •次第に友達の輪も広がり、動植物に触れる活動、**エ** 陣取りやおにごっこなど戸外で体を動かす遊びをはじめ、いろいろなことに意欲的に取り組む姿も多くなった。自分の役割や責任を意識しながらルールやり方を友達に伝え、共通の目的に向かってやり遂げようとする姿がみられ始めている。**オ**
備考	特記事項なし。

幼児期の終わりまでに育ってほし	
「幼児期の終わりまでに育ってほしい姿」は、幼稚園に示すねらい及び内容に基づいて、各幼稚園で、幼遊びや生活を積み重ねることにより、幼稚園教育にお質・能力が育まれている幼児の具体的な姿であり、特見られるようになる姿である。「幼児期の終わりまで姿」は、とりわけ幼児の自発的な活動としての遊びを人の発達の特性に応じて、これらの姿が育っていくも幼児に同じように見られるものではないことに留意す	
健康な心と体	幼稚園生活の中で、充実感をもって自分かって心と体を十分に働かせ、見通しを康で安全な生活をつくり出すようになる。
自立心	身近な環境に主体的に関わり様々な活動ければならないことを自覚し、自分の力で工夫したりしながら、諦めずにやり遂げるい、自信をもって行動するようになる。
協同性	友達と関わる中で、互いの思いや考えな目的の実現に向けて、考えたり、工夫し充実感をもってやり遂げるようになる。
道徳性・規範意識の芽生え	友達と様々な体験を重ねる中で、してよいかり、自分の行動を振り返ったり、友達のし、相手の立場に立って行動するようにな守る必要性が分かり、自分の気持ちを調いを付けながら、きまりをつくったり、守っ
社会生活との関わり	家族を大切にしようとする気持ちをもつとな人と触れ合う中で、人との様々な関わり気持ちを考えて関わり、自分が役に立つ喜しみをもつようになる。また、幼稚園内外る中で、遊びや生活に必要な情報を取り判断したり、情報を伝え合ったり、活用しを役立てながら活動するようになるととも切に利用するなどして、社会とのつながりになる。
思考力の芽生え	身近な事象に積極的に関わる中で、物の感じ取ったり、気付いたりし、考えたり、りするなど、多様な関わりを楽しむように様々な考えに触れる中で、自分と異なる考き、自ら判断したり、考え直したりするな出す喜びを味わいながら、自分の考えをようになる。
自然との関わり・生命尊重	自然に触れて感動する体験を通して、自然取り、好奇心や探究心をもって考え言葉身近な事象への関心が高まるとともに、自の念をもつようになる。また、身近な動植中で、生命の不思議さや尊さに気付き、し方を考え、命あるものとしていたわり、もって関わるようになる。
数量や図形、標識や文字などへの関心・感覚	遊びや生活の中で、数量や図形、標識や験を重ねたり、標識や文字の役割に気付要感に基づきこれらを活用し、興味や関なる。
言葉による伝え合い	先生や友達と心を通わせる中で、絵本やがら、豊かな言葉や表現を身に付け、経となどを言葉で伝えたり、相手の話を注葉による伝え合いを楽しむようになる。
豊かな感性と表現	心を動かす出来事などに触れ感性を働か材の特徴や表現の仕方などに気付き、感とを自分で表現したり、友達同士で表現りし、表現する喜びを味わい、意欲をもつ

育ちの姿シートから要録へ

以前は慣れないことをする時には消極的であったが、初めてのことにも、歌いながら自分の順番が来るまで楽しく待つ姿に、B子の成長的な変化を見いだしている。

要録には、レストランごっこの時に、得意分野での知識を生かした様々なアイデアや創意工夫が周りに認められ、さらに表現を発展させるきっかけになった様子を、具体的な姿で捉えて記載している。

また、〈個人の重点〉に挙げられている「伸び伸びと活動」することや、「やり遂げた充実感を味わう」ために、教師がB子なりの言葉を引き出そうとしたり、3歳児との関わりを作ったりしていることもわかる。

育ちの姿シートをもとに、B子の姿を「豊かな感性と表現」「言葉による伝え合い」「数量や図形、標識や文字などへの関心・感覚」「自然との関わり・生命尊重」「思考力の芽生え」「社会生活との関わり」などの視点から捉え、その成長をバランスよく、生き生きと伝えている。

5歳児後期の
育ちの姿シート

（　　年　　月　　日ごろ）
〜
（　　年　　月　　日ごろ）

●子どもの氏名

●クラス名

5領域	
健康	明るく伸び伸びと行動し、充実感を味わう。
	自分の体を十分に動かし、進んで運動しようとする。
	健康、安全な生活に必要な習慣や態度を身に付け、見通しをもって行動する。
人間関係	園生活を楽しみ、自分の力で行動することの充実感を味わう。
	身近な人と親しみ、関わりを深め、工夫したり、協力したりして一緒に活動する楽しさを味わい、愛情や信頼感をもつ。
	社会生活における望ましい習慣や態度を身に付ける。
環境	身近な環境に親しみ、自然と触れ合う中で様々な事象に興味や関心をもつ。
	身近な環境に自分から関わり、発見を楽しんだり、考えたりし、それを生活に取り入れようとする。
	身近な事象を見たり、考えたり、扱ったりする中で、物の性質や数量、文字などに対する感覚を豊かにする。
言葉	自分の気持ちを言葉で表現する楽しさを味わう。
	人の言葉や話などをよく聞き、自分の経験したことや考えたことを話し、伝え合う喜びを味わう。
	日常生活に必要な言葉が分かるようになるとともに、絵本や物語などに親しみ、言葉に対する感覚を豊かにし、保育者や友達と心を通わせる。
表現	いろいろなものの美しさなどに対する豊かな感性をもつ。
	感じたことや考えたことを自分なりに表現して楽しむ。
	生活の中でイメージを豊かにし、様々な表現を楽しむ。

子どもの姿 ＜資質・能力の観点から＞			
	ⓐ知識及び技能の基礎	ⓑ思考力、判断力、表現力等の基礎	ⓒ学びに向かう力、人間性等
（キーワード）	○ 気付く ○ 分かる ○ できる　など	○ 考える ○ 試す ○ 工夫する ○ 表現する　など	○ 意欲をもつ ○ 頑張る ○ 粘り強く取り組む ○ 挑戦する ○ 協力する　など

幼児期の終わりまでに育ってほしい姿（キーワード）	
❶ 健康な心と体	ⓒ充実感をもってやりたいことに向かう ⓑ見通しをもって行動する ⓐ自ら健康で安全な生活をつくり出す
❷ 自立心	ⓐしなければならないことを自覚する ⓑ自分で行うために考えたり、工夫したりする ⓒ諦めずにやり遂げる ⓒ自信をもって行動する
❸ 協同性	ⓐ互いの思いを共有する ⓑ共通の目的に向けて、考え、工夫し、協力する ⓒ充実感をもってやり遂げる
❹ 道徳性・規範意識の芽生え	ⓐしてよいこと、悪いことが分かる ⓑ自分の行動を振り返ったり、相手の立場に立てる ⓒ気持ちを調整し、友達と折り合いを付ける ⓑきまりをつくり、守る
❺ 社会生活との関わり	ⓒ家族を大切にしたり、地域の身近な人と触れ合う ⓒ自分が役に立つ喜びを感じる ⓑ情報を役立て活動する ⓒ公共の施設を大切にする
❻ 思考力の芽生え	ⓐ物の性質や仕組みを感じ取ったり気付いたりする ⓑ考えたり、予想したり、工夫したりする ⓐ友達の様々な考えに触れる ⓒ新しい考えを生み出し、よりよいものにする
❼ 自然との関わり・生命尊重	ⓐ自然の変化を感じ取る ⓑ好奇心をもって考え、言葉などで表現する ⓒ自然に畏敬の念をもつ ⓐ生命の不思議さや尊さに気付く ⓒ動植物を大切にする
❽ 数量や図形、標識や文字などへの関心・感覚	ⓐ数量や図形、標識や文字に親しみ、役割に気付く ⓑ必要感に基づき活用する ⓒ興味や関心、感覚をもつ
❾ 言葉による伝え合い	ⓐ豊かな言葉や表現を身に付ける ⓑ経験や考えを言葉で伝える ⓒ言葉による伝え合いを楽しむ
❿ 豊かな感性と表現	ⓐ素材の特徴や表現の仕方に気付く ⓑ感じたことを自分で表現したり、友達同士で表現する過程を楽しむ ⓒ表現する喜びを味わい、意欲をもつ

第3章

指導要録
記入のポイント&
記入例

様々な個性をもった子どもたちの要録の記入例を
掲載しています。下記の順で見ていくとよくわかります。

●記入例の見方

テーマ　子どもに見られる特徴を端的に表しています。

＋の視点で　プラスの視点での捉え方を示しています。

↓

○くんの保育記録より

・○くんってこんな子…子どもの背景や、要録に書かれていない日常の姿を記しています。
・指導の過程…○くんに対して、教師が行ってきた指導を記しています。

↓

要録の記入例　上記の子どもの姿を、要録に書く時の記入例を記載しています。

↓

Point　記入例のよい書き方やポイントなどを示しています。

※実際は「学年の重点」はその学年で同一の内容を記入しますが、本書では、いろいろなケースを紹介するために、子どもごとに異なる「学年の重点」を掲載しています。

記入のポイント

実際に指導の記録を書く際に、意識したいポイントをご紹介します。充実した指導要録を書くために、大切な内容です。

指導の記録を書く際に意識したいポイントは６つ

実際に、指導要録の「指導に関する記録」及び「最終学年の指導に関する記録」を書く際には、どのような点に注意すればいいのでしょうか。

指導要録の様式は、記録のスペースが限られていますから、書くべき情報を取捨選択し、記述することが大切になります。その際に意識しておきたいポイントとして、大きく右の６つが挙げられます。

それぞれのポイントについて、順に説明をしていきましょう。

1. その年度に「特にその子が伸びた所」を書く。
2. 他児との比較や達成度ではなく、「育ちつつある姿」を書く。
3. 読み手が小学校の先生であることを意識し、できるだけ具体的に書く。
4. 否定的な視点での記述や、家庭事情などの背景の記載は避ける。
5. 教師がしてきた指導・援助や、「こうするとよい」などの対応策も盛り込む。
6. 文字の大きさなどにも気を付け、読みやすい書面を心がける。

1 その年度に「特にその子が伸びた所」を書く

「最終学年の指導に関する記録」の様式には、「幼児期の終わりまでに育ってほしい姿」（10 の姿）の 10 項目が記載されるようになりました。これを見ると、「最終学年の指導に関する記録」の「指導上の参考となる事項」の欄に、10 項目すべてを書かなければいけないのかと思う人もいるかもしれませんが、決してそういうことではありません。「10 の姿」を 1 つの参考として、「幼児の発達の実情から向上が著しいと思われるもの」を記入することが大切です。つまり、最終学年の 1 年間で、その子が大きく伸びたと感じる所を取り上げて記述するようにしましょう。

例えば、その子が取り組んだ遊びや活動の中で、遊びが広がった、夢中になってやっていたと感じるのはどんな場面でしょうか。そこをじっくり振り返ってみると、その遊びに取り組むことで、友達と目的を共有して活動する「協同性」や「言葉による伝え合い」、あるいは考えたり工夫したりする「思考力の芽生え」など、その子の伸びた所が捉えられるはずです。

最終学年以外の学年について記述する「指導等に関する記録」も、上記の内容を念頭に記入します。その年齢なりの「10 の姿」の育ちを記入したり、5 領域の各項目を参考にしながら記入したりするとよいでしょう。

2 他児との比較や達成度ではなく、「育ちつつある姿」を書く

子どもの伸びた所に注目する時に気を付けなければならないのは、それが「他の幼児との比較や一定の基準に対する達成度についての評定によって捉えるものではない」という点です。

クラスという集団をみている教師は、「この子とこの子ができていない」という他児との比較や、平均的な達成度を基準にして子どもを評価してしまいがちです。指導要録にはそのような“できる・できない”を書くのではなく、教師からみてその子自身がこの１年でよりよく育った所、変化を感じる所を大切にして書きましょう。

「以前は、友達に自分の気持ちをうまく伝えられず葛藤がみられたが、言葉の表現が豊かになり、素直に表現できるようになった」と書けば、その子なりに言葉による表現が“育ちつつある”姿を伝えられます。あるいは「友達と意見が合わずに、困る経験を通して、徐々に折り合いが付けられるようになってきている」という記述に続いて「一生懸命、毎日夢中になって取り組んでいた泥団子作りでは、どうしたら固く丈夫な物ができるかと、繰り返し試行錯誤しながら考える姿がみられた」とすれば、夢中になるあまり友達とぶつかることがあっても、探究心や思考力も育ってきている子どもなのだということが、小学校の先生にもわかります。

１年間子どもをみてきた担任だからこそわかる、子ども一人ひとりの持ち味を、上手に表現してみてください。

「指導に関する記録」や「最終学年の指導に関する記録」記入欄下部の注意書きを忘れずにチェックしましょう。

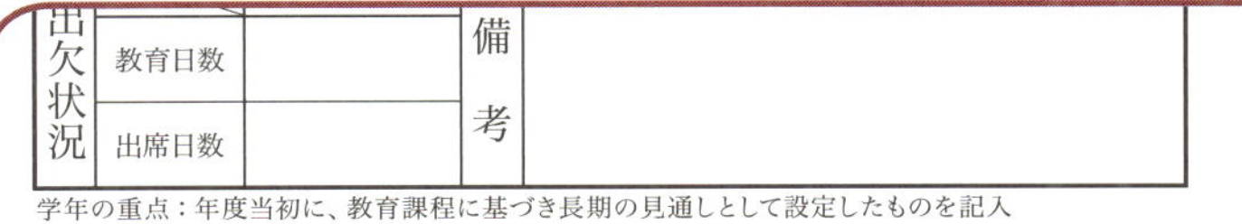

出欠状況	教育日数		備考	
	出席日数			

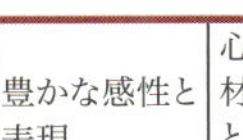

豊かな感性と表現	心を動かす出来事などに触れ感性を働かせる中で、様々な素材の特徴や表現の仕方などに気付き、感じたことや考えたことを自分で表現したり、友達同士で表現する過程を楽しんだりし、表現する喜びを味わい、意欲をもつようになる。

学年の重点：年度当初に、教育課程に基づき長期の見通しとして設定したものを記入
個人の重点：１年間を振り返って、当該幼児の指導について特に重視してきた点を記入
指導上参考となる事項：
(1) 次の事項について記入すること。
①１年間の指導の過程と幼児の発達の姿について以下の事項を踏まえ記入すること。
・幼稚園教育要領第２章「ねらい及び内容」に示された各領域のねらいを視点として、当該幼児の発達の実情から向上が著しいと思われるもの。
その際、他の幼児との比較や一定の基準に対する達成度についての評定によって捉えるものではないことに留意すること。
・幼稚園生活を通して全体的、総合的に捉えた幼児の発達の姿。
②次の年度の指導に必要と考えられる配慮事項等について記入すること。
③最終年度の記入に当たっては、特に小学校等における児童の指導に生かされるよう、幼稚園教育要領第１章総則に示された「幼児期の終わりまでに育ってほしい姿」を活用して幼児に育まれている資質・能力を捉え、指導の過程と育ちつつある姿を分かりやすく記入するように留意すること。また、「幼児期の終わりまでに育ってほしい姿」が到達すべき目標ではないことに留意し、項目別に幼児の育ちつつある姿を記入するのではなく、全体的、総合的に捉えて記入すること。
(2) 幼児の健康の状況等指導上特に留意する必要がある場合等について記入すること。
備考：教育課程に係る教育時間の終了後等に行う教育活動を行っている場合には、必要に応じて当該教育活動を通した幼児の発達の姿を記入すること。

③ 読み手が小学校の先生であることを意識し、できるだけ具体的に書く

指導要録を読むのは、小学校の先生です。小学校の先生は、園での生活や、遊びに夢中になっている子どもの姿を必ずしも詳しく知っているわけではありません。

例えば保育者は「外遊びをたくさん楽しんだ」と書けば、明るく元気に過ごした姿が伝わると思うかもしれません。しかし小学校での外遊びは指導対象の教科ではなく、あくまでも休憩時間です。そこでの「子どもの姿」は、小学校の先生には理解しづらいものです。外遊びなら外遊びの中で、その子がどんなことに夢中になり、どんな力が育ったのかがわかるように、できるだけ具体的に記述しましょう。

ある子どもは園庭で虫探しに熱中しながら図鑑で調べるなどして、虫の姿や餌の違いに気付いたかもしれませんし、サッカー遊びでは、どうすれば勝てるのかを考え、みんなが楽しめるように仲間とルールを話し合った子もいるかもしれません。あるいは、色水遊びなどで、すりばちで花びらを潰しながら、手の操作性が育ったり、色の違いや美しさに気付いたり、また、量を比べたりして、季節の遊びを工夫して楽しんだ子もいるでしょう。そうした活動を通してどのような経験をし、何が育ちつつあるのかを具体的に記述すると、「この子は虫などの生物に興味がある」など、小学校での指導につながる情報になります。

④ 否定的な視点での記述や、家庭事情などの背景の記載は避ける

第１章でも述べましたが、指導要録は学籍と指導の記録として保存される公的な文書であり、保護者から請求された場合、開示することもあります。保護者が目にするかもしれない文書として、できるだけプラスの視点で子どもを捉えて記述をしましょう。

最近は幼稚園と小学校の接続において、小学校側から「授業の間、座っていられるか」や「この子とこの子は同じクラスにしないほうがよいか」といった情報を求めてくることがありますが、そうしたことは長く保存される公的な文書に残す記録としてはふさわしくないので、注意してください。

また小学校側に不要な先入観を与えるような書き方をしないことも重要です。「朝起きられずに遅刻が多い」というのは家庭の事情であって、子ども本人の育ちの記録ではありません。皮膚疾患やアレルギーなどの健康状態についても、小学校で生活する上で配慮が必要なことについては記録しますが、それも補足的な記述にとどめます。あくまでも、園での指導と子どもの成長についての記述を中心に書くことを忘れないでください。

5 教師がしてきた指導・援助や、「こうするとよい」などの対応策も盛り込む

特に発達障害のある子どもや“気になる子”については、集団活動に入れない、友達とのトラブルが多い、といったマイナス面の記述が多くなりがちです。そうした子どもの課題に対し、教師がどのように対応することで活動にうまく参加できたのかといった支援や対応策も忘れずに書くようにしましょう。

当初は友達と遊べなかった子どもでも、「教師がタイミングをみて声をかけて誘っていくと、友達との関わりが増えた」とか「○○くんとの出会いをきっかけに、仲間と誘い合う姿がみられるようになった」など、こうするとうまくいったという手がかりを小学校に伝えることが大切です。

気になる子であっても、1年間を振り返ってみれば、どんな子も必ず成長しています。友達と遊ぶのは苦手だけれども、1年間お当番活動を地道に頑張った、という子もいるでしょう。それぞれの伸びしろに目を向けて、小学校でさらに伸ばしてほしいという気持ちで記述をしましょう。

6 文字の大きさなどにも気を付け、読みやすい書面を心がける

指導要録は、読みやすい書面にすることも大切です。保育者がせっかく苦労して作成しても、小学校の先生に読んでもらえなければ意味がなくなってしまいます。

伝えたいことがたくさんあるからと、細かい文字でびっしり隙間なく書いてしまうと読みにくくなります。文字の大きさや量を調整する、段落ごとに改行するなど、読みやすくする工夫をしてみてください。また子どもによって記録の分量が多すぎたり少なすぎたりするのも、よくありません。不公平感が生じないためにも、適度な分量の範囲に全員がおさまるよう調整をしましょう。

さらに一文が長すぎる、主語・述語がない、教師がしたことか子どもがしたことなのかわからない、言葉や漢字の使い方に誤りがある、などの場合も読み手に正しい情報が伝わりません。公的な文書として修正液の使用は不可ですから、くれぐれも間違いのないように気を付けましょう。

記入例 1

入園当初、不安感の強かった子

満3歳児

プラスの視点で➡遊びや活動への興味が芽生えてきた子

〈指導に関する記録〉

ふりがな	○○○○　○○○○	指導の重点等	平成○年度
氏名	○○　A太 平成○年○月○日生		（学年の重点） 園生活に慣れ、伸び伸びと遊ぶ。
性別	男		（個人の重点） 教師を信頼し、安心して園生活を過ごす。
ねらい（発達を捉える視点）			
健康	明るく伸び伸びと行動し、充実感を味わう。 自分の体を十分に動かし、進んで運動しようとする。 健康、安全な生活に必要な習慣や態度を身に付け、見通しをもって行動する。	指導上参考となる事項	・入園当初は不安を感じており、登園してもじっとして周りの様子を見ていることが多かった。 ・教師が本児をブロックや積み木遊びなどに誘って、一対一でコミュニケーションをとり、家庭的な雰囲気の中で安心して過ごせるようにしたことで、本児も少しずつ笑顔が増えていった。❶ ・教師に仲立ちしてもらいながら、友達と一緒に砂場遊びやだんごむし探しなどをすることで、友達との関わりが増えた。 ・運動会や生活発表会などの行事では、自分の出番を楽しみ、「できた」という達成感を味わっていた。これが本児の自信につながり、様々な活動に興味をもって、園生活を楽しめるようになってきている。❷
人間関係	幼稚園生活を楽しみ、自分の力で行動することの充実感を味わう。 身近な人と親しみ、関わりを深め、工夫したり、協力したりして一緒に活動する楽しさを味わい、愛情や信頼感をもつ。 社会生活における望ましい習慣や態度を身に付ける。		
環境	身近な環境に親しみ、自然と触れ合う中で様々な事象に興味や関心をもつ。 身近な環境に自分から関わり、発見を楽しんだり、考えたりし、それを生活に取り入れようとする。 身近な事象を見たり、考えたり、扱ったりする中で、物の性質や数量、文字などに対する感覚を豊かにする。		
言葉	自分の気持ちを言葉で表現する楽しさを味わう。 人の言葉や話などをよく聞き、自分の経験したことや考えたことを話し、伝え合う喜びを味わう。 日常生活に必要な言葉が分かるようになるとともに、絵本や物語などに親しみ、言葉に対する感覚を豊かにし、先生や友達と心を通わせる。		
表現	いろいろなものの美しさなどに対する豊かな感性をもつ。 感じたことや考えたことを自分なりに表現して楽しむ。 生活の中でイメージを豊かにし、様々な表現を楽しむ。		

出欠状況	○年度	○年度	○年度	備考
教育日数	○○	○○	○○	特記事項なし。
出席日数	○○	○○	○○	

Aくんの保育記録より

●Aくんってこんな子

年の離れた兄がいるが、入園前に同年代の友達と遊んだ経験が少なく、入園当初は戸惑う姿がみられた。教師の援助を受け、少しずつ積極的になり、様々な活動や遊びに興味をもつようになった。

●指導の過程

一対一で関わり、家庭的な雰囲気の中で安心して過ごせるようにした。また、無理強いはせずに、少しずつ友達との遊びに誘い、友達との関わりがもてるようにしてきた。

ここからの育ちをプラスの視点で書こう！

Point 1

教師が本児の興味を捉えて行った援助が具体的に書かれており、読み手にも伝わりやすい記述です。

Point 2

入園当初は不安感の強かった本児が、自信をつけていく姿が書かれています。本児が大きく成長した部分でもありますので、このような内容をしっかりと記入しておくことが大切です。

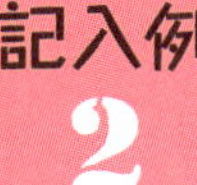

記入例 2

自分中心で、かんしゃくを起こす子

満3歳児

プラスの視点で➡何でもやってみたい気持ちが強い子

〈指導に関する記録〉

ふりがな	○○○○　○○○○			平成○年度
氏名	○○　B人 平成○年○月○日生		指導の重点等	（学年の重点） 園や教師、友達に慣れ、幼稚園の生活を楽しむ。
性別	男			（個人の重点） 友達の気持ちに気付き、一緒に遊ぶ楽しさを味わう。
ねらい（発達を捉える視点）				
健康	明るく伸び伸びと行動し、充実感を味わう。		指導上参考となる事項	・入園当初より、喜んで登園し、自分の気持ちをはっきりと表現する姿がみられた。 ・自分の思いが伝わらないと、すねたり怒ったりすることもあったが、教師が相手の思いを代弁して伝えることで、相手にも思いがあることに気付いていった。❶ ・追いかけっこなど、体を動かしながら人と関わる遊びを特に好み、友達を積極的に誘っている。❷ ・カスタネットなどの楽器や絵合わせパズルなど、様々なことに興味をもち、新しい活動や遊びを積極的にやってみようとする。
	自分の体を十分に動かし、進んで運動しようとする。			
	健康、安全な生活に必要な習慣や態度を身に付け、見通しをもって行動する。			
人間関係	幼稚園生活を楽しみ、自分の力で行動することの充実感を味わう。			
	身近な人と親しみ、関わりを深め、工夫したり、協力したりして一緒に活動する楽しさを味わい、愛情や信頼感をもつ。			
	社会生活における望ましい習慣や態度を身に付ける。			
環境	身近な環境に親しみ、自然と触れ合う中で様々な事象に興味や関心をもつ。			
	身近な環境に自分から関わり、発見を楽しんだり、考えたりし、それを生活に取り入れようとする。			
	身近な事象を見たり、考えたり、扱ったりする中で、物の性質や数量、文字などに対する感覚を豊かにする。			
言葉	自分の気持ちを言葉で表現する楽しさを味わう。			
	人の言葉や話などをよく聞き、自分の経験したことや考えたことを話し、伝え合う喜びを味わう。			
	日常生活に必要な言葉が分かるようになるとともに、絵本や物語などに親しみ、言葉に対する感覚を豊かにし、先生や友達と心を通わせる。			
表現	いろいろなものの美しさなどに対する豊かな感性をもつ。			
	感じたことや考えたことを自分なりに表現して楽しむ。			
	生活の中でイメージを豊かにし、様々な表現を楽しむ。			

出欠状況	○年度	○年度	○年度	備考
教育日数	○○	○○	○○	特記事項なし。
出席日数	○○	○○	○○	

Bくんの保育記録より

●Bくんってこんな子

自分中心だが、自分の気持ちをはっきりと伝えることができる。一方で、思い通りにならないと、怒ったりすねたりすることがある。

●指導の過程

本児が自己を十分に発揮できるよう配慮しながら、友達とのトラブルなどの場面では教師が仲介役となり、相手にも気持ちがあることを伝えていった。

ここからの育ちをプラスの視点で書こう！

Point 1

本児の課題になっている所を記述する時には、マイナスの印象になり過ぎないよう、文章表現に注意しています。

書きがち例 自分の思いが通じないと、すぐに友達をぶったり蹴ったりする。

Point 2

本児が「追いかけっこ」のどんな所を楽しんでいるのかが、具体的に伝わる書き方になっています。

記入例
3

友達とぶつかることが多い子

3歳児

＋（プラス）の視点で➡意思をはっきり表現できる子

〈指導に関する記録〉

項目	内容		平成○年度
ふりがな	○○○○　○○○○	指導の重点等	（学年の重点） 遊びや活動を通して、友達との関わりを深める。
氏名	○○　C奈 平成○年○月○日生		
性別	女		（個人の重点） 遊びを通して、友達と譲り合いができるようになる。
ねらい（発達を捉える視点）			
健康	明るく伸び伸びと行動し、充実感を味わう。	指導上参考となる事項	・友達や教師に忘れずに挨拶をして、毎日元気に登園している。 ・様々な活動や遊びを通して自分の好きなことがわかってきて、夢中になって遊んでいる。 ・氷おにやごっこ遊びなどでは、友達に自分の意思をしっかりと伝えながら遊ぶ姿がみられる。 ・誰に対しても自分の思いを率直に表現するため、時にはけんかになることもあるが、葛藤を経験しながら、次第に相手の気持ちに気付くようになった。❶ ・戸外の遊具で思い切り体を動かして遊んでいる。❷友達が遊びたがっている時には、遊具を譲る姿もみられるようになってきた。
	自分の体を十分に動かし、進んで運動しようとする。		
	健康、安全な生活に必要な習慣や態度を身に付け、見通しをもって行動する。		
人間関係	幼稚園生活を楽しみ、自分の力で行動することの充実感を味わう。		
	身近な人と親しみ、関わりを深め、工夫したり、協力したりして一緒に活動する楽しさを味わい、愛情や信頼感をもつ。		
	社会生活における望ましい習慣や態度を身に付ける。		
環境	身近な環境に親しみ、自然と触れ合う中で様々な事象に興味や関心をもつ。		
	身近な環境に自分から関わり、発見を楽しんだり、考えたりし、それを生活に取り入れようとする。		
	身近な事象を見たり、考えたり、扱ったりする中で、物の性質や数量、文字などに対する感覚を豊かにする。		
言葉	自分の気持ちを言葉で表現する楽しさを味わう。		
	人の言葉や話などをよく聞き、自分の経験したことや考えたことを話し、伝え合う喜びを味わう。		
	日常生活に必要な言葉が分かるようになるとともに、絵本や物語などに親しみ、言葉に対する感覚を豊かにし、先生や友達と心を通わせる。		
表現	いろいろなものの美しさなどに対する豊かな感性をもつ。		
	感じたことや考えたことを自分なりに表現して楽しむ。		
	生活の中でイメージを豊かにし、様々な表現を楽しむ。		
出欠状況	○年度／○年度／○年度 教育日数　○○／○○／○○ 出席日数　○○／○○／○○	備考	特記事項なし。

Cちゃんの保育記録より

●Cちゃんってこんな子

感情表現が豊かで、夢中になって元気に遊んでいる姿がみられる。意思がはっきりしており、気持ちを率直に表現するため、友達とぶつかることが多く、大きな声で怒ったり泣いたりすることもある。

▼

●指導の過程

友達とけんかになった時には、気持ちをしっかりと受け止めるようにした。激しく泣いているような時は、まず気持ちを落ち着けられるよう配慮し、本児が安定してから相手にも思いがあることを伝えた。

▼

ここからの育ちを
プラスの視点で書こう！

Point 1

本児が友達となぜけんかになるのかが、読み手に伝わります。また、相手の気持ちに気付くようになったという成長もわかる記述になっています。

Point 2

本児が葛藤を経て成長した姿を表しています。〈個人の重点〉に記載した内容についての成長は、〈指導上参考となる事項〉の欄にも必ず記入しましょう。

記入例 4

歌ったり踊ったりすることが好きな子

3歳児

〈指導に関する記録〉

ふりがな	○○○○　○○○○			平成○年度
氏名	○○　D絵 平成○年○月○日生		指導の重点等	（学年の重点） 好きな遊びをする中で、友達と触れ合う。
性別	女			（個人の重点） 自分のしたいことを見つけて伸び伸びと楽しむ。
ねらい（発達を捉える視点）				
健康	明るく伸び伸びと行動し、充実感を味わう。		指導上参考となる事項	・クラスの友達や教師に、自分の気持ちや考えを素直に言葉で表現している。 ・歌ったり踊ったりすることを好み、音楽が流れてくると、楽しそうに体を動かしたり、大きな声で伸び伸びと歌ったりしている。 ・運動会の遊戯ではポンポンが気に入り、活動の際には一番先に取りに行き、曲がかかるとリズムにのってダンスを楽しむ姿がみられた。❶ ・運動会に向けて頑張る姿をみんなの前で認められたことが本児の自信となり、他の活動への意欲にもつながっている。 ・絵画や製作などの活動では、自分の作品を友達や教師に見せ、自分のイメージや工夫した所をうれしそうに話し、言葉のやりとりも楽しんでいる。❷
	自分の体を十分に動かし、進んで運動しようとする。			
	健康、安全な生活に必要な習慣や態度を身に付け、見通しをもって行動する。			
人間関係	幼稚園生活を楽しみ、自分の力で行動することの充実感を味わう。			
	身近な人と親しみ、関わりを深め、工夫したり、協力したりして一緒に活動する楽しさを味わい、愛情や信頼感をもつ。			
	社会生活における望ましい習慣や態度を身に付ける。			
環境	身近な環境に親しみ、自然と触れ合う中で様々な事象に興味や関心をもつ。			
	身近な環境に自分から関わり、発見を楽しんだり、考えたりし、それを生活に取り入れようとする。			
	身近な事象を見たり、考えたり、扱ったりする中で、物の性質や数量、文字などに対する感覚を豊かにする。			
言葉	自分の気持ちを言葉で表現する楽しさを味わう。			
	人の言葉や話などをよく聞き、自分の経験したことや考えたことを話し、伝え合う喜びを味わう。			
	日常生活に必要な言葉が分かるようになるとともに、絵本や物語などに親しみ、言葉に対する感覚を豊かにし、先生や友達と心を通わせる。			
表現	いろいろなものの美しさなどに対する豊かな感性をもつ。			
	感じたことや考えたことを自分なりに表現して楽しむ。			
	生活の中でイメージを豊かにし、様々な表現を楽しむ。			
出欠状況			備考	特記事項なし。

出欠状況	○年度	○年度	○年度
教育日数	○○	○○	○○
出席日数	○○	○○	○○

Dちゃんの保育記録より

●Dちゃんってこんな子

運動会直前の10月に入園。音楽やリズム表現、絵画製作などで自分の思いを伸び伸びと表現することを楽しんでいる。

●指導の過程

教師も一緒に踊ったり歌ったりして楽しい気持ちに共感しながら、新しい環境でも自己を十分に発揮できるよう配慮した。また、頑張っている姿を他の子どもたちにも伝え、みんなで本児の頑張る姿を認められるようにした。

ここからの育ちを
プラスの視点で書こう！

Point 1

〈個人の重点〉に挙げられたテーマに関わる事項について、本児の姿が具体的に書かれています。

Point 2

運動会に関する事項を本児の育ちの姿として捉えながらも、５領域の他領域の活動への意欲や広がりもしっかり捉え、バランスよく記載しています。

記入例
5

自己表現が苦手な子

3歳児

＋（プラス）の視点で➡遊びの中で思いを表現し始めた子

〈指導に関する記録〉

ふりがな	○○○○　○○○○	指導の重点等	平成○年度
氏名	○○　E美 平成○年○月○日生		（学年の重点） 園生活に慣れ、友達と一緒に過ごす楽しさを知る。
性別	女		（個人の重点） 安定した友達関係の中で、自分を表現して遊ぶ。
ねらい（発達を捉える視点）		指導上参考となる事項	
健康	明るく伸び伸びと行動し、充実感を味わう。 自分の体を十分に動かし、進んで運動しようとする。 健康、安全な生活に必要な習慣や態度を身に付け、見通しをもって行動する。		・入園当初は、集団生活に戸惑う姿がみられた。教師がそばにつき、話をしたり一緒に片付けをしたりすることで、本児も安心感をもって活動するようになった。❶ ・教師や友達の話をよく聞き、落ち着いて行動している。 ・困ったことがあっても、自分から伝えようとすることが少なかったが、教師からの励ましを受け、次第に自ら思いを伝えようと頑張る姿も出てきている。❷ ・友達と一緒に粘土遊びや手遊びなどを楽しむ姿が増えている。友達と一緒に過ごすことの楽しさを感じられるようになってきている。 ・友達関係が広がるにつれ、遊びの中で、自分の思いを態度や言葉で表すようになり、表情も豊かになってきた。
人間関係	幼稚園生活を楽しみ、自分の力で行動することの充実感を味わう。 身近な人と親しみ、関わりを深め、工夫したり、協力したりして一緒に活動する楽しさを味わい、愛情や信頼感をもつ。 社会生活における望ましい習慣や態度を身に付ける。		
環境	身近な環境に親しみ、自然と触れ合う中で様々な事象に興味や関心をもつ。 身近な環境に自分から関わり、発見を楽しんだり、考えたりし、それを生活に取り入れようとする。 身近な事象を見たり、考えたり、扱ったりする中で、物の性質や数量、文字などに対する感覚を豊かにする。		
言葉	自分の気持ちを言葉で表現する楽しさを味わう。 人の言葉や話などをよく聞き、自分の経験したことや考えたことを話し、伝え合う喜びを味わう。 日常生活に必要な言葉が分かるようになるとともに、絵本や物語などに親しみ、言葉に対する感覚を豊かにし、先生や友達と心を通わせる。		
表現	いろいろなものの美しさなどに対する豊かな感性をもつ。 感じたことや考えたことを自分なりに表現して楽しむ。 生活の中でイメージを豊かにし、様々な表現を楽しむ。		

出欠状況	○年度	○年度	○年度	備考
教育日数	○○	○○	○○	除去食あり。
出席日数	○○	○○	○○	

Eちゃんの保育記録より

●Eちゃんってこんな子

入園当初は、園と家庭との違いに不安を感じていた。困ったことがあっても、周りから声をかけてもらうのを待つことが多かったが、自分から思いを伝えようとする姿が出てきている。園生活に慣れてくると、友達との関わりが増え、自分を表現することも増えていった。

▼

●指導の過程

一対一で関わる時間を多くし、家での出来事や好きな物などの話をして安心感がもてるように配慮した。また、自分から思いを伝えられるよう、促したり励ましたりしていった。

▼

ここからの育ちを
プラスの視点で書こう！

Point 1

本児の不安感を解消するために行われた教師の援助と、その後の本児の姿が具体的に記述されていて、本児が園生活に慣れていった様子が読み手に伝わります。

Point 2

課題を克服しつつある姿は、本児が著しく成長した所といえます。そのような姿を、特に本児の１年間の成長としてしっかりと記載しておくことが大切です。

第３章_記入例 ➡ P055.xls

人見知りをする子

3歳児

プラスの視点で➡周囲をよく見て慎重に対応する子

〈指導に関する記録〉

ふりがな	○○○○　○○○○	
氏名	○○　Ｆ裕 平成○年○月○日生	
性別	男	
ねらい（発達を捉える視点）		
健康	明るく伸び伸びと行動し、充実感を味わう。	
	自分の体を十分に動かし、進んで運動しようとする。	
	健康、安全な生活に必要な習慣や態度を身に付け、見通しをもって行動する。	
人間関係	幼稚園生活を楽しみ、自分の力で行動することの充実感を味わう。	
	身近な人と親しみ、関わりを深め、工夫したり、協力したりして一緒に活動する楽しさを味わい、愛情や信頼感をもつ。	
	社会生活における望ましい習慣や態度を身に付ける。	
環境	身近な環境に親しみ、自然と触れ合う中で様々な事象に興味や関心をもつ。	
	身近な環境に自分から関わり、発見を楽しんだり、考えたりし、それを生活に取り入れようとする。	
	身近な事象を見たり、考えたり、扱ったりする中で、物の性質や数量、文字などに対する感覚を豊かにする。	
言葉	自分の気持ちを言葉で表現する楽しさを味わう。	
	人の言葉や話などをよく聞き、自分の経験したことや考えたことを話し、伝え合う喜びを味わう。	
	日常生活に必要な言葉が分かるようになるとともに、絵本や物語などに親しみ、言葉に対する感覚を豊かにし、先生や友達と心を通わせる。	
表現	いろいろなものの美しさなどに対する豊かな感性をもつ。	
	感じたことや考えたことを自分なりに表現して楽しむ。	
	生活の中でイメージを豊かにし、様々な表現を楽しむ。	

出欠状況	○年度	○年度	○年度
教育日数	○○	○○	○○
出席日数	○○	○○	○○

平成○年度

指導の重点等

（学年の重点）
園生活の流れがわかり、友達や教師と過ごす楽しさを感じる。

（個人の重点）
身近な人に親しみをもって関わる。

指導上参考となる事項

- 初めての場所や人に対して慎重な姿がみられ、入園当初は静かにしていることが多かった。❶
- 基本的な生活習慣が身に付いている。また、教師の話や友達のすることをよく理解していて、考えて行動することができる。
- 困っている友達や片付けの終わっていない友達を黙って手伝うことが多い。友達に頼りにされたことが自信につながり、人の役に立つことを喜んで、少しずつ積極的に活動するようになってきた。❷
- クラスの中では、納得できないことがあった時などにも、自分の思いを言葉ではっきりと伝えるようになってきている。
- 製作遊びが好きで、空き箱などを使って、自分のイメージした物を集中して作る姿がみられる。❸

備考

特記事項なし。

Ｆくんの保育記録より

●Ｆくんってこんな子

人見知りや場所見知りをして馴染みにくいが、周囲のことをよく理解しており、困っている友達がいると黙って手伝う姿がみられる。納得がいかないことがあると黙り込んでしまっていたが、少しずつ自分の思いを表現するようになってきている。

●指導の過程

本人のペースを大切にしながらゆっくりと関わり、緊張感がほぐれるよう配慮する。また、人の役に立つことを喜ぶ姿がみられたので、お手伝いを頼むようにし、ほめる場面を多くした。さらに、慣れた場所以外でも自己を発揮できるよう、言葉かけしていった。

ここからの育ちを
プラスの視点で書こう！

Point 1

本児の課題を記入する時には、マイナスの表現になり過ぎないよう注意しています。

書きがち例 人見知りや場所見知りが激しく、警戒心が強い。

Point 2

本児の長所が友達に認められ、それが自信や積極性につながっていることが具体的に書かれていて、読み手にもよく伝わります。

Point 3

〈学年の重点〉および〈個人の重点〉になっている「人間関係」の育ちに終始せず、他の領域で注目したい育ちについても、しっかり記載されています。

引っ込み思案な子

4歳児

プラスの視点で➡何事にもよく考えて取り組む子

〈指導に関する記録〉

ふりがな	○○○○　○○○○		平成○年度
氏名	○○　G乃 平成○年○月○日生	指導の重点等	（学年の重点） 安心して自分を表現し、友達と一緒に活動することを楽しむ。
性別	女		（個人の重点） 自分らしさを出しながら、友達と一緒に遊ぶことを楽しむ。
ねらい（発達を捉える視点）			
健康	明るく伸び伸びと行動し、充実感を味わう。 自分の体を十分に動かし、進んで運動しようとする。 健康、安全な生活に必要な習慣や態度を身に付け、見通しをもって行動する。	指導上参考となる事項	・入園当初は遊び始めるのに時間がかかったが、教師と一緒に過ごすことで安定し、思ったことや困ったことを伝えられるようになった。❶ ・ままごとや絵を描くなど一人でじっくりと楽しむことが多かった。次第に気の合う友達と一緒にごっこ遊びや砂遊びなどを楽しむようになった。❷ ・クラス活動や行事などの新しい活動に対して、取り組むまでに時間がかかるなど慎重さがあったが、友達の様子を見たり、繰り返して遊んだりするうちに、少しずつ安心して楽しむ様子がみられた。❸ ・自分の気持ちを友達に言葉で伝えることが難しかったが、教師が仲介して気持ちを伝えたり、言えたことを認めたりすることで、少しずつ自分の言葉で表現しようとする姿がみられるようになった。 ・手洗い・持ち物の始末などが丁寧で、遊びの片付けなどをすすんで行う姿がみられた。
人間関係	幼稚園生活を楽しみ、自分の力で行動することの充実感を味わう。 身近な人と親しみ、関わりを深め、工夫したり、協力したりして一緒に活動する楽しさを味わい、愛情や信頼感をもつ。 社会生活における望ましい習慣や態度を身に付ける。		
環境	身近な環境に親しみ、自然と触れ合う中で様々な事象に興味や関心をもつ。 身近な環境に自分から関わり、発見を楽しんだり、考えたりし、それを生活に取り入れようとする。 身近な事象を見たり、考えたり、扱ったりする中で、物の性質や数量、文字などに対する感覚を豊かにする。		
言葉	自分の気持ちを言葉で表現する楽しさを味わう。 人の言葉や話などをよく聞き、自分の経験したことや考えたことを話し、伝え合う喜びを味わう。 日常生活に必要な言葉が分かるようになるとともに、絵本や物語などに親しみ、言葉に対する感覚を豊かにし、先生や友達と心を通わせる。		
表現	いろいろなものの美しさなどに対する豊かな感性をもつ。 感じたことや考えたことを自分なりに表現して楽しむ。 生活の中でイメージを豊かにし、様々な表現を楽しむ。		
出欠状況	○年度／○年度／○年度 教育日数　○○／○○／○○ 出席日数　○○／○○／○○	備考	特記事項なし。

Gちゃんの保育記録より

●Gちゃんってこんな子

２年保育で、入園当初は集団生活に戸惑う姿がみられ、遊び始めるのに時間がかかった。一人でじっくりと遊びを楽しむことが好きで、クラス活動や行事など、新しい経験に対して不安そうな様子がみられた。

●指導の過程

本児の緊張がほぐれるように話しかけたり、活動に無理なく取り組めるようゆったりと関わり、援助した。

ここからの育ちを
プラスの視点で書こう！

Point 1

入園当初の不安が強かった本児への教師の配慮によって、本児と教師の間に信頼関係ができ、育ちにつながったことが記載されています。

Point 2

友達関係ができてきたことで、遊びの幅が広がったことが伝わります。

Point 3

活動の様子から課題となる姿を捉え、本児がそれを克服していく姿が伝わります。

自分のペースで遊びをすすめる子

4歳児

➕（プラス）の視点で➡何事にも積極的に行動する子

〈指導に関する記録〉

ふりがな	○○○○　○○○○	指導の重点等	平成○年度
氏名	○○ Ｈ香 平成○年○月○日生		（学年の重点） 友達と共通のイメージをもって一緒に遊ぶ楽しさを感じる。
性別	女		（個人の重点） 好きな遊びを十分楽しみながら、友達と関わる楽しさを味わう。
ねらい（発達を捉える視点）			
健康	明るく伸び伸びと行動し、充実感を味わう。 自分の体を十分に動かし、進んで運動しようとする。 健康、安全な生活に必要な習慣や態度を身に付け、見通しをもって行動する。	指導上参考となる事項	・入園当初から園生活を楽しみにし、いろいろな遊びに自ら関わろうとする姿がみられた。 ・園庭で見つけた虫を興味をもって観察したり、本などで名前を調べたり、絵に描いたりするなど、自分が興味をもったことにじっくりと関わり、楽しむ姿がみられる。❶ ・製作活動ではイメージをもって、空き箱や布などいろいろな材料を使い、工夫して製作する姿がみられる。❷ ・自分のペースで友達との遊びをすすめがちになる姿があったが、教師が仲立ちをしながら一緒に遊ぶことで、少しずつ友達の意見を聞きながら遊ぼうとする姿がみられるようになってきた。❸ ・運動会や生活発表会などの行事に楽しんで参加し、自信をもって発表したり、友達の様子を見て声をかけたり、熱心に友達を応援したりする姿がみられた。
人間関係	幼稚園生活を楽しみ、自分の力で行動することの充実感を味わう。 身近な人と親しみ、関わりを深め、工夫したり、協力したりして一緒に活動する楽しさを味わい、愛情や信頼感をもつ。 社会生活における望ましい習慣や態度を身に付ける。		
環境	身近な環境に親しみ、自然と触れ合う中で様々な事象に興味や関心をもつ。 身近な環境に自分から関わり、発見を楽しんだり、考えたりし、それを生活に取り入れようとする。 身近な事象を見たり、考えたり、扱ったりする中で、物の性質や数量、文字などに対する感覚を豊かにする。		
言葉	自分の気持ちを言葉で表現する楽しさを味わう。 人の言葉や話などをよく聞き、自分の経験したことや考えたことを話し、伝え合う喜びを味わう。 日常生活に必要な言葉が分かるようになるとともに、絵本や物語などに親しみ、言葉に対する感覚を豊かにし、先生や友達と心を通わせる。		
表現	いろいろなものの美しさなどに対する豊かな感性をもつ。 感じたことや考えたことを自分なりに表現して楽しむ。 生活の中でイメージを豊かにし、様々な表現を楽しむ。		

出欠状況	○年度	○年度	○年度	備考	
教育日数	○○	○○	○○		特記事項なし。
出席日数	○○	○○	○○		

Hちゃんの保育記録より

●Hちゃんってこんな子

入園当初から積極的で、いろいろな遊びに興味をもって楽しむことができる。友達に遊びのアイデアを出したりするが、自分のペースで遊びをすすめがちで、友達より教師と遊ぶことが多くなっている。

▼

●指導の過程

教師が仲立ちをしながら友達と一緒に遊ぶことで、友達の思いを知ったり、一緒に遊ぶ楽しさを感じたりするよう援助した。

▼

ここからの育ちを
プラスの視点で書こう！

Point 1

具体的な姿が書かれていて、幼稚園での学びが読み手に伝わります。

Point 2

自分なりに考えて関わり、遊びを深めていく姿は、「思考力の芽生え」「自然との関わり・生命尊重」「豊かな感性と表現」につながります。

Point 3

本児の課題となっていることには、教師の関わりで、本児が１年間でどう育ってきたかを記載します。

第３章_記入例

P058.xls

記入例
9

進級時に不安定だった子

4歳児

⊕（プラス）の視点で➡新しい環境で友達関係が広がった子

〈指導に関する記録〉

ふりがな	○○○○　○○○○	
氏名	○○　Ｉ菜 平成○年○月○日生	
性別	女	
ねらい（発達を捉える視点）		
健康	明るく伸び伸びと行動し、充実感を味わう。	
	自分の体を十分に動かし、進んで運動しようとする。	
	健康、安全な生活に必要な習慣や態度を身に付け、見通しをもって行動する。	
人間関係	幼稚園生活を楽しみ、自分の力で行動することの充実感を味わう。	
	身近な人と親しみ、関わりを深め、工夫したり、協力したりして一緒に活動する楽しさを味わい、愛情や信頼感をもつ。	
	社会生活における望ましい習慣や態度を身に付ける。	
環境	身近な環境に親しみ、自然と触れ合う中で様々な事象に興味や関心をもつ。	
	身近な環境に自分から関わり、発見を楽しんだり、考えたりし、それを生活に取り入れようとする。	
	身近な事象を見たり、考えたり、扱ったりする中で、物の性質や数量、文字などに対する感覚を豊かにする。	
言葉	自分の気持ちを言葉で表現する楽しさを味わう。	
	人の言葉や話などをよく聞き、自分の経験したことや考えたことを話し、伝え合う喜びを味わう。	
	日常生活に必要な言葉が分かるようになるとともに、絵本や物語などに親しみ、言葉に対する感覚を豊かにし、先生や友達と心を通わせる。	
表現	いろいろなものの美しさなどに対する豊かな感性をもつ。	
	感じたことや考えたことを自分なりに表現して楽しむ。	
	生活の中でイメージを豊かにし、様々な表現を楽しむ。	

出欠状況	○年度	○年度	○年度
教育日数	○○	○○	○○
出席日数	○○	○○	○○

	平成○年度
指導の重点等	（学年の重点） 集団の中で自己を発揮し、様々な活動に積極的に取り組む。
	（個人の重点） 自信をもって様々な友達と遊び、幼稚園生活を楽しむ。
指導上参考となる事項	・進級当初は、戸惑いを感じている姿がみられたため、無理強いせずに教師が一緒に遊ぶことで、本児も徐々に安心して過ごすようになった。❶ ・年少組の時から仲のよい友達と、ままごとなどの室内遊びを楽しむ姿がみられる。 ・七夕飾りの製作で、得意な折り紙を他児に教えた経験をきっかけに、友達関係が広がり、これまで交流の少なかった様々な友達と一緒に遊ぶ姿が増えている。❷ ・９月から預かり保育で過ごすようになり、年長児と一緒に活動することを喜び、ダンスを教えてもらって一緒に踊るなど、新しい環境で遊びの幅を広げている。❸ ・笑顔が増え、自分が経験したことをうれしそうに友達や教師に伝える姿がある。
備考	特記事項なし。

Ｉちゃんの保育記録より

●Ｉちゃんってこんな子

進級当初は母子分離が困難な場面がみられ、他児の中に入りにくかったが、得意な活動をきっかけに友達との関わりが増えた。折り紙などの製作活動が得意で、自分ができることを他児に教えようとする優しい姿がみられる。

●指導の過程

最初は無理に他児と遊ばせようとせず、教師が一緒に遊んで、安心して過ごせるよう配慮した。

ここからの育ちを
プラスの視点で書こう！

Point 1

本児の課題を記載する時には、マイナスの印象になり過ぎないよう注意しています。

書きがち例 母子分離が困難で、登園時に泣いてしまい、自分から友達の輪に入れない。

Point 2

本児が、得意なことを生かして友達関係を広げていく様子が具体的に書かれていて、本児の育ちが読み手によく伝わります。

Point 3

本児が新しい環境に慣れ、積極的に遊びの幅を広げていく様子がよく伝わる書き方になっています。

話を最後まで聞けない子

4歳児

プラスの視点で➡伝えたい気持ちが強い子

〈指導に関する記録〉

ふりがな	○○○○　○○○○		平成○年度
氏名	○○　Ｊ郎 平成○年○月○日生	指導の重点等	（学年の重点） 体を十分に動かし、友達と楽しく遊ぶ。
性別	男		（個人の重点） 自分の考えを相手に伝え、相手の考えにも素直に耳を傾ける。
ねらい（発達を捉える視点）			
健康	明るく伸び伸びと行動し、充実感を味わう。 自分の体を十分に動かし、進んで運動しようとする。 健康、安全な生活に必要な習慣や態度を身に付け、見通しをもって行動する。	指導上参考となる事項	・入園当初は、園生活の流れがわからず、落ち着かない様子がみられた。教師の一対一での関わりや、「次は○○するよ」などの声かけにより、次の活動への見通しをもち、自分から行動するようになった。❶ ・仲のよい友達と行動することを好み、一緒に虫捕りや手遊びをして楽しんでいる。 ・友達や教師の話が始まると、すぐに自分の話を熱心にする姿がみられたが、教師が落ち着いた雰囲気で一対一で関わるなどの配慮をすることで、次第に友達の話に最後まで耳を傾けられるようになってきた。❷ ・給食の時の挨拶などでは、元気よく声を出し、自分がお手本になることで張り切る姿がみられる。教師からのほめ言葉を素直に喜び、自信につなげている。 ・ブロックを使った製作遊びに興味をもち、友達と高速道路や線路を試行錯誤して作り上げるなど、友達と協力して１つの物を作る充実感を味わっている。❸
人間関係	幼稚園生活を楽しみ、自分の力で行動することの充実感を味わう。 身近な人と親しみ、関わりを深め、工夫したり、協力したりして一緒に活動する楽しさを味わい、愛情や信頼感をもつ。 社会生活における望ましい習慣や態度を身に付ける。		
環境	身近な環境に親しみ、自然と触れ合う中で様々な事象に興味や関心をもつ。 身近な環境に自分から関わり、発見を楽しんだり、考えたりし、それを生活に取り入れようとする。 身近な事象を見たり、考えたり、扱ったりする中で、物の性質や数量、文字などに対する感覚を豊かにする。		
言葉	自分の気持ちを言葉で表現する楽しさを味わう。 人の言葉や話などをよく聞き、自分の経験したことや考えたことを話し、伝え合う喜びを味わう。 日常生活に必要な言葉が分かるようになるとともに、絵本や物語などに親しみ、言葉に対する感覚を豊かにし、先生や友達と心を通わせる。		
表現	いろいろなものの美しさなどに対する豊かな感性をもつ。 感じたことや考えたことを自分なりに表現して楽しむ。 生活の中でイメージを豊かにし、様々な表現を楽しむ。		

出欠状況	○年度	○年度	○年度	備考
教育日数	○○	○○	○○	特記事項なし。
出席日数	○○	○○	○○	

Ｊくんの保育記録より

●Ｊくんってこんな子

年中組より入園し、入園当初は落ち着きがなく、人の話を聞くことが苦手で、自分の思いを主張することが多かった。落ち着いた雰囲気で一対一で話すと、注意や指摘も素直に聞き入れられるようになってきた。

●指導の過程

落ち着いた雰囲気で一対一で話したり、思う存分話せる場を設けたりする他、保護者にもほめてもらうなど、保護者とこまめに連携をとりながら援助していった。

ここからの育ちを
プラスの視点で書こう！

Point 1

具体的な支援が記載されていて、次年度や小学校での支援の参考になる記述になっています。

Point 2

人の話を最後まで聞くことが難しかった本児が、友達の話を聞けるようになっていく姿が書かれています。本児が大きく成長した部分ですので、このようにしっかりと記入していきましょう。

Point 3

本児が、友達との関わりで興味や関心を広げ、友達と一緒に造形活動を楽しむようになった姿が書かれています。１つの物を協力して作り上げることは、「協同性」や「自立心」の育ちにつながる項目です。

記入例 11

おとなしくて慎重な子

5歳児

＋(プラス)の視点で➡最後まで根気よく取り組む子

〈最終学年の指導に関する記録〉

ふりがな	○○○○　○○○○	指導の重点等	平成○年度
氏名	○○　K花 平成○年○月○日生		（学年の重点） 園生活に見通しをもち、友達と話し合いながら、いろいろな活動をすすめていく。
性別	女		（個人の重点） 様々なことに意欲的に取り組み、自信をもって自分の思いを表現できるようになる。
ねらい（発達を捉える視点）			
健康	明るく伸び伸びと行動し、充実感を味わう。 自分の体を十分に動かし、進んで運動しようとする。 健康、安全な生活に必要な習慣や態度を身に付け、見通しをもって行動する。	指導上参考となる事項	・戸外で体を動かす遊びやごっこ遊びなど、遊びに入るのに慎重な様子がみられたが、教師が誘ったり一緒に遊んだりすることで、安心して取り組むようになってきた。 ・一度経験したことは、何度も繰り返して試したり、コツコツと根気よく取り組み、片付けも最後まで行おうとする姿がみられる。❶ ・製作遊び、砂遊びなどをして遊ぶことが多かったが、運動会でダンスやリレーに何度も取り組み、楽しさを感じたことをきっかけに、いろいろなことに挑戦しようとする姿がみられた。❷ ・生活発表会でクラスの友達に認められたことが自信につながり、集団の中で生き生きと活動する姿がみられるようになった。❸ ・落ち着いて友達の話を聞いたり、自分の思いや考えを自信をもって話したりする姿がみられる。
人間関係	幼稚園生活を楽しみ、自分の力で行動することの充実感を味わう。 身近な人と親しみ、関わりを深め、工夫したり、協力したりして一緒に活動する楽しさを味わい、愛情や信頼感をもつ。 社会生活における望ましい習慣や態度を身に付ける。		
環境	身近な環境に親しみ、自然と触れ合う中で様々な事象に興味や関心をもつ。 身近な環境に自分から関わり、発見を楽しんだり、考えたりし、それを生活に取り入れようとする。 身近な事象を見たり、考えたり、扱ったりする中で、物の性質や数量、文字などに対する感覚を豊かにする。		
言葉	自分の気持ちを言葉で表現する楽しさを味わう。 人の言葉や話などをよく聞き、自分の経験したことや考えたことを話し、伝え合う喜びを味わう。 日常生活に必要な言葉が分かるようになるとともに、絵本や物語などに親しみ、言葉に対する感覚を豊かにし、先生や友達と心を通わせる。		
表現	いろいろなものの美しさなどに対する豊かな感性をもつ。 感じたことや考えたことを自分なりに表現して楽しむ。 生活の中でイメージを豊かにし、様々な表現を楽しむ。		
出欠状況	○年度 教育日数　○○ 出席日数　○○	備考	特記事項なし。

Kちゃんの保育記録より

●Kちゃんってこんな子

おとなしく、初めて経験することなどに慎重であるが、一度経験したことは、最後まで取り組む意欲や根気強さがある。

●指導の過程

慎重に取り組む姿を見守りながらも、本児が教師と一緒に遊んだり、友達の様子をみたりすることで、安心して取り組めるきっかけをつかめるよう援助した。

ここからの育ちをプラスの視点で書こう！

Point 1

本児の根気強さや「自立心」「思考力の芽生え」の育ちが、具体的な姿から伝わります。

Point 2

本児が新しいことに挑戦するようになったきっかけを捉えて、育ちの姿が具体的に記載されています。

Point 3

グループやクラスの活動の中で、徐々に自信をもつようになった成長の姿が伝わります。

記入例 12

落ち着きがなく、興味が続かない子

5歳児

＋（プラス）の視点で➡いろいろなことに興味を示す子

〈最終学年の指導に関する記録〉

ふりがな	○○○○　○○○○	指導の重点等	平成○年度
氏名	○○ Ｌ真 平成○年○月○日生		（学年の重点） 互いを認め合いながら、友達と一緒に園生活をすすめていく。
性別	男		（個人の重点） 話を最後まで聞いて、理解して行動することを心がける。
	ねらい （発達を捉える視点）		
健康	明るく伸び伸びと行動し、充実感を味わう。 自分の体を十分に動かし、進んで運動しようとする。 健康、安全な生活に必要な習慣や態度を身に付け、見通しをもって行動する。	指導上参考となる事項	・友達と一緒に遊び、笑顔で活動している。年下の子にも自然に優しく関わっている。 ・いろいろな遊びに興味をもち、１つのことに集中して関わることが少なかったが、教師が一緒に遊びの続きを考えるなど、楽しさを味わえるよう援助することで、少しずつ好きな遊びにじっくり関わるようになってきた。❶ ・砂場で砂を掘り、川を作って水を流す遊びでは、友達と一緒に何度も繰り返していろいろ試しながら工夫して遊び、遊んで楽しかったことを話す姿がみられた。❷ ・身の回りの支度などで、話を聞き終える前に行動し、わからないことがあると周りを見てまねようとする。教師が個別に関わり、わからない所を確認したり、できたことを認めて励ますことで、少しずつ落ち着いて行動できるようになってきている。 ・生活発表会では、クラスの中で意見を求められると、自分なりに考えて話したり、役になりきって表現するなど、クラスの友達と一緒に頑張ろうとする姿がみられるようになった。❸
人間関係	幼稚園生活を楽しみ、自分の力で行動することの充実感を味わう。 身近な人と親しみ、関わりを深め、工夫したり、協力したりして一緒に活動する楽しさを味わい、愛情や信頼感をもつ。 社会生活における望ましい習慣や態度を身に付ける。		
環境	身近な環境に親しみ、自然と触れ合う中で様々な事象に興味や関心をもつ。 身近な環境に自分から関わり、発見を楽しんだり、考えたりし、それを生活に取り入れようとする。 身近な事象を見たり、考えたり、扱ったりする中で、物の性質や数量、文字などに対する感覚を豊かにする。		
言葉	自分の気持ちを言葉で表現する楽しさを味わう。 人の言葉や話などをよく聞き、自分の経験したことや考えたことを話し、伝え合う喜びを味わう。 日常生活に必要な言葉が分かるようになるとともに、絵本や物語などに親しみ、言葉に対する感覚を豊かにし、先生や友達と心を通わせる。		
表現	いろいろなものの美しさなどに対する豊かな感性をもつ。 感じたことや考えたことを自分なりに表現して楽しむ。 生活の中でイメージを豊かにし、様々な表現を楽しむ。		
出欠状況	○年度 教育日数 ○○ 出席日数 ○○	備考	特記事項なし。

Ｌくんの保育記録より

●Ｌくんってこんな子

いろいろな遊びに興味をもつが、１つのことに集中して関わることが少なく、遊びを転々としがちである。また、教師の話を最後まで聞かずに行動し、わからなくなると周りを見てまねしてすすめたりしている。

●指導の過程

遊びにじっくりと関わり、楽しさを味わえるように促したり、身支度の際などは、本児が理解して行動できるように個別に関わって援助した。

ここからの育ちを
プラスの視点で書こう！

Point 1

遊んでいる中で課題となる姿を捉え、教師がどのように関わり、本児がどう変容してきたのかをわかりやすく記載しています。

Point 2

友達と協力して、工夫しながら遊び込み、それを伝えようとする姿は、「協同性」「思考力の芽生え」「言葉による伝え合い」につながります。

Point 3

クラスの活動での様子から本児の成長の姿を捉え、具体的に記入することで、３年間での成長として、小学校へ引き継ぎたい姿が伝わります。

 ➡ 第３章_記入例 ➡ 

記入例 13

自分の意見を押し通そうとする子

5歳児

＋(プラス)の視点で➡リーダーシップを発揮できる子

〈最終学年の指導に関する記録〉

ふりがな	○○○○　○○○○
氏名	○○ M治
生年月日	平成○年○月○日生
性別	男
指導の重点等	平成○年度
指導の重点等（学年の重点）	友達と力を合わせて、主体的に園生活を過ごす。
指導の重点等（個人の重点）	友達の思いを受け入れながら、一緒に考え協力することを楽しむ。

ねらい（発達を捉える視点）	
健康	明るく伸び伸びと行動し、充実感を味わう。
	自分の体を十分に動かし、進んで運動しようとする。
	健康、安全な生活に必要な習慣や態度を身に付け、見通しをもって行動する。
人間関係	幼稚園生活を楽しみ、自分の力で行動することの充実感を味わう。
	身近な人と親しみ、関わりを深め、工夫したり、協力したりして一緒に活動する楽しさを味わい、愛情や信頼感をもつ。
	社会生活における望ましい習慣や態度を身に付ける。
環境	身近な環境に親しみ、自然と触れ合う中で様々な事象に興味や関心をもつ。
	身近な環境に自分から関わり、発見を楽しんだり、考えたりし、それを生活に取り入れようとする。
	身近な事象を見たり、考えたり、扱ったりする中で、物の性質や数量、文字などに対する感覚を豊かにする。
言葉	自分の気持ちを言葉で表現する楽しさを味わう。
	人の言葉や話などをよく聞き、自分の経験したことや考えたことを話し、伝え合う喜びを味わう。
	日常生活に必要な言葉が分かるようになるとともに、絵本や物語などに親しみ、言葉に対する感覚を豊かにし、先生や友達と心を通わせる。
表現	いろいろなものの美しさなどに対する豊かな感性をもつ。
	感じたことや考えたことを自分なりに表現して楽しむ。
	生活の中でイメージを豊かにし、様々な表現を楽しむ。

指導上参考となる事項

- 明るく伸び伸びと園生活を楽しんでいる。年長組に進級したことで期待感が高まり、年少児の世話を喜んでする姿がみられる。
- 遊びの場で、自分の意見を押し通そうとすることがあり、友達とすれ違うなど葛藤を経験する中で、次第に相手の立場を考える伝え方をするようになっていった。❶
- みんなが楽しく遊べるようにと、言葉を選びながら意見を伝えている姿を教師にほめられ、本児も自信をもって友達と関わるようになっていった。
- 生活発表会では、グループの友達と衣装のアイデアを話し合ったり、振り付けをつくり合ったりして、達成感や充実感を味わっていた。❷
- 感受性豊かで表現力もある本児のよさが十分に発揮されるようになり、クラスのリーダーとして、恥ずかしがりやで緊張しやすい性格の友達を励ます姿などもみられるようになっている。❸
- 寒い冬でも戸外へ出て元気に遊ぶ中で、園庭のバケツに張った氷に興味を示し、友達と考えたり試したりして、いろいろな形や厚さの氷を作って楽しんでいた。

出欠状況	○年度
教育日数	○○
出席日数	○○

備考	特記事項なし。

Mくんの保育記録より

●Mくんってこんな子

明朗快活で、明るく伸び伸びと園生活を楽しんでいる。感受性豊かで表現力もあり、リーダー的な存在である。これまでは、本児の強い自己主張が思うように通ってきたが、周りが成長して本児に対する不満の声が上がりだしたことを機に、他児の思いを知り、意見の伝え方を考えるようになった。

▼

●指導の過程

他児の気持ちに気付けるよう、教師が一対一で話し、「自分の意見をどう伝えるか」「みんなが楽しく遊べるにはどうしたらよいか」を考えるよう援助した。

▼

ここからの育ちを
プラスの視点で書こう！

Point 1

周りの幼児との力関係が対等になってきたことで本児が経験した葛藤が、本児の「成長の姿」として書かれています。

Point 2

「言葉による伝え合い」「豊かな感性と表現」「協同性」などに関連する内容が書かれています。

Point 3

本児が「伝え方を考える」「みんなも楽しく」という視点をもって行動し、よりよいリーダーシップの発揮の仕方を経験していることが、読み手に伝わる書き方になっています。

記入例 14

5歳で転入してきた外国籍の子

5歳児

〈最終学年の指導に関する記録〉

ふりがな	○○○○　○○○○	指導の重点等	平成○年度
氏名	○○ Nリア 平成○年○月○日生		（学年の重点） 様々な活動に意欲をもって取り組み、友達と協力して園生活をすすめる。
性別	女		（個人の重点） 基本的な生活習慣を身に付け、教師や友達と関わりながら幼稚園生活を楽しむ。
ねらい（発達を捉える視点）			
健康	明るく伸び伸びと行動し、充実感を味わう。	指導上参考となる事項	・5歳になって来日し、転入。両親とも○○国籍。父親は日本語が堪能で、本児は多少の生活言語はわかるようであった。入園当初は、教師がスキンシップをとることで、安心して過ごせるようになった。
	自分の体を十分に動かし、進んで運動しようとする。		
	健康、安全な生活に必要な習慣や態度を身に付け、見通しをもって行動する。		・歌やダンスが好きで、表現することを楽しんでいる。アニメの主題歌を友達の前で披露し、友達から拍手をもらうと照れながらも笑顔を見せ、これをきっかけに遊びの輪に入ることができるようになった。❶
人間関係	幼稚園生活を楽しみ、自分の力で行動することの充実感を味わう。		
	身近な人と親しみ、関わりを深め、工夫したり、協力したりして一緒に活動する楽しさを味わい、愛情や信頼感をもつ。		・教師が一日の流れを絵カードを使って示すと、本児が見通しをもって安心して生活できるようになり、絵カードを指さして、友達と確認する姿もみられるようになった。❷
	社会生活における望ましい習慣や態度を身に付ける。		
環境	身近な環境に親しみ、自然と触れ合う中で様々な事象に興味や関心をもつ。		・基本的な生活習慣を身に付けており、観察力や理解力があるので、周りの様子をよく見て、まねしながらできることが多い。教師の「できているよ」というサインに、うれしそうにする姿がみられる。
	身近な環境に自分から関わり、発見を楽しんだり、考えたりし、それを生活に取り入れようとする。		
	身近な事象を見たり、考えたり、扱ったりする中で、物の性質や数量、文字などに対する感覚を豊かにする。		・10月には会話も上達し、安心して活発に遊ぶ姿がみられるようになった。家でも幼稚園のことをよく話すようになり、友達にも自ら積極的に関わろうとしている。❸
言葉	自分の気持ちを言葉で表現する楽しさを味わう。		
	人の言葉や話などをよく聞き、自分の経験したことや考えたことを話し、伝え合う喜びを味わう。		
	日常生活に必要な言葉が分かるようになるとともに、絵本や物語などに親しみ、言葉に対する感覚を豊かにし、先生や友達と心を通わせる。		
表現	いろいろなものの美しさなどに対する豊かな感性をもつ。		
	感じたことや考えたことを自分なりに表現して楽しむ。		
	生活の中でイメージを豊かにし、様々な表現を楽しむ。		
出欠状況	○年度	備考	特記事項なし。
教育日数	○○		
出席日数	○○		

Nちゃんの保育記録より

●Nちゃんってこんな子

5歳で日本に来て転入。両親とも外国籍で、父親は日本語が堪能。本児は多少の生活言語はわかる。歌やダンスが大好きで、観察力・理解力もある。

●指導の過程

父親とこまめに連絡をとることで、保護者の不安も軽減し、家庭環境もよくなった。本児の理解を助けるため、視覚的な支援も行いながら、本児が安心して過ごせるよう配慮した。

ここからの育ちをプラスの視点で書こう！

Point 1

教師のそばを離れなかった本児が友達との遊びに入れるようになった経緯が、具体的に書かれています。

Point 2

一日の流れを視覚支援として絵カードで示すことが、本児の理解を助けています。援助の具体的な手立てとして、小学校での指導につながる記述です。

Point 3

本児が言葉や文化の違いを越えて、幼稚園生活を楽しむようになっていった様子が、「言葉による伝え合い」や「自立心」などと関連して書かれています。

好き嫌いの多い子

3・4歳児

＋(プラス)の視点で➡偏食を乗り越え、食事を楽しむようになった子

〈指導に関する記録〉

ふりがな	○○○○　○○○○		平成○年度	平成○年度
氏名	○○　○悟 平成○年○月○日生	指導の重点等	（学年の重点） 喜んで登園し、友達と一緒に好きな遊びを楽しむ。	（学年の重点） 園生活を楽しみ、様々な活動に積極的に関わる。
性別	男		（個人の重点） いろいろな物に触れ、興味や関心を広げる。	（個人の重点） 友達と一緒に喜んで食事をとり、様々な物への関心を深める。

ねらい（発達を捉える視点）	
健康	明るく伸び伸びと行動し、充実感を味わう。
	自分の体を十分に動かし、進んで運動しようとする。
	健康、安全な生活に必要な習慣や態度を身に付け、見通しをもって行動する。
人間関係	幼稚園生活を楽しみ、自分の力で行動することの充実感を味わう。
	身近な人と親しみ、関わりを深め、工夫したり、協力したりして一緒に活動する楽しさを味わい、愛情や信頼感をもつ。
	社会生活における望ましい習慣や態度を身に付ける。
環境	身近な環境に親しみ、自然と触れ合う中で様々な事象に興味や関心をもつ。
	身近な環境に自分から関わり、発見を楽しんだり、考えたりし、それを生活に取り入れようとする。
	身近な事象を見たり、考えたり、扱ったりする中で、物の性質や数量、文字などに対する感覚を豊かにする。
言葉	自分の気持ちを言葉で表現する楽しさを味わう。
	人の言葉や話などをよく聞き、自分の経験したことや考えたことを話し、伝え合う喜びを味わう。
	日常生活に必要な言葉が分かるようになるとともに、絵本や物語などに親しみ、言葉に対する感覚を豊かにし、先生や友達と心を通わせる。
表現	いろいろなものの美しさなどに対する豊かな感性をもつ。
	感じたことや考えたことを自分なりに表現して楽しむ。
	生活の中でイメージを豊かにし、様々な表現を楽しむ。

	平成○年度	平成○年度
指導上参考となる事項	• 戸外遊びを喜び、追いかけっこやかくれんぼなどを友達と一緒に楽しんでいる。① • 身の回りの片付けや着替えなどは自ら丁寧に行っている。 • 食べ物の好みがはっきりしているため、食事に時間がかかることが多い。教師や友達からの励ましを受け、様々な食べ物を自分から食べようとする姿がみられるようになってきている。② • 園内外の自然物に興味が出てきて、草花やどんぐりを集め、友達と見せ合ったり、発見した物を教師にうれしそうに知らせに来る姿がみられる。③	• 運動遊びを好み、友達を誘って大縄跳びや中当てなどに積極的に取り組みながら、友達関係を広げている。④ • 困っている友達にいち早く気付き、手伝いをしたり、教師に知らせに来たりするなど、友達を思いやる姿が増えている。 • 給食の時には、苦手な食べ物を克服しようと、好みのおかずと混ぜたり、小さくしたりするなど、自ら食べ方を工夫して食べようとしている。⑤ • 虫に強い関心を示し、園庭で友達と虫捕りをしたり、図鑑で調べたりする姿がよくみられる。 • ごっこ遊びや劇遊びでは、友達とイメージを共有して遊んだり、遊びを発展させるアイデアを言葉で伝え合ったりして楽しんでいる。⑥
備考	特記事項なし。	特記事項なし。

出欠状況	○年度	○年度	○年度
教育日数	○○	○○	○○
出席日数	○○	○○	○○

Point 1

気になる課題がある場合、課題に関する記述が多くなりがちですが、このように5領域や10の姿を意識して、課題に関する内容以外でも子どもの育ちを記入していきましょう。

Point 4

本児が運動遊びをきっかけに、友達との関係を広げていく様子が伝わる表現になっています。

Point 2

本児がどのような援助やきっかけで、苦手な食べ物を食べようとするようになったのかが、読み手に伝わります。次年度の指導にもつながる内容です。

Point 3

同じ「自然への興味・関心」であっても、子どもによって興味の対象は様々です。本児の3歳児なりの興味を具体的に記述すると、子どもの姿が伝わりやすくなります。

Point 6

「協同性」や「言葉による伝え合い」「豊かな感性と表現」などに関連する育ちの姿が書かれています。

Oくんの保育記録より

●Oくんってこんな子

食べ物の好き嫌いが多く、食事に時間がかかっていたが、苦手な食べ物を食べようと努力する姿もみられる。運動遊びが好きで、遊びの中で友達との関係を広げている。

▼

●指導の過程

家庭と連携しながら、無理強いはせずに食べ物の好き嫌いを少なくしていけるよう配慮する。自ら食べようと努力したり工夫したりしている時には、その姿を十分にほめ、自信につなげられるようにする。

▼

ここからの育ちを
プラスの視点で書こう！

Point 5

本児が課題を克服しようと、自ら工夫し、実践している姿を記述しています。こうした内容は、本児の大切な成長ですので、しっかりと要録に記載しましょう。

記入例 16

おもちゃを独り占めする子

3・4歳児

＋（プラス）の視点で➡遊びのルールを身に付けてきた子

〈指導に関する記録〉

ふりがな	○○○○　○○○○		平成○年度	平成○年度
氏名	○○　P貴 平成○年○月○日生	指導の重点等	（学年の重点） 園生活に慣れ親しみ、教師や友達と関わりながら遊ぶ。	（学年の重点） 教師や友達の発言を理解して行動し、意欲的に園生活をすすめる。
性別	男		（個人の重点） 自分の気持ちを相手に言葉で伝えながら、遊びに取り組む。	（個人の重点） ルールを守って友達と楽しく活動する。
ねらい（発達を捉える視点）				
健康	明るく伸び伸びと行動し、充実感を味わう。 自分の体を十分に動かし、進んで運動しようとする。 健康、安全な生活に必要な習慣や態度を身に付け、見通しをもって行動する。	指導上参考となる事項	・入園当初は、母親と離れることに不安を感じながらも、教師の声かけにより、少しずつ遊びに入るようになった。 ・ブロック遊びが好きで、一人で思うように遊びたいという強い気持ちがみられた。❶ ・友達がブロックで遊んでいる時に「貸して」と声をかけたり、「いいよ」と言って譲ったりするなど、少しずつ言葉でやりとりして、おもちゃを譲り合う姿が出てきている。❷ ・戸外遊びでは、スケーターを使った遊びで、体をバランスよく使って繰り返し遊ぶ姿がみられた。身のこなしが軽やかになり、友達とぶつかることが少しずつ減ってきている。❸	・虫に興味があり、だんごむしなどを夢中になって探し、観察している。 ・友達との関わりで思うようにならず、園生活のルールを守ることが難しい時も、教師にスキンシップを受けながら思いを聞いてもらうと、落ち着いて行動できる。❹ ・１番になりたいと強く思うあまり、時に遊びのルールが守れないことがあった。友達や教師の指摘により、ルールを守った上で１番になろうとする気持ちが芽生え、それが行動にも表れてきている。❺ ・かけっこが得意で、友達のお手本になったことが本児の自信につながっている。 ・運動会では、友達とバルーンを大きく膨らませることに挑戦し、表現遊びの楽しさを味わった。❻友達と活動する楽しさを経験して、一緒に運動会ごっこを工夫して繰り返し遊ぶ姿がみられる。
人間関係	幼稚園生活を楽しみ、自分の力で行動することの充実感を味わう。 身近な人と親しみ、関わりを深め、工夫したり、協力したりして一緒に活動する楽しさを味わい、愛情や信頼感をもつ。 社会生活における望ましい習慣や態度を身に付ける。			
環境	身近な環境に親しみ、自然と触れ合う中で様々な事象に興味や関心をもつ。 身近な環境に自分から関わり、発見を楽しんだり、考えたりし、それを生活に取り入れようとする。 身近な事象を見たり、考えたり、扱ったりする中で、物の性質や数量、文字などに対する感覚を豊かにする。			
言葉	自分の気持ちを言葉で表現する楽しさを味わう。 人の言葉や話などをよく聞き、自分の経験したことや考えたことを話し、伝え合う喜びを味わう。 日常生活に必要な言葉が分かるようになるとともに、絵本や物語などに親しみ、言葉に対する感覚を豊かにし、先生や友達と心を通わせる。			
表現	いろいろなものの美しさなどに対する豊かな感性をもつ。 感じたことや考えたことを自分なりに表現して楽しむ。 生活の中でイメージを豊かにし、様々な表現を楽しむ。			
出欠状況	○年度／○年度／○年度 教育日数　○○／○○／○○ 出席日数　○○／○○／○○	備考	特記事項なし。	特記事項なし。

Point 1

３歳児が自己を発揮している姿として、プラスの視点で捉えて記述しています。

書きがち例 ブロックを独り占めしたい気持ちから、他児を押しのけてしまうことがある。

Point 4

幼児期はできたりできなかったりする時期です。どんな時ならできるのかを記入しておくことで、次年度や小学校での指導の参考になります。

Point 2

言葉のやりとりをしながら、おもちゃを譲ったり譲ってもらったりするようになった様子が具体的に書かれていて、読み手が本児の姿をイメージしやすい書き方になっています。

Point 3

全身を使った遊びでも、子どもによって育つ事柄は様々です。本児の特に育った力が具体的に伝わる内容になっています。

Point 6

本児の課題に関連した記述だけでなく、課題以外の面での育ちにも目を向け、５領域で、４歳児ならではの活動を通して育まれたことを、具体的に記載しています。

Ｐくんの保育記録より

●Ｐくんってこんな子

ブロック遊びが大好きで、独り占めしようとすることがよくみられた。何事も１番になりたい思いが強く、負けそうになると泣いたり、途中でやめたりするなどして悔しさを表現する。認めてもらいたい気持ちが強いが、友達と一緒に活動することを通じて、少しずつその楽しさを味わえるようになってきている。

▼

●指導の過程

本児の話をよく聞いて、気持ちを受け止めた上で、ルールの大切さや友達の気持ちなどを伝え、少しずつルールを守りながら活動できるよう援助してきた。

▼

ここからの育ちを
プラスの視点で書こう！

Point 5

本児の課題となる部分ですが、マイナスの印象になり過ぎないよう注意しましょう。１番にこだわるのもこの時期の特徴と捉え、気持ちがコントロールできるようになったことを認める表現になっています。「道徳性・規範意識の芽生え」の育ちがみられます。

記入例
17

集団活動が苦手な子

4・5歳児

プラスの視点で➡少しずつクラスに適応してきた子

〈指導に関する記録〉

ふりがな	○○○○　○○○○			指導の重点等	平成○年度
氏名	○○　Q博 平成○年○月○日生				（学年の重点） 遊びや活動を通して友達と一緒に過ごす楽しさを味わう。
性別	男				（個人の重点） 安心して友達と遊び、園生活を楽しむ。
ねらい（発達を捉える視点）					
健康	明るく伸び伸びと行動し、充実感を味わう。			指導上参考となる事項	・入園当初はクラスに入るのに戸惑う姿がみられたため、登園すると、教師と一緒に園庭で虫探しや砂遊びをしてから室内に入り、身支度をした。❶ ・一人遊びを好み、だんごむしを見つけたり、砂に興味をもって集中して遊んだりする姿がみられる。❷ ・クラス全体での活動が苦手だが、教師や友達が時間をかけて誘いかけたり、参加できた時は認める言葉かけをすることで、次第に集まりに入れるようになってきた。 ・虫探しや砂遊びなど、好きな遊びを一緒にする友達ができて、❸クラスの活動も仲よしの友達と一緒にできるようになった。 ・走ることが得意で、運動会でクラスの友達に認められたことが自信につながり、少しずつクラスの活動に入れるようになってきた。❹
	自分の体を十分に動かし、進んで運動しようとする。				
	健康、安全な生活に必要な習慣や態度を身に付け、見通しをもって行動する。				
人間関係	幼稚園生活を楽しみ、自分の力で行動することの充実感を味わう。				
	身近な人と親しみ、関わりを深め、工夫したり、協力したりして一緒に活動する楽しさを味わい、愛情や信頼感をもつ。				
	社会生活における望ましい習慣や態度を身に付ける。				
環境	身近な環境に親しみ、自然と触れ合う中で様々な事象に興味や関心をもつ。				
	身近な環境に自分から関わり、発見を楽しんだり、考えたりし、それを生活に取り入れようとする。				
	身近な事象を見たり、考えたり、扱ったりする中で、物の性質や数量、文字などに対する感覚を豊かにする。				
言葉	自分の気持ちを言葉で表現する楽しさを味わう。				
	人の言葉や話などをよく聞き、自分の経験したことや考えたことを話し、伝え合う喜びを味わう。				
	日常生活に必要な言葉が分かるようになるとともに、絵本や物語などに親しみ、言葉に対する感覚を豊かにし、先生や友達と心を通わせる。				
表現	いろいろなものの美しさなどに対する豊かな感性をもつ。				
	感じたことや考えたことを自分なりに表現して楽しむ。				
	生活の中でイメージを豊かにし、様々な表現を楽しむ。				
出欠状況		○年度	○年度	○年度	備考
	教育日数	○○	○○	○○	特記事項なし。
	出席日数	○○	○○	○○	

Qくんの保育記録より

●Qくんってこんな子

２年保育で、入園当初は母親となかなか離れることができず、園での検診や、クラス全体で一緒に活動したりすることを嫌がる姿がみられ、一人で好きな遊びに集中する姿があった。

●指導の過程

本児の戸惑いに応えて、時間をかけて誘いかけたり、得意なことを認めたりすることで自信をもてるようにし、個別に対応しながら、いろいろな体験を積み重ねるようにしてきた。

ここからの育ちを
プラスの視点で書こう！

Point 1

入園当初の戸惑いから、教師の個別の配慮によって慣れていく様子が具体的に書かれていて、伝わりやすい記述です。

Point 2

本児が集中して遊べる姿から、「環境」の育ちがみられます。本児のよい所を意識して記入するとよいでしょう。

Point 3

本児の社会性の育ちにつながるきっかけを捉えて、記載されています。

Point 4

得意なことを認められることで、少しずつ集団の中で自信をもって生活するようになっていく様子が伝わる記述です。

〈最終学年の指導に関する記録〉

ふりがな	○○○○　○○○○	指導の重点等	平成○年度
氏名	○○ Q博 平成○年○月○日生		（学年の重点） 友達と協力して、様々な活動に自主的に取り組む。
性別	男		（個人の重点） 友達と一緒にいろいろな遊びを楽しむ。
ねらい（発達を捉える視点）		指導上参考となる事項	
健康	明るく伸び伸びと行動し、充実感を味わう。		• 年長児になり、クラス替えなどで少し戸惑う姿もみられたが、初めての活動や行事などを経験する前に、個別に内容や手順を知らせるなどの援助をすることで、抵抗なく取り組めるようになってきた。 ⑤
	自分の体を十分に動かし、進んで運動しようとする。		
	健康、安全な生活に必要な習慣や態度を身に付け、見通しをもって行動する。		• 走ったり、体を動かしたりする遊びが得意で、友達に認められたことを喜び、運動会では、友達を誘ってリレーをするなど意欲的な姿がみられるようになった。 ⑥
人間関係	幼稚園生活を楽しみ、自分の力で行動することの充実感を味わう。		
	身近な人と親しみ、関わりを深め、工夫したり、協力したりして一緒に活動する楽しさを味わい、愛情や信頼感をもつ。		• 困ったことや難しいことなど、言葉にしにくい本児の気持ちを、教師が言葉にして他児に知らせる中で、少しずつ自分の思いを友達に話すようになってきた。 ⑦
	社会生活における望ましい習慣や態度を身に付ける。		
環境	身近な環境に親しみ、自然と触れ合う中で様々な事象に興味や関心をもつ。		• 生活発表会では自分の思いをクラスの中で話し、劇中の役を表現するなど、クラスの友達と楽しむ姿がみられた。
	身近な環境に自分から関わり、発見を楽しんだり、考えたりし、それを生活に取り入れようとする。		
	身近な事象を見たり、考えたり、扱ったりする中で、物の性質や数量、文字などに対する感覚を豊かにする。		• 仲のよい友達ができ、一緒に縄跳びやボール遊びを楽しむようになり、クラスの友達とも積極的な関わりがみられるようになってきた。 ⑧
言葉	自分の気持ちを言葉で表現する楽しさを味わう。		
	人の言葉や話などをよく聞き、自分の経験したことや考えたことを話し、伝え合う喜びを味わう。		
	日常生活に必要な言葉が分かるようになるとともに、絵本や物語などに親しみ、言葉に対する感覚を豊かにし、先生や友達と心を通わせる。		
表現	いろいろなものの美しさなどに対する豊かな感性をもつ。		
	感じたことや考えたことを自分なりに表現して楽しむ。		
	生活の中でイメージを豊かにし、様々な表現を楽しむ。		
出欠状況	○年度	備考	特記事項なし。
教育日数	○○		
出席日数	○○		

本児が困難と感じることに対して、どのような配慮をするとよいのかが具体的に書かれています。小学校での指導につながっていく記述です。

本児の得意なことや成長した姿、そのきっかけがよく伝わります。

本児にとっての課題や、教師の援助を通して成長したことが記載されていて、小学校で今後必要な配慮を考える助けになります。

Point 8

遊びや友達関係の広がりから、「健康な心と体」「協同性」「言葉による伝え合い」の成長をみることができます。

記入例
18

体調不良に悩まされた子

4・5歳児

プラスの視点で➡心身の安定が意欲的な活動へつながった子

〈指導に関する記録〉

ふりがな	○○○○　○○○○		平成○年度
氏名	○○　Ｒ玲 平成○年○月○日生	指導の重点等	（学年の重点） 集団の中で自己を発揮し、様々な活動に積極的に取り組む。
性別	女		（個人の重点） 伸び伸びと活動し、友達と過ごす心地よさを感じる。
ねらい（発達を捉える視点）			
健康	明るく伸び伸びと行動し、充実感を味わう。 自分の体を十分に動かし、進んで運動しようとする。 健康、安全な生活に必要な習慣や態度を身に付け、見通しをもって行動する。	指導上参考となる事項	・言葉で自分の経験を伝えることが好きで、家族の話や休日に外出したことなどを教師によく話しかけてくる。❶ ・体調を崩しやすく、皮膚が荒れる状態が続き、専門医の治療を受けている。❷ ・肌荒れの部分がしみるので、水遊びや絵の具の活動がつらいこともあるが、教師と一緒だと安心して参加しようとする姿がみられる。 ・気の合う友達とレストランごっこを楽しんでおり、対話による言葉の育ちがみられ、役になりきる表現力も豊かになってきた。❸ ・少食で給食も食べすすまなかったが、友達と一緒に食べる楽しさを味わったことから、苦手な野菜も食べようとする姿がみられる。
人間関係	幼稚園生活を楽しみ、自分の力で行動することの充実感を味わう。 身近な人と親しみ、関わりを深め、工夫したり、協力したりして一緒に活動する楽しさを味わい、愛情や信頼感をもつ。 社会生活における望ましい習慣や態度を身に付ける。		
環境	身近な環境に親しみ、自然と触れ合う中で様々な事象に興味や関心をもつ。 身近な環境に自分から関わり、発見を楽しんだり、考えたりし、それを生活に取り入れようとする。 身近な事象を見たり、考えたり、扱ったりする中で、物の性質や数量、文字などに対する感覚を豊かにする。		
言葉	自分の気持ちを言葉で表現する楽しさを味わう。 人の言葉や話などをよく聞き、自分の経験したことや考えたことを話し、伝え合う喜びを味わう。 日常生活に必要な言葉が分かるようになるとともに、絵本や物語などに親しみ、言葉に対する感覚を豊かにし、先生や友達と心を通わせる。		
表現	いろいろなものの美しさなどに対する豊かな感性をもつ。 感じたことや考えたことを自分なりに表現して楽しむ。 生活の中でイメージを豊かにし、様々な表現を楽しむ。		

出欠状況		○年度	○年度	○年度	備考
	教育日数	○○	○○	○○	プール活動時等、要配慮。
	出席日数	○○	○○	○○	

Ｒちゃんの保育記録より

●Ｒちゃんってこんな子

母親自身も体調不良で就寝時刻が遅く、食事に偏りがみられる。登園時刻に遅れがちで、朝食を食べずに「しんどい」と不調を訴えることが多かった。一旦体調を崩すと欠席が続きがちになり、全身の皮膚が荒れ、痒みや痛みのため戸外遊びや水遊び、絵の具遊びなどがつらい様子であった。お話や歌うことが好きである。

●指導の過程

家庭や園医と連携して生活習慣の改善を図り、健康な体づくりを基に、集中力や忍耐力、根気強さが養えるよう配慮した。

ここからの育ちを
プラスの視点で書こう！

Point 1

本児がどのようなことに関心をもっているのかが、読み手にも伝わる書き方になっています。

Point 2

疾患に関する内容は個人情報に当たります。要録は開示義務のある公文書ですので、こうした内容を記載する時には、保護者の許諾を得ておきましょう。

Point 3

遊びの中で、本児の内面に様々な力が育っていることが具体的に書かれています。「言葉による伝え合い」「豊かな感性と表現」につながっていく内容です。

〈最終学年の指導に関する記録〉

ふりがな	○○○○　○○○○	指導の重点等	平成○年度
氏名	○○　R玲 平成○年○月○日生		（学年の重点） 基本的な生活習慣を身に付け、教師や友達と関わりながら幼稚園生活を主体的に楽しむ。
性別	女		（個人の重点） 心身ともに安定して、様々な活動に意欲的に取り組む。
ねらい（発達を捉える視点）			
健康	明るく伸び伸びと行動し、充実感を味わう。 自分の体を十分に動かし、進んで運動しようとする。 健康、安全な生活に必要な習慣や態度を身に付け、見通しをもって行動する。	指導上参考となる事項	• 体調不良があり、内面的にも葛藤が続いていたが、５歳になり６月くらいから体調が回復していき、戸外遊びや水遊びへの抵抗感も徐々に和らいでいった。 • ７月頃には、前年には参加できなかった朝の会の当番活動にも意欲的に取り組むようになり、人前で自信をもって話をするようになっていった。 • 歌うことが好きで、歌詞をすぐに覚え、身振りも入れて自分なりの表現を楽しんでいる。 • 体力が付くにつれて、集中力や根気が増してきた。10月の作品展では、皮膚の疾患から苦手だった絵の具を使って、「魔法の木」を細かく描き込む姿がみられた。苦手を克服できたという思いが自信につながり、他の活動への積極性も増している。 • 園庭の梅の木に花が咲いているのを見つけ、匂いを嗅いだり、友達に知らせたりして、興味をもって観察する姿がみられた。 • ２月の生活発表会では、日本舞踊に挑戦し、友達と一緒に最後まで粘り強く練習し、感性豊かに自己表現をして、充実感を味わっていた。
人間関係	幼稚園生活を楽しみ、自分の力で行動することの充実感を味わう。 身近な人と親しみ、関わりを深め、工夫したり、協力したりして一緒に活動する楽しさを味わい、愛情や信頼感をもつ。 社会生活における望ましい習慣や態度を身に付ける。		
環境	身近な環境に親しみ、自然と触れ合う中で様々な事象に興味や関心をもつ。 身近な環境に自分から関わり、発見を楽しんだり、考えたりし、それを生活に取り入れようとする。 身近な事象を見たり、考えたり、扱ったりする中で、物の性質や数量、文字などに対する感覚を豊かにする。		
言葉	自分の気持ちを言葉で表現する楽しさを味わう。 人の言葉や話などをよく聞き、自分の経験したことや考えたことを話し、伝え合う喜びを味わう。 日常生活に必要な言葉が分かるようになるとともに、絵本や物語などに親しみ、言葉に対する感覚を豊かにし、先生や友達と心を通わせる。		
表現	いろいろなものの美しさなどに対する豊かな感性をもつ。 感じたことや考えたことを自分なりに表現して楽しむ。 生活の中でイメージを豊かにし、様々な表現を楽しむ。		
出欠状況	○年度	備考	プール活動時等、要配慮。
教育日数	○○		
出席日数	○○		

Point 4
体調不良が目立っていた本児に適した重点が設定されています。個々の子どもの状況に合わせて重点を考えることが大切です。

Point 5
疾患を乗り越え、自分を表現しながら遊べるようになっていった様子が書かれています。「健康な心と体」「自立心」「豊かな感性と表現」などに関連する内容です。

Point 6
「自立心」「豊かな感性と表現」などに関連する内容です。本児が自分のしたいことに挑戦できるほど体力をつけてきた様子も伝わる記述になっていて、心身の育ちが見て取れます。

記入例
19

興味のある遊びを一人で行うのが好きな子

3〜5歳児

＋（プラス）の視点で➡好きな造形活動から、友達関係が広がった子

〈指導に関する記録〉

ふりがな	○○○○　○○○○		平成○年度	平成○年度	平成○年度
氏名	○○　S隆 平成○年○月○日生	指導の重点等	（学年の重点）	（学年の重点） 友達や教師と一緒に、園生活を伸び伸びと楽しむ。	（学年の重点） 一人ひとりが力を発揮して活動に取り組み、自信をもって園生活を送る。
性別	男		（個人の重点）	（個人の重点） 好きな遊びを見つけ、友達と一緒に楽しむ。	（個人の重点） 自分の思いや感じたことを、豊かに表現する。
（発…					
健康	明るく…わう。 自分の…しよう 健康、安全な生活に必要な習慣や態度を身に付け、見通しをもって行動する。	参考となる事項		・入園当初は緊張している様子だったが、次第に好きな場所や物が見つかり、伸び伸びと活動するようになっていった。 ・身支度では、友達のすることや教師の姿を確認しているため、時間がかかることもあるが、身の回りのことを自分でしようとしている。 ・製作活動では、新聞紙を何日も飽きずにつなげたり、空き箱や紙コップなどを組み合わせて乗り物を作るなど、様々な素材を使って表現することを楽しんでいる。 ・ブロックや積み木を組み合わせた作品作りを楽しみ、作った物で友達と一緒に遊ぶ姿がみられる。	・運動会や七夕祭りなどの行事や日々の当番活動など、園でのいろいろな活動に喜んで参加する姿がみられる。 ・自分がよく知っていることについて友達に生き生きと話し、友達の話にも耳を傾けて、言葉のやりとりを楽しむ姿がみられる。 ・造形活動では、材料や用具・方法を工夫し、自分のアイデアを形にすることを好んでいた。教師が本児のアイデアを他児に伝え、みんなに認められたことで、本児の自信につながっていった。 ・大きな作品作りに意欲的で、形ができたら終わりではなく、さらによいものにしようと試行錯誤し、日数をかけて取り組んでいる。 ・体を動かす遊びが苦手だったが、教師や友達に誘われて、おにごっこなどの戸外遊びにも参加するようになった。
人間関係	幼稚園生…力で行動すること 身近な…したり…楽しさ 社会生…を身に付				
環境	身近な環境に親しみ、自然と触れ合う中で様々な…や関心をもつ。 身近な…楽しん…に取り 身近な…りする…に対す				
言葉	自分の気持ちを言葉で表現する楽しさを味わう。 人の言葉や話などをよく聞き、自分の経験したことや考えたことを話し、伝え合う喜びを味わう。 日常生活に必要な言葉が分かるようになるとともに、絵本や物語などに親しみ、言葉に対する感覚を豊かにし、先生や友達と心を通わせる。				
表現	いろいろなものの美しさなどに対する豊かな感性をもつ。 感じたことや考えたことを自分なりに表現して楽しむ。 生活の中でイメージを豊かにし、様々な表現を楽しむ。				
出欠状況	／○年度／○年度／○年度 教育日数　○○　○○　○○ 出席日数　○○　○○　○○	備考		特記事項なし。	特記事項なし。

Point 1
本児の課題となる部分を記載する時には、文章表現に留意し、マイナスの印象になり過ぎないよう注意しています。

Point 2
好きな製作遊びをどのように楽しんでいるかが具体的に書かれており、本児の姿が伝わります。

Point 3
本児が豊かな感性をもち、自分のイメージを生き生きと表現しようとする姿が伝わる書き方になっています。

Point 4
教師の援助によって、本児にどのような成長がみられたかが書かれており、次年度の援助の参考にすることができます。

〈最終学年の指導に関する記録〉

ふりがな	○○○○　○○○○	指導の重点等	平成○年度
氏名	○○　S 隆 平成○年○月○日生		（学年の重点） 遊びや活動を友達と協力しながらすすめ、達成感や充実感を味わう。
性別	男		（個人の重点） 様々な遊びに興味・関心をもち、積極的に友達との関わりを広げる。
ねらい（発達を捉える視点）			
健康	明るく伸び伸びと行動し、充実感を味わう。	指導上参考となる事項	・進級当初は、製作遊びを中心とした室内遊びを楽しんでいた。友達に誘われてドッジボールなどに参加するうちに、集団での運動遊びにも積極的になってきた。❺ ・戸外での活動が増えたころから、自然物に触れる機会も増え、園庭で見慣れない虫や植物を見つけると興味をもち、その特徴を教師に知らせたり、図鑑などで調べたりしている。❻ ・作品展に向けた共同製作では、自分のイメージを友達に伝え、相手の話にも耳を傾けて、意見を調整する姿がみられた。段ボール箱で大きな海賊船を作り上げ、友達と共通のイメージで１つの物を完成させる充実感を味わっていた。❼ ・作品展などを通じて、クラスの友達との仲間意識が高まっている。困っている友達を手伝おうとしたり、自分から友達を遊びに誘ったりする姿が増えている。 ・友達と話し合ったり意見を伝え合ったりしながら、劇遊びの道具作りなどに取り組み、役の表現も工夫する姿がみられた。
	自分の体を十分に動かし、進んで運動しようとする。		
	健康、安全な生活に必要な習慣や態度を身に付け、見通しをもって行動する。		
人間関係	幼稚園生活を楽しみ、自分の力で行動することの充実感を味わう。		
	身近な人と親しみ、関わりを深め、工夫したり、協力したりして一緒に活動する楽しさを味わい、愛情や信頼感をもつ。		
	社会生活における望ましい習慣や態度を身に付ける。		
環境	身近な環境に親しみ、自然と触れ合う中で様々な事象に興味や関心をもつ。		
	身近な環境に自分から関わり、発見を楽しんだり、考えたりし、それを生活に取り入れようとする。		
	身近な事象を見たり、考えたり、扱ったりする中で、物の性質や数量、文字などに対する感覚を豊かにする。		
言葉	自分の気持ちを言葉で表現する楽しさを味わう。		
	人の言葉や話などをよく聞き、自分の経験したことや考えたことを話し、伝え合う喜びを味わう。		
	日常生活に必要な言葉が分かるようになるとともに、絵本や物語などに親しみ、言葉に対する感覚を豊かにし、先生や友達と心を通わせる。		
表現	いろいろなものの美しさなどに対する豊かな感性をもつ。		
	感じたことや考えたことを自分なりに表現して楽しむ。		
	生活の中でイメージを豊かにし、様々な表現を楽しむ。		
出欠状況	○年度	備考	特記事項なし。
教育日数	○○		
出席日数	○○		

Sくんの保育記録より

●Sくんってこんな子

好きな造形活動などに夢中になって、集中して取り組んでいる。一方で、活動によっては他児や教師の様子が気になって、自分の活動が疎かになることがあった。年長組になり、友達関係が深まることで活動の内容が充実し、好きなこと以外にも活動の幅が広がってきた。

●指導の過程

好きな造形活動を十分に楽しめるよう、素材や画材を用意した。本児のアイデアを他児に伝え、認められることで自信につなげられるように配慮した。また、造形活動以外にも興味がもてるよう援助していった。

ここからの育ちを
プラスの視点で書こう！

Point 5

心と体を十分に働かせてルールのある遊びに取り組む姿は、「健康な心と体」「協調性」などに関連しています。

Point 6

「自然との関わり・生命尊重」「言葉による伝え合い」「思考力の芽生え」などに関連する内容が、総合的に書かれています。

Point 7

これまで得意な製作遊びを一人で楽しんでいた本児が、友達と共通のイメージをもって同じ物を作り上げる喜びを感じている姿が書かれています。本児が大きく成長した所ですので、しっかりと要録に記載していきましょう。

記入例 20

恥ずかしがりやで、友達に気持ちが言えない子

3〜5歳児

＋(プラス)の視点で➡自信をもつことで、伝えられるようになった子

〈指導に関する記録〉

ふりがな	○○○○　○○○○		平成○年度	平成○年度	平成○年度
氏名	○○ Ｔ蔵 平成○年○月○日生	指導の重点等	(学年の重点)	(学年の重点) 教師との信頼関係を築き、安心して園生活を送る。	(学年の重点) 自分の思いを表現しながら、友達と一緒に活動する。
性別	男		(個人の重点)	(個人の重点) 自分の思いを伸び伸びと表現する。	(個人の重点) 自分の気持ちを相手に言葉で伝えながら遊ぶ。

ねらい（発達を捉える視点）		
健康	明るく伸び伸びと行動し、充実感を味わう。	
	自分の体を十分に動かし、進んで運動しようとする。	
	健康、安全な生活に必要な習慣や態度を身に付け、見通しをもって行動する。	
人間関係	幼稚園生活を楽しみ、自分の力で行動することの充実感を味わう。	
	身近な人と親しみ、…深め、工夫したり、協力した…する楽しさを味わい…	
	社会生活にお…を身に付ける…	
環境	身近な環境に…中で様々な事…	
	身近な環境に自分から関わり、発見を楽しんだり、考えたり…それを生活に取り入れようと…	
	身近な事象を見…りする中で、…に対する感覚…	
言葉	自分の気持ち…を味わう。	
	人の言葉や話…経験したこと…え合う喜びを…	
	日常生活に必要な…もに、絵本や物語などに親しみ、言葉に対する感覚を豊かにし、先生や友達…心を通わせる。	
表現	いろいろなもの…豊かな感性を…	
	感じたことや…表現して楽し…	
	生活の中でイ…な表現を楽し…	

指導上参考となる事項	平成○年度	平成○年度	平成○年度
		・早くから園生活に慣れ、教師との信頼関係を築いていった。 ・ブロックを使った遊びが好きで、落ち着いて一人遊びに集中し、楽しんでいる。 ・優しい性格で、友達におもちゃを譲る姿が多くみられる。 ・教師が話しかけるとうれしそうに答えるが、人前に立つと緊張感から話せなくなる姿がみられる。❶**教師がそばに寄り添うことで、小さな声で話すようになってきた。** ・食欲旺盛で、給食のおかわりを欲する。食べるスピードも速いので、❷**教師がよく噛んで食べるように声をかけると、本児も次第に食べ方を調整できるようになってきた。**	・恥ずかしさを感じて、自分から友達に積極的に話しかけることは少ないが、話しかけられると❸笑顔で答え、**当番活動などでの決まった言葉は、友達の前でも話すようになってきた。** ・おにごっこや警察ごっこなど、大勢で遊ぶことを楽しむようになり、男女分け隔てなく遊んでいる。体を動かす遊びを繰り返し楽しんでいる。 ・折り紙を使った製作など細かな作業が苦手で、❹**困ったことがあっても、自分からは言い出せずにいた。教師から、困った時は手を挙げて合図をするよう促されると、試みようとする姿がみられる。** ・生活発表会の劇遊びでは、３人の友達と一緒に「かえる」役を演じることになり、友達と一緒のため、安心して表現を楽しむ姿がみられた。

出欠状況	○年度	○年度	○年度		平成○年度	平成○年度	平成○年度
教育日数	○○	○○	○○	備考		特記事項なし。	特記事項なし。
出席日数	○○	○○	○○				

Point 1
支援の具体的な手立てと子どもの姿が記載されていて、次年度の指導の参考にすることができます。

Point 2
教師は、本児が肥満傾向であることなどから、よく噛んで食べるよう指導したが、配慮が必要な事項であるため、「肥満傾向」と明記することを避けた記載になっています。

Point 3
自分の思いを伝えるまでに、当番活動などで必要な言葉を言える段階をまず経験し、少しずつ自信をつけていったことが伝わる記述です。

Point 4
本児が教師の話を素直に聞き、本児なりに勇気をもって自分の気持ちを表現し始めている様子が伝わる書き方です。

〈最終学年の指導に関する記録〉

ふりがな	○○○○　○○○○	指導の重点等	平成○年度
氏名	○○　T蔵 平成○年○月○日生		（学年の重点） 友達とのつながりを深め、思いや考えを伝え合いながら活動や遊びをすすめる。
性別	男		（個人の重点） 自分の気持ちを伝えることの大切さに気付き、感動や驚きを表現する。
ねらい（発達を捉える視点）			
健康	明るく伸び伸びと行動し、充実感を味わう。 自分の体を十分に動かし、進んで運動しようとする。 健康、安全な生活に必要な習慣や態度を身に付け、見通しをもって行動する。	指導上参考となる事項	・優しい性格で、相手の気持ちに共感しながら、誰とでも穏やかに関わって遊んでいる。 ・嫌なことがあっても、自分の気持ちを抑えて我慢することが多かった。教師が本児の嫌だった気持ちを伝える場を設けたことで、本児も思いを言葉にすることができ、自分の気持ちを伝えることの大切さに気付いていった。 ・押されたりするなど、嫌なことがある時も、活発な友達に対しても「やめて」「待ってよ」などと、自分の気持ちを言葉で伝えながら遊ぶ姿がみられるようになった。 ・自然に対する興味や関心が出てきて、園庭で虫を見つけて、飼育方法を図鑑などで調べたり、虫の特徴を生き生きと友達に伝えたりしている。 ・遊びの中で感じた喜びを「振り返り活動」の中でみんなに話すことができ、大きな達成感を味わっていた。 ・生活発表会の劇遊びでは、本番で一人で大きな声で、自信をもって演じることができた。
人間関係	幼稚園生活を楽しみ、自分の力で行動することの充実感を味わう。 身近な人と親しみ、関わりを深め、工夫したり、協力したりして一緒に活動する楽しさを味わい、愛情や信頼感をもつ。 社会生活における望ましい習慣や態度を身に付ける。		
環境	身近な環境に親しみ、自然と触れ合う中で様々な事象に興味や関心をもつ。 身近な環境に自分から関わり、発見を楽しんだり、考えたりし、それを生活に取り入れようとする。 身近な事象を見たり、考えたり、扱ったりする中で、物の性質や数量、文字などに対する感覚を豊かにする。		
言葉	自分の気持ちを言葉で表現する楽しさを味わう。 人の言葉や話などをよく聞き、自分の経験したことや考えたことを話し、伝え合う喜びを味わう。 日常生活に必要な言葉が分かるようになるとともに、絵本や物語などに親しみ、言葉に対する感覚を豊かにし、先生や友達と心を通わせる。		
表現	いろいろなものの美しさなどに対する豊かな感性をもつ。 感じたことや考えたことを自分なりに表現して楽しむ。 生活の中でイメージを豊かにし、様々な表現を楽しむ。		
出欠状況	○年度 教育日数　○○ 出席日数　○○	備考	特記事項なし。

Tくんの保育記録より

●Tくんってこんな子

恥ずかしがりやで自分から友達に積極的に話しかけることがあまりなかった。優しい性格で、他児の気持ちがよくわかっている姿がみられる。肥満傾向であるが、友達と体を動かして遊ぶ楽しさを知り、徐々に自信もついてきた。

●指導の過程

恥ずかしい気持ちに寄り添うことで、安心できるよう配慮し、人前で思いを話せる場を設けるなど工夫した。運動量と食事量とのバランスをとれるよう調整を試みている。

ここからの育ちを
プラスの視点で書こう！

Point 5
「協同性」「道徳性・規範意識の芽生え」などに関連する内容が書かれています。

Point 6
どのような言葉で思いを伝えていったかが具体的に書かれていて、本児の姿を読み手がイメージしやすい書き方になっています。

Point 7
「自然との関わり・生命尊重」「言葉による伝え合い」「思考力の芽生え」などに関連する内容が書かれています。

Point 8
自分の思いを表現することが苦手だった本児が、大きく成長した所をしっかりと記載しています。

記入例 21

気になる子

第3章_記入例 ➡ P076.xls

気性が激しく、乱暴な子

4歳児

➕（プラス）の視点で➡感情豊かに自分を表現しようとする子

〈指導に関する記録〉

ふりがな	○○○○　○○○○	指導の重点等	平成○年度
氏名	○○　U毅 平成○年○月○日生		(学年の重点) 様々な活動や遊びに積極的に取り組み、楽しさを味わう。
性別	男		(個人の重点) 集団生活の中で、友達と関わる心地よさや楽しさを感じる。
ねらい（発達を捉える視点）			
健康	明るく伸び伸びと行動し、充実感を味わう。 自分の体を十分に動かし、進んで運動しようとする。 健康、安全な生活に必要な習慣や態度を身に付け、見通しをもって行動する。	指導上参考となる事項	・ままごとをしたり、三輪車に乗ったり、フラフープをしたりと、自分のペースで好きな遊びを楽しむ姿がある。 ・友達のしている遊びに興味をもち、同じように遊びたい気持ちが出てきた。 ・うまく遊びに入れずに葛藤したり、悔しい気持ちを態度で表すことがあるが、教師が思いを聞きながら、できること・できないこと・待つことなどを知らせる中で、気持ちを整理しようとする姿がみられる。❶ ・集まったり並んだりする際に他児との距離がうまく測れず、トラブルになる姿があったが、教師が互いの気持ちを知らせる中で、自分の気持ちを言葉で相手に伝えることに気付くようになってきた。 ・縄跳びやダンスなど友達のしている遊びに興味をもち、自分なりに目標を決めて取り組もうとし、何度も繰り返し遊び、達成感を味わっていた。❷
人間関係	幼稚園生活を楽しみ、自分の力で行動することの充実感を味わう。 身近な人と親しみ、関わりを深め、工夫したり、協力したりして一緒に活動する楽しさを味わい、愛情や信頼感をもつ。 社会生活における望ましい習慣や態度を身に付ける。		
環境	身近な環境に親しみ、自然と触れ合う中で様々な事象に興味や関心をもつ。 身近な環境に自分から関わり、発見を楽しんだり、考えたりし、それを生活に取り入れようとする。 身近な事象を見たり、考えたり、扱ったりする中で、物の性質や数量、文字などに対する感覚を豊かにする。		
言葉	自分の気持ちを言葉で表現する楽しさを味わう。 人の言葉や話などをよく聞き、自分の経験したことや考えたことを話し、伝え合う喜びを味わう。 日常生活に必要な言葉が分かるようになるとともに、絵本や物語などに親しみ、言葉に対する感覚を豊かにし、先生や友達と心を通わせる。		
表現	いろいろなものの美しさなどに対する豊かな感性をもつ。 感じたことや考えたことを自分なりに表現して楽しむ。 生活の中でイメージを豊かにし、様々な表現を楽しむ。		

出欠状況	○年度	○年度	○年度	備考	
教育日数	○○	○○	○○		特記事項なし。
出席日数	○○	○○	○○		

Uくんの保育記録より

●Uくんってこんな子

自分のペースで好きな遊びをすることを好み、友達が遊んでいる物を欲しがったり、思いが通らないと強い口調で怒ったりあばれたりする姿がある。並ぶなどの経験が少なく、距離感がわからず、近くにいる友達を押したり手が出たりしてトラブルになることが多い。

▼

●指導の過程

集団生活の中で、友達と一緒に生活していることが意識できるように丁寧に関わり、友達との仲立ちをしながら集団生活のルールを知らせてきた。

▼

ここからの育ちを
プラスの視点で書こう！

Point 1

課題と見える姿も、「自分の気持ちを表現する」という育ちとしては大事なことなので、マイナス表現になり過ぎないよう注意しています。

書きがち例 友達の遊んでいる物を欲しがったり、できないと泣いたり怒ったりする。

Point 2

本児のよい所を捉え、本児なりに1年間で成長した所が記載されています。5領域に照らして、育ちをバランスよく捉えましょう。

気になる子

 第3章_記入例 P077.xls

5歳児

プラス
＋の視点で→興味のあることに集中できる子

〈最終学年の指導に関する記録〉

			指導の重点等	平成○年度
ふりがな	○○○○　○○○○			（学年の重点） 友達関係を深め、協力し合って主体的に自分たちの生活をすすめていく。
氏名	○○　Ｖ輝 平成○年○月○日生			
性別	男			（個人の重点） 周りの様子や相手の気持ちに気付き、友達との遊びや生活を楽しむ。
ねらい（発達を捉える視点）				
健康	明るく伸び伸びと行動し、充実感を味わう。		指導上参考となる事項	・クラス活動など集団の中で話を聞くことが難しく、集中しにくい様子がみられた。個別に話したり、内容を一緒に確認したりすることで、聞こうとする気持ちが少しずつみられるようになってきた。❶ ・空き箱を組み合わせて製作をしたり、ごっこ遊びなどの興味をもった遊びにすすんで参加し、遊びの中でイメージしたことを実現しようと、考えたり工夫したりする姿がみられる。❷ ・遊びの中でいろいろなイメージを膨らませ、友達に認められたことが自信になり、友達に優しく接する姿が少しずつみられるようになった。 ・身支度や片付け、クラスで話を聞くことなど、興味をもてないことには集中時間が短いようであったが、できたことを認められたりすることで、少しずつ集中する時間が増え、内容を理解して行動することができるようになってきた。❸ ・自分が興味をもったことや感じたことを友達に伝え、思いや楽しさを共有する喜びを感じるようになった。
	自分の体を十分に動かし、進んで運動しようとする。			
	健康、安全な生活に必要な習慣や態度を身に付け、見通しをもって行動する。			
人間関係	幼稚園生活を楽しみ、自分の力で行動することの充実感を味わう。			
	身近な人と親しみ、関わりを深め、工夫したり、協力したりして一緒に活動する楽しさを味わい、愛情や信頼感をもつ。			
	社会生活における望ましい習慣や態度を身に付ける。			
環境	身近な環境に親しみ、自然と触れ合う中で様々な事象に興味や関心をもつ。			
	身近な環境に自分から関わり、発見を楽しんだり、考えたりし、それを生活に取り入れようとする。			
	身近な事象を見たり、考えたり、扱ったりする中で、物の性質や数量、文字などに対する感覚を豊かにする。			
言葉	自分の気持ちを言葉で表現する楽しさを味わう。			
	人の言葉や話などをよく聞き、自分の経験したことや考えたことを話し、伝え合う喜びを味わう。			
	日常生活に必要な言葉が分かるようになるとともに、絵本や物語などに親しみ、言葉に対する感覚を豊かにし、先生や友達と心を通わせる。			
表現	いろいろなものの美しさなどに対する豊かな感性をもつ。			
	感じたことや考えたことを自分なりに表現して楽しむ。			
	生活の中でイメージを豊かにし、様々な表現を楽しむ。			
出欠状況		○年度	備考	特記事項なし。
	教育日数	○○		
	出席日数	○○		

Vくんの保育記録より

●Vくんってこんな子

集団の中で話を聞くことが難しく、大きい声を出したり、座る場所を移動したりすることが多くみられた。遊びに夢中になると、自分の思いのままにすすめてしまうこともあるが、好きな遊びに意欲的に取り組む集中力があり、友達に優しく接する姿もみられる。

●指導の過程

苦手な活動でも本児が興味をもてるような工夫をしたり、個別に話を聞いたり、活動内容を一緒に確認したりして、本児が落ち着いて取り組めるよう援助した。また、できたことを認めながら丁寧に関わってきた。

ここからの育ちを
プラスの視点で書こう！

Point 1

本児の困り感から、どのような配慮をしてきたかが具体的に書かれていて、本児にとって個別の対応が大切なことが、読み手に伝わります。

Point 2

本児の「豊かな感性と表現」や「思考力の芽生え」の育ちが、具体的な場面で書かれていて伝わりやすい記述です。

Point 3

本児が苦手とすることや課題を克服しながら、少しずつ成長してきた様子がわかり、小学校での指導につながる内容です。

記入例 23

気になる子

言葉の理解が弱い子

4・5歳児

プラスの視点で➡少しずつ対話が育ちつつある子

〈指導に関する記録〉

ふりがな	○○○○　○○○○		平成○年度
氏名	○○　W恵 平成○年○月○日生	指導の重点等	（学年の重点） 友達と一緒に興味のある活動に取り組み、安定して園生活を送る。
性別	女		（個人の重点） 気の合う友達と一緒に遊ぶことを楽しむ。
ねらい（発達を捉える視点）			
健康	明るく伸び伸びと行動し、充実感を味わう。	指導上参考となる事項	・入園当初、慣れるのに時間がかかり不安そうであったが、教師と一緒に衣服の着脱などの身の回りのことをしたり、遊んだりして、次第に安心して過ごすようになってきた。❶
	自分の体を十分に動かし、進んで運動しようとする。		
	健康、安全な生活に必要な習慣や態度を身に付け、見通しをもって行動する。		
人間関係	幼稚園生活を楽しみ、自分の力で行動することの充実感を味わう。		・ままごと遊びや砂遊びを楽しむようになり、教師と一緒に遊びながら、少しずつ周囲の友達との関わりも増えてきた。
	身近な人と親しみ、関わりを深め、工夫したり、協力したりして一緒に活動する楽しさを味わい、愛情や信頼感をもつ。		
	社会生活における望ましい習慣や態度を身に付ける。		・友達と遊びたくても言えずにいたり、困ったことを言葉で表現することが難しい様子がみられる。教師が本児の気持ちを代弁したり、言い方を知らせながら関わることで、少しずつ自分の気持ちを言葉で伝えようとする姿がある。❷
環境	身近な環境に親しみ、自然と触れ合う中で様々な事象に興味や関心をもつ。		
	身近な環境に自分から関わり、発見を楽しんだり、考えたりし、それを生活に取り入れようとする。		
	身近な事象を見たり、考えたり、扱ったりする中で、物の性質や数量、文字などに対する感覚を豊かにする。		・遊びの中で、友達の話すテンポについていけず、理解が難しい様子がみられたため、友達に少しゆっくり話してもらうよう頼むなどの配慮をした。
言葉	自分の気持ちを言葉で表現する楽しさを味わう。		
	人の言葉や話などをよく聞き、自分の経験したことや考えたことを話し、伝え合う喜びを味わう。		・遊んだ後の片付けや昼食時の当番などをすすんで行い、友達を手伝う姿がみられた。
	日常生活に必要な言葉が分かるようになるとともに、絵本や物語などに親しみ、言葉に対する感覚を豊かにし、先生や友達と心を通わせる。		
表現	いろいろなものの美しさなどに対する豊かな感性をもつ。		
	感じたことや考えたことを自分なりに表現して楽しむ。		
	生活の中でイメージを豊かにし、様々な表現を楽しむ。		

出欠状況	○年度	○年度	○年度	備考	
教育日数	○○	○○	○○		特記事項なし。
出席日数	○○	○○	○○		

Wちゃんの保育記録より

●Wちゃんってこんな子

友達の言葉を理解したり、気持ちを言葉にしたりすることが難しい様子があるが、年下の子に丁寧に接することのできる優しさがある。

●指導の過程

本児が安心できるように関わり、気持ちを代弁したり、気持ちの伝え方の見本を見せながら援助し、自ら言おうとする気持ちがもてるよう配慮してきた。

ここからの育ちを
プラスの視点で書こう！

Point 1

入園当初の不安な様子から安心して過ごせるようになっていく姿が、具体的な援助とともに書かれていてわかりやすい記述です。

Point 2

遊びや生活の中で課題となっている所を捉えて、教師がどう援助したのかが具体的に書かれていて、次年度の指導につながる記述です。

〈最終学年の指導に関する記録〉

<table>
<tr><td>ふりがな</td><td colspan="2">○○○○　○○○○</td><td rowspan="4">指導の重点等</td><td>平成○年度</td></tr>
<tr><td>氏名</td><td colspan="2">○○ W恵
平成○年○月○日生</td><td>（学年の重点）
様々な活動の中で、最終学年としての自覚をもち、園生活をすすめる喜びを味わう。</td></tr>
<tr><td>性別</td><td colspan="2">女</td><td rowspan="2">（個人の重点）
園生活の中で、自分の思いを言葉で表す。</td></tr>
<tr><td colspan="3">ねらい
（発達を捉える視点）</td></tr>
<tr><td rowspan="3">健康</td><td colspan="2">明るく伸び伸びと行動し、充実感を味わう。</td><td rowspan="15">指導上参考となる事項</td><td rowspan="15">・進級を喜び、うれしそうに登園する。年下の子の様子を気にかけたり、衣服の着脱や持ち物の始末などを手伝う姿がみられ、認められることで自信をもつようになってきた。（3）

・友達が遊ぶ様子を見て、一緒に遊びたいが自分から言葉をかけて入ることが難しい姿があった。伝え方を教師と一緒に考えたり、話そうとする気持ちを認められたりすることで、少しずつ自分から話しかけるようになってきた。（4）

・クラス活動の場では、感じたことを話したり、クイズや質問などの機会を多く経験したりすることで、少しずつクラスの友達の前でも思いが言えるようになり、必要なことを言える大切さを意識する姿がみられた。（4）

・友達の話についていけない時も「もう１回言って」など、少しずつ自分の言葉で伝えようとする気持ちがみられる。

・園庭の草花や栽培している植物に興味をもち、生長の様子を見たり、自ら水やりをしたりして世話をすることを楽しんでいる。

・体を動かす遊びには少し苦手意識があるようだが、友達と一緒に楽しそうにダンスをしたり、何回も縄跳びに挑戦したりし、心地よさを感じていた。</td></tr>
<tr><td colspan="2">自分の体を十分に動かし、進んで運動しようとする。</td></tr>
<tr><td colspan="2">健康、安全な生活に必要な習慣や態度を身に付け、見通しをもって行動する。</td></tr>
<tr><td rowspan="3">人間関係</td><td colspan="2">幼稚園生活を楽しみ、自分の力で行動することの充実感を味わう。</td></tr>
<tr><td colspan="2">身近な人と親しみ、関わりを深め、工夫したり、協力したりして一緒に活動する楽しさを味わい、愛情や信頼感をもつ。</td></tr>
<tr><td colspan="2">社会生活における望ましい習慣や態度を身に付ける。</td></tr>
<tr><td rowspan="3">環境</td><td colspan="2">身近な環境に親しみ、自然と触れ合う中で様々な事象に興味や関心をもつ。</td></tr>
<tr><td colspan="2">身近な環境に自分から関わり、発見を楽しんだり、考えたりし、それを生活に取り入れようとする。</td></tr>
<tr><td colspan="2">身近な事象を見たり、考えたり、扱ったりする中で、物の性質や数量、文字などに対する感覚を豊かにする。</td></tr>
<tr><td rowspan="3">言葉</td><td colspan="2">自分の気持ちを言葉で表現する楽しさを味わう。</td></tr>
<tr><td colspan="2">人の言葉や話などをよく聞き、自分の経験したことや考えたことを話し、伝え合う喜びを味わう。</td></tr>
<tr><td colspan="2">日常生活に必要な言葉が分かるようになるとともに、絵本や物語などに親しみ、言葉に対する感覚を豊かにし、先生や友達と心を通わせる。</td></tr>
<tr><td rowspan="3">表現</td><td colspan="2">いろいろなものの美しさなどに対する豊かな感性をもつ。</td></tr>
<tr><td colspan="2">感じたことや考えたことを自分なりに表現して楽しむ。</td></tr>
<tr><td colspan="2">生活の中でイメージを豊かにし、様々な表現を楽しむ。</td></tr>
<tr><td rowspan="3">出欠状況</td><td></td><td>○年度</td><td rowspan="3">備考</td><td rowspan="3">特記事項なし。</td></tr>
<tr><td>教育日数</td><td>○○</td></tr>
<tr><td>出席日数</td><td>○○</td></tr>
</table>

Point 3

自信をもって行動するようになってきた姿が捉えられており、「自立心」の向上や「社会生活との関わり」につながっていく様子が記載されています。

Point 4

〈個人の重点〉に挙げられた本児の課題に対して、教師が指導した内容が具体的に書かれています。小学校での指導を考える上でも参考になる記述です。

記入例 24

気になる子

気持ちの切り替えが困難な子

5歳児

＋(プラス)の視点で➡先の見通しをもてると安定する子

〈最終学年の指導に関する記録〉

ふりがな	○○○○　○○○○	指導の重点等	平成○年度
氏名	○○　Ｘ史 平成○年○月○日生		（学年の重点） 身近な環境に主体的に関わり、友達と協力して活動を展開することを楽しむ。
性別	男		（個人の重点） 自分でできることの範囲を広げながら、意欲的に生活する。
ねらい（発達を捉える視点）			
健康	明るく伸び伸びと行動し、充実感を味わう。	指導上参考となる事項	・気持ちが不安定な時は、しばらくそっとする時間をつくると、落ち着いて自分から教師に話しかけてくる。友達とのトラブルも、教師が相手の意図や気持ちを代弁することで、少しずつ相手の思いに気付き、素直に謝る姿がみられるようになってきた。❶ ・一日の生活の見通しをもち、気持ちが切り替えやすくなるよう、絵カードや時計の針を使って一日の流れを視覚的に示したりする支援を通して、活動前から「次は○○だ」と言いながら自分で準備することもできるようになってきた。❷ ・好奇心旺盛で、昆虫をはじめ様々なことに興味をもち、自分で経験することを楽しんでいる。その気付きや感動を、帰りの会で感情豊かに友達に伝えて、満足感を味わっている。❸ ・劇遊びやオペレッタでは、友達の動きをまねしながらも自分の表現を工夫している姿がみられる。 ・自己評価が高い反面、マイナス気味に振り返る傾向がある。教師や友達に、困難だったことができるようになった努力を認められることで、本児も前向きな気持ちをもてるようになってきている。
	自分の体を十分に動かし、進んで運動しようとする。		
	健康、安全な生活に必要な習慣や態度を身に付け、見通しをもって行動する。		
人間関係	幼稚園生活を楽しみ、自分の力で行動することの充実感を味わう。		
	身近な人と親しみ、関わりを深め、工夫したり、協力したりして一緒に活動する楽しさを味わい、愛情や信頼感をもつ。		
	社会生活における望ましい習慣や態度を身に付ける。		
環境	身近な環境に親しみ、自然と触れ合う中で様々な事象に興味や関心をもつ。		
	身近な環境に自分から関わり、発見を楽しんだり、考えたりし、それを生活に取り入れようとする。		
	身近な事象を見たり、考えたり、扱ったりする中で、物の性質や数量、文字などに対する感覚を豊かにする。		
言葉	自分の気持ちを言葉で表現する楽しさを味わう。		
	人の言葉や話などをよく聞き、自分の経験したことや考えたことを話し、伝え合う喜びを味わう。		
	日常生活に必要な言葉が分かるようになるとともに、絵本や物語などに親しみ、言葉に対する感覚を豊かにし、先生や友達と心を通わせる。		
表現	いろいろなものの美しさなどに対する豊かな感性をもつ。		
	感じたことや考えたことを自分なりに表現して楽しむ。		
	生活の中でイメージを豊かにし、様々な表現を楽しむ。		
出欠状況	○年度	備考	特記事項なし。
教育日数	○○		
出席日数	○○		

Xくんの保育記録より

●Xくんってこんな子

気になる子の特性の１つとして、急な予定変更などでパニックになってしまう傾向がある。他児の気持ちに気付きにくい面もある。好奇心旺盛で、自分で積極的に経験することを楽しんでいて、自分を肯定的に捉える反面、失敗したことを気にしがちである。

●指導の過程

一日の見通しがもてるよう、視覚的な支援を行っている。他児とのトラブルにも教師が相手の気持ちを代弁したり、仲介したりすることで、少しずつ気付くよう援助している。

ここからの育ちを
プラスの視点で書こう！

Point 1

どうすれば本児の気持ちが落ち着くのか、どのような場面になるとできるのかを具体的に書くことで、子どもの特性が捉えやすくなり、読み手に伝わる記述です。

Point 2

絵カードや時計の針など、本児が一日の見通しをもつための具体的な手立てが記載され、小学校での支援の助けになります。

Point 3

「自然との関わり・生命尊重」「言葉による伝え合い」「豊かな感性と表現」に関連する内容が記載されています。

第4章

アレンジして使える！

指導要録 文例

年齢別に各欄の文例を掲載しています。
「指導上参考となる事項」では、
５領域＆「10 の姿」ごとに、文例をまとめました。
参考になる文例を見つけたら、そのまま使うのではなく、
子どもの発達や活動内容に応じて調整することが大切です。
一人ひとりの子どもに合わせて、自由にアレンジして使いましょう。

文例 満3歳児 学年の重点

P082_01

安心できる環境の中で、落ち着いて生活する。

P082_02

教師や友達と一緒に、安心して伸び伸びと過ごす。

P082_03

教師や友達と、好きな遊びを十分に楽しむ。

P082_04

園生活に慣れ、友達に関心をもって関わる。

P082_05

甘えや自己主張を受け止めてもらいながら、自分の気持ちを安心して表す。

P082_06

教師との安定的な関わりの中で、基本的生活習慣を身に付ける。

P082_07

身の回りのことを自分でやろうとする気持ちを高める。

P082_08

欲求や自己主張が受容・共感されることで、自己肯定感を育む。

P082_09

会話や絵本を楽しむ中で、言葉による理解を深める。

P082_10

身近な自然や環境に触れ、関心や好奇心をもつ。

P082_11

様々な自然に触れ、全身の感覚を働かせて伸び伸びと遊ぶ。

P082_12

園生活での約束事があることを知り、守ろうとする。

文例 満３歳児 個人の重点

P083_01

園生活に慣れ、いろいろな遊びに自分から関わって楽しむ。

P083_02

安定した園生活の中で、伸び伸びと遊ぶ楽しさを味わう。

P083_03

保育室に自分の居場所を見つけ、安定した気持ちで過ごす。

P083_04

新しい環境に慣れ、自分から遊びに取り組む。

P083_05

自分ができたことや困っていることを教師に伝え、安心して過ごす。

P083_06

一人でできることが増え、喜びや自信を感じながら生活する。

P083_07

園生活に必要な約束事を知り、守ろうとする。

P083_08

いろいろな遊びを通して、興味や関心を広げる。

P083_09

絵本の読み聞かせで、イメージをもってお話の世界を楽しむ。

P083_10

生き物や植物に触れ、自然への興味を広げる。

P083_11

園生活の流れがわかり、集団生活を楽しむ。

P083_12

教師や友達と触れ合い、一緒に過ごす楽しさを味わう。

満3歳児 指導上参考となる事項 生活

P084_01
●園生活に慣れ、楽しむ
生活のリズムが整い、集団生活の流れの中で楽しく過ごす姿がみられる。

P084_02
●生活のリズムが身に付く
生活の流れがわかり、援助されながら、着脱や排泄など身の回りのことを自分でしようとする。

P084_03
●好きな場所で安心する
居心地のよい場所を見つけ、好きな玩具を持っていくなどして、安心して過ごす姿がみられる。

P084_04
●友達と一緒に食事を楽しむ
教師や友達と楽しい雰囲気の中で食事をすることで、苦手な食べ物も食べてみようとしている。

P084_05
●食材に興味をもち、食べることを楽しむ
よく噛んで食べる習慣が身に付き、食材に興味をもって積極的に食べることを楽しんでいる。

P084_06
●教師の話を聞いて行動する
教師の話すことをよく聞いて行動しようとする姿がみられる。

P084_07
●教師と一緒に意欲的に活動する
初めての活動にも、教師が丁寧に説明し、一緒に行うことで、自分から取り組もうとする。

P084_08
●困ったことを伝える
困ったことがあると教師に伝え、援助を受けて解決することで、安心して過ごす様子がみられる。

P084_09
●自分のマークがわかる
自分のロッカーや靴箱のマークがわかり、自分の物を自分でしまおうとする。

文例 満３歳児 指導上参考となる事項 遊び

P085_01

●好きな遊びを見つけ、じっくりと遊ぶ

自分の好きな遊びや玩具を見つけ、集中して遊ぶ姿がみられる。

P085_02

●手指を使う遊びを楽しむ

落ち着いた環境の中で、シール貼りやひも通しなど、手指を使う遊びにじっくりと取り組んでいる。

P085_03

●イメージしながらままごとを楽しむ

ままごとのキッチンセットを使って、イメージを膨らませてお母さんになりきり、遊びを楽しんでいる。

P085_04

●積み木を積むことに興味をもつ

積み木遊びに興味をもち、つなげたり、高く積み上げたりすることを、繰り返し楽しむ姿がみられる。

P085_05

●自然物に関心をもつ

落ち葉や木の実などを拾って教師に見せたり、たくさん集めて楽しんだりする姿がある。

P085_06

●伸び伸びとダイナミックに遊ぶ

走ったり、鉄棒にぶら下がったり、段差を跳び降りたりするなど、体の動きが一段と活発になり、全身を使って遊ぶ姿がみられる。

P085_07

●簡単なルールのある遊びを楽しむ

しっぽ取りや色おになど、簡単なルールのある遊びを好み、すすんで園庭に出て、友達と一緒に楽しんでいる。

P085_08

●歌や踊りなどの表現遊びを喜ぶ

教師のピアノに合わせて好きな踊りを踊ったり、友達と一緒に大きな声で歌ったりすることを楽しむ姿がある。

P085_09

●言葉のリズムを楽しむ

絵本や紙芝居が好きで、自分で本棚から持ってきて教師に読んでもらい、言葉の繰り返しを楽しんでいる。

文例 満３歳児 指導上参考となる事項 友達関係

P086_01
●友達のしていることに関心をもつ
遊びの中で友達がしていることが気になり、まねをしてみたり、入れてもらって一緒に遊んだりする。

P086_02
●友達と一緒に踊る楽しさを味わう
友達と一緒に踊ることの楽しさを味わい、好きな歌や曲が流れると友達を誘う姿がある。

P086_03
●友達を気にかける
泣いている友達がいるとそばへ行き、「どうしたの」と顔をのぞき込んでたずねるなど、友達を気にする姿がみられる。

P086_04
●相手に思いがあることに気付く
友達と同じ遊びを楽しむようになり、思いがぶつかることがあるが、教師の仲立ちで相手にも思いがあることに気付くようになってきている。

P086_05
●気持ちのぶつかり合いを経験する
遊びの中で、玩具をめぐって自分の思いを通そうとするが、友達にも思いがあることがわかり、どうすればよいか考えている姿がある。

P086_06
●言葉のやりとりをする
友達との関わりの中で、「どうぞ」「ありがとう」などのやり取りができるようになり、一緒に遊ぶことを楽しむ姿がある。

P086_07
●イメージを伝える
友達と一緒に絵本の世界を楽しみ、「おおかみって○○だよね」など、イメージを言葉にしながら遊ぶことを楽しんでいる。

P086_08
●自分の体験を伝えようとする
体験したことを教師や友達に話したり、自分なりに再現したりして、伝えようとする姿がみられる。

P086_09
●一緒に食べることを楽しむ
友達と一緒に食べることに喜びを感じ、友達が食べている物を自分も食べようとする。

文例 満３歳児 指導上参考となる事項 興味や関心

P087_01

●言葉のおもしろさに気付く

教師や友達の言葉をまねしたり、絵本の繰り返し言葉を声に出したりして楽しんでいる。

P087_02

●いろいろな物に興味をもつ

目新しい玩具や園にある物に関心をもち、遊んだり試したりしようとしている。

P087_03

●草花に愛着をもつ

季節の草花に関心をもち、香りをかいだり、そっと触ったり、水やりを手伝ったりして関わろうとしている。

P087_04

●生き物に関心をもって関わる

園庭でだんごむしをたくさん集め、丸まったり、歩いたりする様子に興味をもって観察している。

P087_05

●生き物の様子を観察する

飼っているうさぎに興味があり、餌を食べる様子を見て「もぐもぐしてるよ」「耳がピクピクしてる」と、観察したことを教師に知らせようとする。

P087_06

●自然事象を楽しむ

雨が降ると長靴で水たまりに入り、水がはねる様子を楽しんだり、ぬるぬるした感触を味わったりしている姿がある。

P087_07

●物の色や形に興味をもつ

きれいな物に興味があり、ビーズや透明の素材を集めて光にかざしたり、水に入れて色の反射を楽しんだりしている。

P087_08

●音やリズムを楽しむ

音楽が好きで、教師のピアノに合わせて、身近な物を太鼓にしてリズムをとってたたくことを楽しんでいる。

P087_09

●お話の世界をイメージする

物語に興味があり、絵本の読み聞かせの後、教師や友達に感想を話したり、お話の続きを想像して話す姿がある。

文例 3歳児 学年の重点

P088_01

園生活に慣れ、教師や友達に親しみをもって毎日を安心して過ごす。

P088_02

幼稚園生活を楽しみながら、基本的な生活習慣を身に付ける。

P088_03

気の合う友達と一緒に好きな遊びを楽しみ、伸び伸びと園生活を過ごす。

P088_04

意欲をもって生活や遊びに取り組み、様々な経験をして充実感を味わう。

P088_05

園生活での一日の流れや生活の仕方を理解し、いろいろな活動に意欲的に取り組む。

P088_06

興味のあることに自分から取り組み、感じたことや想像したことを表現する。

P088_07

集団生活を楽しみながら、自分の気持ちを言葉や態度で表現する。

P088_08

園生活の決まりがわかり、友達と一緒に楽しく過ごす。

P088_09

遊びや行事など様々な体験を通して、教師や友達と関わる喜びを味わう。

P088_10

友達と一緒に過ごす中で、自分の思いや考えを出し、十分に遊びを楽しむ。

P088_11

身近な環境に触れ、遊びに取り入れていく。

P088_12

クラスでの生活や遊びを通して、自分を十分に発揮する。

3歳児 個人の重点

P089_01

様々な遊びに興味をもち、新しいことにも自分から積極的に関わる。

P089_02

十分に体を動かし、教師や友達と一緒に伸び伸びと遊びを楽しむ。

P089_03

好きな遊びに意欲的に取り組み、満足感を味わう。

P089_04

クラスの中で安心して過ごしながら、自分のしたいことや思いを十分に発揮していく。

P089_05

友達と共感し合う経験を通して、喜びや楽しさを感じていく。

P089_06

教師や友達に、言葉で自分の気持ちを伝えたり、相手の話を聞いたりする。

P089_07

集団生活の中でのルールを知り、守ることの大切さを知る。

P089_08

基本的な生活習慣が身に付き、園生活を快適に過ごす。

P089_09

遊んだ後、片付けをすることできれいになる心地よさを感じ、すすんで行おうとする。

P089_10

食べる楽しさや喜びを、友達や教師とともに味わう。

P089_11

食べることの大切さや楽しさを知り、食に対する興味をもつ。

P089_12

身近な生き物や植物に触れ、自然への興味や関心をもつ。

3歳児 指導上参考となる事項 健康

10の姿 健康な心と体

P090_01

●体を動かすことを楽しむ

教師と一緒に、自分のペースで体を動かすことを楽しんでいる。

P090_02

●戸外で伸び伸びと遊ぶ

身近な自然を感じながら、戸外で体を動かして伸び伸びと遊ぶ。

P090_03

●体を使った遊びを楽しむ

友達と一緒に走ったり、音楽に合わせて体を動かしたりと、全身を使った遊びを楽しんでいる。

P090_04

●いろいろな運動遊びを楽しむ

ボール遊びや巧技台を使った遊びなど、様々な運動遊びに積極的に参加し、体を動かすことを楽しんでいる。

P090_05

●一緒に遊ぶ楽しさを知る

おにごっこなど戸外での集団遊びが好きで、たくさんの友達を誘って一緒に楽しむことを喜んでいる。

P090_06

●伸び伸びとボール遊びをする

年間を通じて、元気いっぱいに友達と一緒に園庭でボールを追いかけて、サッカーごっこを楽しむ姿がある。

P090_07

●乗り物遊びを楽しむ

乗り物が好きで、三輪車やスクーターに乗って園庭を走り回ったり、斜面やでこぼこ道に挑戦したりしている。

P090_08

●固定遊具で工夫して遊ぶ

鉄棒などの固定遊具での遊びを好み、ぶら下がるなど遊びを工夫して、友達や教師の前で自信をもってやってみせる姿がある。

P090_09

●プール遊びを積極的に楽しむ

プール遊びでは、水の感触や気持ちよさを味わい、宝探しなどに意欲的に関わる姿がみられた。

P091_01

●健康的な生活に取り組む

園生活が安定すると、健康への意識が高まり、毎日の食事や運動の大切さがわかり、すすんで取り組む姿がみられる。

P091_02

●衣服を調節しようとする

汗をかいた後など不快に感じた時には、衣服を自分で着脱しようとする姿がみられる。

P091_03

●清潔を意識するようになる

外遊びから帰ってきた後には手洗いやうがいをしたり、食後はテーブルの上をきれいに拭いたりするなど、清潔な生活習慣が身に付いてきている。

P091_04

●手洗いやうがいを積極的に行う

手洗いやうがいに意欲的に取り組み、友達にも知らせて一緒に行う姿がある。

P091_05

●健康に関わることに自分から取り組む

こまめな水分補給や着替えをすすんで行い、健康的に過ごそうとしている。

P091_06

●身長・体重に関心をもつ

身体測定をきっかけに、自分の体に関心をもち、身長や体重について友達と話したり、入園時からの成長に気付いたりする姿がみられる。

P091_07

●健康への関心が芽生える

内科検診や歯科検診などを通して自分の体や健康に興味をもち、すすんで歯みがきをしたりする姿がある。

P091_08

●歯みがきの大切さを知る

よく噛める強い歯をつくるためには、毎日の歯みがきが大切だということを知り、歯みがきを丁寧にしようとする姿がみられる。

P091_09

●苦手な物も食べてみる

食べ物の好き嫌いがあったが、友達がおいしそうに食べているのを見て、自分も食べてみようとしている。

3歳児 指導上参考となる事項 人間関係

10の姿 自立心

P092_01

●自分でしようとする

身支度や遊んだ後の片付けなど、自分のことを自分でしようとする。

P092_02

●今することがわかる

活動の切り替えや身支度の時がわかり、今することを理解して自分から行動しようとする姿がみられる。

P092_03

●当番活動に意欲的に取り組む

昼食準備などの当番活動に積極的に取り組む姿勢があり、5歳児にお手本を見せてもらいながら、友達と一緒に自分たちでやり遂げようとする。

P092_04

●自分から遊びに誘う

好きな遊びでは、友達に声をかけて自分から遊びに関わり、友達を引っ張る存在になっている。

10の姿 協同性

P092_05

●友達の話を聞こうとする

活動の中で自分の感じたことを話したり、友達の思いを聞こうとしたりする姿がみられる。

P092_06

●友達と関わろうとする

仲間意識が芽生え、友達の行動に関心をもち、同じ物を持って遊びに参加するなど、考えて友達と関わろうとしている。

P092_07

●友達の思いに気付き相手に接する

周囲をよく観察するようになり、困っている友達に声をかけたり、手伝おうとするなど、優しく関わろうとする姿がみられる。

10の姿 道徳性・規範意識の芽生え

P093_01

●園生活のルールに気付く

園庭遊具で遊ぶ時に、順番を守ると気持ちよく遊べることがわかり、すすんで守ろうとする。

P093_02

●身の回りのことを友達に教える

衣服をたたむことなどを丁寧に行い、友達にも教えてあげるなど、心優しい面がみられる。

P093_03

●してよいことと悪いことがわかる

危ないことをしている友達を見かけると、すぐに声をかけに行き、「そこは高いから登ったら危ないよ」などと言って止めようとする姿がみられる。

10の姿 社会生活との関わり

P093_04

●周りの人の動きに気付き、行動するようになる

困っている友達に自分の知っていることを丁寧に教えたり、教師を手伝ったりするなど、人の役に立つことを喜んでしようとする姿がみられる。

P093_05

●家族を大切に思う気持ちをもつ

大好きな祖母から、お手玉など昔の子どもの遊びを教えてもらったことを喜び、友達にも教えようとしている。

P093_06

●地域の身近な人に感謝の気持ちをもつ

いも掘り体験をしたことから、近所の農家の方と親しくなり、園で育てている野菜の話をしたり、興味をもって作物の話を聞いたりする姿がある。

P093_07

●５歳児に憧れ、親しみをもつ

５歳児が配膳する様子を見ているうちに、給食を用意してくれる人に感謝の気持ちをもつようになってきた。

3歳児 指導上参考となる事項 環境

10の姿 思考力の芽生え

P094_01

●水のおもしろさを感じる

水遊びで、シャワーの水をいろいろな道具で受け止めることを楽しみ、はねる水の不思議さやおもしろさを味わっている。

P094_02

●物の性質に気付く

砂遊びで、砂が固まることに興味をもち、水を加えたり型をとったりして、砂の性質を味わい、確かめている。

P094_03

●探究する楽しさを味わう

積み木遊びでは、積み木の形を確認しながら、どうしたらもっと高く積めるか考え、工夫する姿がみられる。

P094_04

●物の仕組みを観察する

水を入れたペットボトルに木の実を入れ、振ると木の実が動くことに興味をもって、回したり逆さにしたりと、繰り返し試して観察する姿がある。

10の姿 自然との関わり・生命尊重

P094_05

●自然に興味・関心をもって関わる

植えた球根が芽を出したことに喜びを感じ、毎日観察しながら積極的に水やりをする姿がみられる。

P094_06

●身近な生き物に触れる

だんごむしに興味をもち、図鑑を見てどこにいるかを知り、園庭で探したり、見つけると手にのせて観察したりしている。

P094_07

●生命の大切さを知る

園で飼っていたハムスターが死んでしまったことから、生き物には生命があること、死んだら戻らないことに気付き、生命の大切さを感じるようになった。

10の姿

数量や図形、標識や文字などへの関心・感覚

P095_01

●数えてみることを楽しむ

積み木などを並べて、１つずつ指さして数えてみることを楽しんでいる。

P095_02

●数字への興味を示す

数字に強い興味をもち、カレンダーを見て、その日の数字を他児に教える姿がある。

P095_03

●物の大きさの違いに気付く

秋の散策では、友達と一緒にどんぐりを集め、大小に気付いて比べたり、仲間分けしたりする姿がある。

P095_04

●形の違いを楽しむ

丸、三角、四角などの形に興味をもち、同じ形の物を探すことを楽しんでいる。

P095_05

●想像する力が身に付く

積み木遊びでは、どんな形を作るかをイメージしながら、積み木をつなげたり組み合わせたりすることに取り組む。

P095_06

●時間に関心をもつ

時計の文字盤の数字を見て、「○時だからお片付けだね」など、教師が伝えた活動の時間を友達に知らせている。

P095_07

●身近な標識に気付く

園外保育の移動時、道路標識に興味をもち、「あれはなに」「またあった」と教師に確かめる姿がみられる。

P095_08

●自分の名前がわかる

クラスの掲示物の中に自分の名前を見つけると、教師に「これ、○○」とうれしそうに知らせている。

P095_09

●物の色や形をイメージする

教師が出すクイズやなぞなぞが好きで、「赤くて丸いものは」などの問題に積極的に答えようとしている。

3歳児 指導上参考となる事項 言葉

10の姿 言葉による伝え合い

P096_01

●自分の気持ちを言葉で伝えられるようになる

自分の思いを言葉で表現することが難しかったが、教師が気持ちを聞いたり代弁したりすることで、安心して徐々に自分の気持ちを言えるようになってきた。

P096_02

●会話を楽しんで友達と関わる

一緒に遊びたい友達がいると、自分から積極的に声をかけて誘いに行き、会話を楽しみながら遊ぶ姿がみられる。

P096_03

●伝え合いで友達との関わりを深める

自分の思いを言葉に出したり、相手の思いを聞いたりしながら、友達や異年齢児と好きな遊びを楽しんでいる。

P096_04

●教師との会話を楽しむ

友達と遊んだことや家庭の出来事を教師にすすんで話し、積極的に会話を楽しんでいる。

P096_05

●自信をもって意見を言う

チームの名前を決める際、自分の意見を堂々と発表する姿がみられるようになった。

P096_06

●言葉で楽しい雰囲気をつくる

冗談を言って友達を笑わせることが好きで、おもしろい言葉を考えて会話を楽しんでいる。

P096_07

●ごっこ遊びで言葉のやりとりを楽しむ

ごっこ遊びで友達と一緒にお母さん役になり、イメージしながら、お母さんらしい言葉のやりとりを楽しんでいる。

P096_08

●言葉でイメージを共有する

発表会では、「うさぎさんね」と友達とダンスのアイデアを出し合い、イメージを共有することでダンスがより楽しくなる経験を味わっていた。

P097_01

● 感じたことを言葉で表現する

絵本を読んだ後に、友達や教師に自分の感想や意見を話し、友達の感想も聞くことで、さらにイメージを深めている。

P097_02

● 自分の言葉で発表する

発表する場では、自分なりの言葉で思ったことを表現しようとしている。

P097_03

● 遊びのルールについて話し合う

順番など、ルールがないと遊びにくいことに気付き、こうしたらよいと思うことを友達と話し合おうとしている。

P097_04

● 思いを言葉で伝えようとする

友達とトラブルになった際は、教師の仲立ちで自分の思いを言葉で伝えようとする姿がみられる。

P097_05

● 友達の気持ちを代弁しようとする

困っている友達がいたら声をかけて様子をたずね、その思いを他児に伝えようとしている。

P097_06

● 聞いたことを相手に伝える

教師が言葉で説明したことを理解し、他児がわからない時は自分の言葉で教えてあげようとする姿がみられる。

P097_07

● 言葉で解決しようとする

友達同士のけんかの場で「○○ちゃんもやりたかったの？」など、それぞれの気持ちをくみ取り、仲立ちして話し合うような姿勢をみせる。

P097_08

● 言葉の表現のおもしろさを知る

絵本の読み聞かせで繰り返しの言葉のおもしろさを感じ、教師と一緒に口にして楽しんでいる。

P097_09

● イメージを言葉で表現する

作品作りでは、自分の作りたいイメージを教師に伝えてヒントをもらい、形にする喜びを味わっていた。

3歳児 指導上参考となる事項 表現

10の姿 豊かな感性と表現

P098_01

●音楽に合わせて動く楽しさを味わう

友達と一緒に楽器を鳴らしたり、リズムに合わせて踊ったりする心地よさを十分に味わっている。

P098_02

●人前で自信をもって歌う

歌うことが好きで、年上のクラスが発表会で披露した歌をまねて、みんなの前に立って大きな声で楽しそうに歌う姿がみられる。

P098_03

●絵本の登場人物になりきって演じる

好きな絵本の登場人物になりきって、口調や声色も工夫し、イメージを膨らませて演じてみる姿がある。

P098_04

●音楽の表現を楽しむ

リトミック活動の際、音楽をよく聴いてイメージを表現したり、拍子に合わせて楽器を鳴らしたりすることを積極的に楽しんでいる。

P098_05

●役になりきって表現する

発表会では、動物の役を動きや声音で表現し、堂々とせりふを言って達成感を味わっていた。

P098_06

●演じる楽しさを味わう

生活発表会では、自分の役以外のせりふも覚え、発表会後に様々な役を演じて楽しむ様子がみられた。

P098_07

●見たことを豊かに表現する

園外保育で水族館に行き、間近で見たアシカの大きさと動きに感動し、遊びの中で生き生きと表現しようとしていた。

P098_08

●ダイナミックに描画を楽しむ

絵を描くことが好きで、大きく腕を動かしてダイナミックに描くことを楽しんでいる。

P099_05

● 折り紙の作品で友達と遊ぶ

折り紙で動物を作り、自分で楽しむだけでなく、友達の分も作ってプレゼントし、一緒に動かして楽しむ姿がみられた。

P099_01

● イメージを膨らませて相手に伝える

住みたい家の描画に集中して取り組み、描いた絵について、家の中の様子や住んでいる動物をイメージして熱心に教師に話していた。

P099_06

● 手指を使う遊びに集中して取り組む

手先が器用で、粘土を小さく丸めたり、シールを丁寧に貼ったり、塗り絵を細かく塗ったりする遊びを楽しんでいる。

P099_02

● 想像力を働かせて製作活動に取り組む

デカルコマニーの活動で、できた形をいろいろな角度から見てイメージを膨らませ、さらに絵を描き加えて作品製作に取り組んでいた。

P099_07

● ブロック遊びを発展させて楽しむ

ブロックで車を作って走らせる遊びが好きで、友達と一緒に道を作り、動きや音を表現しながら走らせることを繰り返し楽しむ姿がみられる。

P099_03

● 様々な素材を活用する

造形活動では、布や梱包材など様々な素材を取り入れてアイデアを出し、豊かな発想で製作に取り組んでいる。

P099_08

● 自然物を使ってままごとの世界を広げる

集めたどんぐりや落ち葉を使い、砂場でごちそうをたくさん作って友達や教師に披露し、食べるまねをし合って楽しんでいる。

P099_04

● 絵の具の混色を楽しむ

色水遊びでいろいろな色の絵の具を混ぜて色の変化を楽しんだことから、その経験を描画活動に生かし、絵の具を混ぜて表現する姿がみられた。

P099_09

● 自然物を遊びに取り入れる

園庭で拾った落ち葉や木の実を画用紙に貼ったり、教師と一緒に葉っぱのお面を作ったりして、秋の自然物で遊ぶことを喜ぶ。

4歳児 学年の重点

P100_01

園生活の流れがわかり、見通しをもって様々な活動に積極的に参加する。

P100_02

自分がしたい遊びを十分に楽しみながら、興味や関心を広げていく。

P100_03

新しいことにすすんで取り組み、できるようになったことを喜び、自信をもつ。

P100_04

友達と一緒に様々な活動を経験し、充実感を味わう。

P100_05

生活や遊びを通して友達と関わる中で、思いや考えを言葉や表情で伝え合う。

P100_06

自分の思いを伝えたり、友達の思いに気付いたりしながら、ともに生活することを楽しむ。

P100_07

友達との信頼関係を深め、認め合いながら、集団の中で自分らしさを発揮する。

P100_08

友達との関わりを深め、一緒に遊びや活動を展開していく楽しさを味わう。

P100_09

友達とイメージを共有し、言葉で伝え合いながら、遊びや活動を広げていく。

P100_10

身近な環境や自然に好奇心をもって関わり、遊びや活動に取り入れて楽しむ。

P100_11

基本的な生活習慣を身に付け、身の回りのことやクラスでの活動に主体的に取り組む。

P100_12

園生活を楽しみながら、集団での生活に必要な習慣や態度を身に付ける。

文例 4歳児 個人の重点

P101_01

好きな遊びに夢中になって取り組み、充実感を味わう。

P101_02

好きな遊びを十分に楽しみながら、苦手なことや新しい活動にも挑戦する。

P101_03

新しいことにすすんで取り組み、できるようになった満足感を味わう。

P101_04

教師や友達に自分の思いを素直に表現し、伸び伸びと生活する。

P101_05

教師や友達の話をよく聞いて理解し、落ち着いて行動する。

P101_06

自分の考えを自信をもって伝えながら、友達の話にも耳を傾け、協調性をもって行動する。

P101_07

いろいろな友達に興味をもち、関わりを深める。

P101_08

生活や遊びの中で友達の様々な考えを知り、受け入れようとする。

P101_09

クラスの中で自分にできる役割を見つけ、行動する。

P101_10

身近な環境や自然に関心をもち、積極的に関わることを楽しむ。

P101_11

生活や遊びの中で、必要なルールやマナーを知り、守ろうとする。

P101_12

基本的な生活習慣を身に付け、自分でできることを積極的に行い、生活をすすめていく。

文例

4歳児 指導上参考となる事項 健康

10の姿 健康な心と体

P102_01

●伸び伸びと運動遊びを楽しむ

園庭で伸び伸びと中当てや氷おになどの運動遊びを楽しみ、体を十分に動かす楽しさを味わっている。

P102_02

●思い切り体を動かして遊ぶ

友達を誘い、おにごっこや警察ごっこなどをして思い切り体を動かすことを主体的に楽しんでいる。

P102_03

●いろいろな運動遊びに取り組む

かけっこ、ダンス、跳び箱など、幅広い運動遊びに積極的に参加し、できた喜びを味わいながら活発に過ごしている。

P102_04

●ルールを守って競い合う

リレーや転がしドッジボールなどの運動遊びを通して、ルールを守って友達と競い合うことを楽しみ、充実感を味わっている。

P102_05

●自分なりの目標をもって遊ぶ

竹馬に乗れた姿を友達や教師に見せ、次の目標を決めて挑戦することを楽しんでいる。

P102_06

●友達を誘って運動遊びをする

友達と一緒に縄跳びやサッカーをすることが好きで、「明日もしようね」と意欲的に誘う姿がみられる。

P102_07

●繰り返し取り組む

縄跳びの前跳びができるようになりたいと、何度も挑戦するなど、本児にとって難しい課題にも意欲的に取り組んでいる。

P102_08

●集団での運動遊びを楽しむ

進級当初は､室内での製作遊びを好んでいたが、友達関係の広がりとともに、徐々に縄跳びやおにごっこなどで活発に体を動かし、大きな集団でも遊ぶようになってきている。

P103_01

●少し難しい動きに挑戦する

体を動かすことを楽しみ、できるようになったことに自信をもち、少し難しい動きにも挑戦する意欲がみられる。

P103_02

●運動会をきっかけに自信をもつ

運動に苦手意識があったが、友達から応援されて運動会のダンスに取り組み、本番で自信をもって踊れたことから、他の運動遊びにも意欲的になっている。

P103_03

●友達との遊びの楽しさを知る

グループ活動を通して気の合う友達を見つけ、一緒に遊ぶ楽しさを味わうことで、心身ともに安定し、期待感をもって元気に登園している。

P103_04

●集団生活を楽しむ

園生活の流れがわかり、見通しをもちながら自分の好きな遊びにじっくり取り組み、友達との触れ合いを十分に楽しんでいる。

P103_05

●体に興味をもつ

身体測定や健診をきっかけに、体のしくみや健康に関心をもつようになり、自ら図鑑や絵本で調べようとする姿がみられる。

P103_06

●苦手な物も食べようとする

苦手な食べ物があると、食がすすまなかったが、栄養の話を聞いたことで食べようとする様子がみられ、食べられたことが本児の自信につながっている。

P103_07

●身の回りのことを自主的に行う

必要な生活習慣が身に付いていて、手洗いやうがいをする、活動の前にトイレを済ませるなど、するべきことを自分で考え行動している。

P103_08

●交通安全の意識をもつ

園外に出かける際、道路で友達が走り出したりすると、交通事故の危険について話して注意を促すなど、交通安全に高い関心をもっている。

P103_09

●防災の大切さに気付く

避難訓練に参加した際、消防署員の話を真剣な表情で聞き、消火器に触れてみるなど、防災への関心をもっている。

4歳児 指導上参考となる事項 人間関係

10の姿 自立心

P104_01

●苦手なことにも挑戦する

鉄棒やマット運動など、苦手な活動にも取り組み、なかなかうまくできなくても諦めずに挑戦しようとしている。

P104_02

●自信をもって生活する

進級当初は、不安な気持ちから他児の様子を見て行動していたが、徐々に自信をもって積極的に行動するようになってきた。

P104_03

●諦めずに取り組む

何事も粘り強く取り組み、一度始めたことは最後までやり遂げようとする姿がみられる。

10の姿 協同性

P104_04

●友達の意見を聞きながらすすめる

自分の気持ちを押し通そうとするのではなく、自分の考えを伝えながらも、友達の気持ちや意見を聞いて、遊びや活動をすすめられるようになってきている。

P104_05

●意見を出し合い取り組む

グループ製作のテーマ決めでは、友達の意見に耳を傾け、自分の意見を伝えながら、気持ちに折り合いをつけようとする姿がみられる。

P104_06

●友達を気にかけて活動する

友達を気にかけて関わる姿が次第に増え、編入児が困っていると声をかけたり、遊びに誘ったりして、一緒に活動することを楽しんでいる。

P104_07

●力を出し合って作り上げる

共同製作の時には、友達と意見を出し合い、イメージを共有しながら段ボール箱で大きな恐竜を作り、協力して作り上げる楽しさを味わっていた。

10の姿

道徳性・規範意識の芽生え

P105_01

●園生活のルールを守ろうとする

園生活のルールを理解して守ろうとし、友達がしてはいけないことをしているのに気付くと、注意する姿がみられる。

P105_02

●相手の言葉や思いを感じて関わろうとする

友達と思いがぶつかった時には、自分の思いを伝えながら相手の言葉にも耳を傾け、気持ちを調整して折り合いをつけるようになってきている。

P105_03

●自ら手本となり異年齢児に接する

年下の子どもと一緒に活動する時には、わかりやすくやり方を教えるなど、優しく接する姿がみられる。

P105_04

●兄としての自覚をもつ

年少組に入園した弟を気にかけ、弟の様子を見に行って声をかけたり、自らも苦手なことに挑戦したりするなど、手本となろうとする姿がみられる。

10の姿

社会生活との関わり

P105_05

●自発的に行動する

友達が困っている時に声をかけたり、教師の手伝いをすすんでしたりするなど、周りの様子を見て自ら行動し、人の役に立つ喜びを感じている。

P105_06

●家族を大切に思う

自分の家族のことを友達や教師にうれしそうに話したり、母の日や父の日のプレゼント製作では父母が喜ぶ姿を思い浮かべて絵を描くなど、家族を大切に思う気持ちが育っている。

P105_07

●高齢者を気遣って関わる

老人養護施設を訪問した際には、お年寄りとの会話を積極的に行い、車椅子のお年寄りが通るスペースを空けたりするなど、気遣う様子がみられた。

文例 4歳児 指導上参考となる事項 環境

10の姿 思考力の芽生え

P106_01

●納得できるまで取り組む

製作活動でうまくできないことがあると、自分から教師や友達にやり方をたずねたり、聞いたことを試したりするなど、納得のいくまで試みる姿がみられる。

P106_02

●疑問をもち、考えることを楽しむ

水がどこから来るのかなど、身近な事象や環境に対して疑問を抱き、絵本で調べるなど、物事のしくみを知ろうと意欲的な姿がみられる。

P106_03

●工夫しながら活動に取り入れる

友達とこま回しを競い合う中で、長く回そうと紐の巻き方や投げる角度を試行錯誤していた。物事についてよく考え工夫する習慣が身に付いてきている。

P106_04

●工夫をして遊びを発展させる

集団遊びの中で、遊びをもっとおもしろくしたり、長く続けようとしたりして、新しいルールを工夫して提案する姿が度々みられる。

P106_05

●試行錯誤しながら熱心に取り組む

チーム対抗で積み木を高く積み上げる競争をした時には、同じチームの子と崩れにくい積み方を考えたり、土台の大きさを試したりしながら、工夫して取り組んでいた。

P106_06

●解決方法を考える

友達同士でトラブルがあると、相手の気持ちを聞いて異なる考えに触れながら、解決するための方法を一緒に考える姿がある。

P106_07

●疑問に思ったことを試す

体のしくみに興味をもち、目をずっと開けていられるのか、呼吸をしないでいられるのかなど、疑問に思ったことを実際に試して確かめる姿がみられる。

10の姿

自然との関わり・生命尊重

P107_01

●植物の生長を楽しむ

トマトを栽培した時には、育て方を栽培図鑑などで調べ、積極的に水やりをして生長を楽しみにし、収穫の喜びを味わって自然に対する親しみを深めていた。

P107_02

●花を咲かせることを喜ぶ

パンジーの種をプランターにまき、どんな花が咲くか楽しみにして、自発的に水やりなどの世話をしていた。花が咲いた時のうれしさを味わい、もっと咲かせたいと意欲的になっている。

P107_03

●身近な虫に興味をもつ

虫捕りに夢中になり、捕まえた虫を観察して、気付いたことを友達に話しながら見せ合ったり、絵に描いたりし、表現しようとする姿がみられる。

P107_04

●生命の不思議さに気付く

おたまじゃくしの飼育を通して、その成長や変化に気付いて感動し、生命の不思議さを感じ取っている。

P107_05

●小さな命を大切に思う

かまきりなどの虫を捕まえた時、飼いたいという思いから餌などを図鑑で調べ、飼育が難しい場合は逃がすなど、生き物の命を大切にして関わろうとする様子がみられる。

P107_06

●飼育動物に愛着をもつ

園で飼っているうさぎに興味をもち、度々様子を見に行く。名前を呼んだり、抱かせてもらったり、餌やりや掃除の手伝いをしたりして、愛着を育んでいる。

P107_07

●命の大切さに気付く

園で飼っていたハムスターが死んでしまった経験を通じ、命は一度失われたら元に戻らないことや、生き物を飼うことの重みに気付いていった。

P108_01

●自然物を遊びに取り入れる

どんぐりやまつぼっくりなどの自然物を集めて、製作の素材として活用したり、ごっこ遊びに使ったりして楽しむ姿がみられる。

P108_02

●自然物遊びを楽しみ、身近な環境に親しみをもつ

自然物を取り入れた遊びを好み、野草の実や花で色水を作ったり、つるを束ねてリースを作ったりして、身近な自然への親しみを深めている。

P108_03

●自然事象に関心をもつ

雲に名前があることを絵本で知り、空を見上げて名前を覚えた雲を見つけると、うれしそうに教師に伝えるなど、自然への関心を高めている。

P108_04

●雲の変化に興味をもつ

雲の形が様々に変化することに気付き、形を物に見立てて楽しむ姿がある。また図鑑を見て、季節によっても姿が変わることを知り、興味をもっている。

P108_05

●自然の変化を感じ取る

秋になり、育てていた稲が黄色く実ったり、もみじや木の実が赤く色付いたり、木の葉が落ちたりすることに気付き、植物の変化に興味をもって楽しんでいる。

P108_06

●自然の不思議さに関心をもつ

霜柱や氷などの自然事象に触れて興味をもち、触れたり観察したりしながら、不思議に感じたことや発見したことなどを教師や友達に生き生きと話す姿がある。

P108_07

●自然のしくみを考えることを楽しむ

日向と日陰での雪だるまの溶け方の差に気付き、その様子を教師や友達に知らせながら理由を考えるなど、自然事象に興味をもって関わっている。

P108_08

●素材の性質をつかむ

砂場で友達と一緒に高い山やトンネルを作る目的をもち、掘ったり固めたりする作業や砂の状態に応じて、遊具の使い分けをして工夫する姿がみられる。

10の姿 数量や図形、標識や文字などへの関心・感覚

P109_01

●遊びの中で数量を理解する

かるたやトランプなどで遊ぶ時には、自分が獲得した札の数を数え、友達の数と比べて勝敗がわかり、喜んだり悔しがったりするなど、遊びを通して数量への理解がみられる。

P109_02

●生活の中で数に親しむ

プールカードに押されるスタンプの数を１つずつ数えながら、あと何個で全部埋まるか、心待ちにする姿があった。

P109_03

●物の大きさや色の違いを楽しむ

園庭で落ち葉やどんぐりを集め、大きい順に並べたり、色ごとにグループ分けしたり、仕切りのある箱に種類ごとに分類して入れたりするなど、集合の概念につながる遊びがみられる。

P109_04

●計量に関心をもつ

クッキングの活動では、小麦粉の重さの量り方を教えてもらい、正確に量ろうと、何度も確認しながら量ることに集中していた。

P109_05

●図形を使って遊ぶ

丸や三角、四角などのマグネットを使い、組み合わせていろいろな形を作って楽しむなど、図形への興味が広がっている。

P109_06

●道路標識に興味をもつ

園外活動に出かけた時には、道路標識を見つける度にその意味を教師にたずね、園に戻ってから絵本で調べて確かめようとする姿がみられる。

P109_07

●文字や名前に興味を示す

文字に興味・関心をもち、教師に書いてもらった手本をじっくり見ながら、熱心に自分の名前を書こうとする姿がみられる。

P109_08

●手紙で伝える喜びを感じる

友達とのつながりを喜び、「ありがとう」「だいすき」などの言葉を手紙に書いて伝えようとして、自分で書くことに挑戦している。

文例 4歳児 指導上参考となる事項 言葉

10の姿 言葉による伝え合い

P110_01

●絵本の言葉に興味をもつ

絵本や物語を聞くことが好きで、その中の言葉をまねしたり使ってみたりして、様々な表現を楽しんでいる。

P110_02

●言葉の表現を楽しむ

日常会話や絵本などを通して、様々な言葉の表現方法があることやおもしろさに気付き、表現が豊かになってきている。

P110_03

●経験したことを生き生きと伝える

冬休みの体験を友達にうれしそうに伝えるなど、自分の思いや経験したことを言葉で伝えることを楽しんでいる。

P110_04

●みんなの前で発表する

自然教室で経験したことや印象に残ったことをみんなの前で発表するなど、自分の考えを言葉で伝えることが増えている。

P110_05

●思いを共有し、言葉の幅が広がる

共通の体験で楽しかったことを発表し、友達の発表も聞いて思いを共有することで、言葉の幅が広がってきている。

P110_06

●会話のやりとりを楽しむ

教師や友達の話を聞きながら、自分の考えも伝えて、会話のやりとりを楽しんでいる。

P110_07

●感情を言葉で表現する

友達や教師との関わりの中で、「うれしい」「楽しい」「悔しい」「残念だった」などの感情を、言葉で表現する姿がみられる。

P110_08

●話を理解し、説明しようとする

製作遊びの時などは、教師の説明をよく聞いて理解し、わからなくて困っている友達がいると説明しようとする姿がみられる。

P111_01

● 相手の気持ちを聞こうとする

友達が困っていたりすると声をかけ、相手の状況や気持ちを聞いて解決策を一緒に考えようとしている。

P111_02

● 思いを言葉で伝えようとする

自分の思いが友達によく伝わっていない時にも、諦めずに思いを言葉で伝えようとする姿がみられる。

P111_03

● 会話を通して共感する

様々な活動を通して、お互いの考えを言葉で伝え合うことが増え、気持ちに共感するなど、友達とのつながりが深まっている。

P111_04

● 考えを伝え合い、関わりが深まる

考えを伝え合う中で仲間意識が芽生え、友達と一緒に活動する楽しさを感じている。

P111_05

● 言葉で解決しようとする

友達とのぶつかり合いの中で相手の思いに気付き、葛藤しながらも自分の気持ちに折り合いをつけ、言葉で気持ちを表現するようになってきた。

P111_06

● 教師の代弁をモデルにする

友達とのトラブルでは、教師に気持ちを代弁してもらいながら、少しずつ自分の思いを整理し、言葉で相手に伝えようとする姿がみられる。

P111_07

● 考えの違いを受け入れる

自分の考えを友達に伝え、友達の考えにも耳を傾けながら、どうしたら楽しく遊べるかを考えるようになってきている。

P111_08

● 言葉に出して謝る

相手の反応を見て、自分が言ったこと、したことを振り返ることができるようになり、自分が悪かったことがわかると、言葉に出して謝ろうとする姿がみられる。

P111_09

● 場面に合った表現をする

時間によって挨拶を使い分けたり、年下の子に優しい言葉遣いをしたりするなど、場面や相手に応じた言葉の表現ができるようになってきている。

4歳児 指導上参考となる事項 表現

10の姿 豊かな感性と表現

P112_01

●イメージを形にしようとする

積み木やブロックでは、作りたい物のイメージをもち、形を組み合わせて自分のイメージを立体的に作り出していくことを楽しんでいる。

P112_02

●丁寧に製作することを楽しむ

指先が器用で、製作活動では小さなパーツを1つひとつ貼ったり、細かく色を塗り分けたりするなど、丁寧に作り上げようと意欲的である。

P112_03

●絵本の世界を表現する

絵本の内容を理解し、自分なりにイメージして絵で表現することを楽しんでいる。

P112_04

●実感を伴った表現をする

いも掘りの体験の後、実物を見て絵に描く活動では、よく観察して色や形を工夫し、ダイナミックに描いて、収穫した喜びを表現していた。

P112_05

●豊かな発想で表現する

園庭に棒で線を引き、船を描いて、友達を誘ってジャングルジムの上から眺めるなど、豊かな発想で様々な表現を楽しんでいる。

P112_06

●ダイナミックな表現遊びを楽しむ

五感を使って絵の具に親しみ、大きな模造紙に手足やボールを使って塗りたくりをするなど、全身を使ったダイナミックな活動を思い切り楽しむ姿がみられた。

P112_07

●アイデアを活動につなげる

グループごとの共同製作では、同じ題材でも様々な表現方法があることに気付き、よいアイデアを自分たちの作品に取り入れようとするなど、造形活動への関心が高まっている。

P112_08

●色の変化に興味をもつ

色水遊びでは、異なる色を混ぜるとまったく違う色に変わることに興味をもち、様々な組み合わせを考えて試してみる姿があった。

P113_01

●感動したことを表現する

園庭で見つけた虫に興味をもち、どんなふうに飛んでいたか、どんな音をたてていたかなど友達と話しながら、体を使って表現する姿がある。

P113_02

●音楽活動に関心をもつ

音楽に関する活動が好きで、音に合わせて体を動かしたり、即興的に歌ったりする心地よさを味わっている。

P113_03

●出る音の違いを楽しむ

楽器に興味をもち、ピアノや木琴や太鼓などを鳴らして、音の違いを比べて楽しんでいる姿がみられる。

P113_04

●合奏の楽しさを知り、達成感を味わう

合奏の活動では、友達と一緒に音を合わせる楽しさを味わい、自分の番に楽器を鳴らすことに自信をもって取り組み、達成感を味わっていた。

P113_05

●音やリズムを全身で楽しむ

リトミックではリズムに合わせて手をたたいたり、音の強弱に合わせて体を動かしたりして、全身で音楽を表現することを楽しんでいる。

P113_06

●踊る楽しさを味わう

運動会のダンスが好きで、日常でも友達を誘って踊る姿がみられた。本番では、リズムに乗って自信をもって踊る充実感を味わっていた。

P113_07

●イメージを共有して表現を楽しむ

ごっこ遊びでは、なりたい役を友達に伝え、場面を細かく設定して想像力を働かせながら、その役になりきって遊ぶ姿がみられる。

P113_08

●友達と一緒に堂々と演じる

発表会の劇では、大きな声でせりふを言うことが難しかったが、友達に「一緒に言おう」と誘われて声を出せるようになり、本番では大きな声で演じ、達成感を味わっていた。

P113_09

●役を理解し、みんなでつくる楽しさを味わう

劇遊びでは、友達と意見を出し合って役について話し合い、自分の振りだけでなく友達のことも気にかけながら、みんなで演じる楽しさを味わっていた。

文例 5歳児 学年の重点

P114_01

園生活に見通しをもち、試行錯誤しながら、様々な活動に積極的に取り組む。

P114_02

一人ひとりがやりたいことを見つけ、喜びや葛藤を重ねながら主体的に取り組む。

P114_03

園生活を通して、しなければならないことを自覚し、考えたり工夫したりしながら行動する。

P114_04

目標をもって物事に最後まで取り組み、諦めずにやり遂げる達成感を味わう。

P114_05

集団の中で自己を十分に発揮し、自信をもってやりたいことに取り組む。

P114_06

共通の目的に向かって友達と考えやイメージを出し合い、協力して活動をすすめる。

P114_07

クラスの一員として、目標に向かって試行錯誤しながら繰り返し挑戦し、充実感を味わう。

P114_08

生活や遊びの中で、役割を分担しながら、友達と協力して活動をつくり上げる喜びを味わう。

P114_09

友達と関わる中で、意見を出し合いながら互いのよさを認め合い、ともに生活することを楽しむ。

P114_10

経験や考えを言葉で伝え合い、多様な考えに触れながら、遊びを展開させていく。

P114_11

友達や年下の子どもとの関わりを通して、我慢する気持ちや相手を思いやる気持ちをもつ。

P114_12

してよいことと悪いことを、みんなで考えたり話し合ったりして、規範意識をもって行動する。

文例 5歳児 個人の重点

P115_01

自分の考えや行動に自信をもち、積極的に活動に取り組む。

P115_02

自己を十分に発揮しながら、自信をもって活動する。

P115_03

苦手意識のある活動にも挑戦し、できたことを自信につなげていく。

P115_04

園生活に見通しをもち、自分で考えて活動をすすめていく。

P115_05

クラスの中で自分の役割を見つけ、積極的に行動する。

P115_06

自分の気持ちを言葉で伝え、相手の話を落ち着いて聞く態度を養う。

P115_07

生活や遊びの中で友達の様々な考えを知り、柔軟な考え方を身に付ける。

P115_08

生活や遊びの中で、友達と考えたり工夫したりして活動をすすめることを楽しむ。

P115_09

友達とイメージを共有しながら、自分なりに工夫し、豊かに表現することを楽しむ。

P115_10

集団生活の中で、友達と協力しながら遊びや活動をつくり上げ、充実感を味わう。

P115_11

年長児としての自覚をもち、友達や年下の子に思いやりをもって関わる。

P115_12

園内外でのルールの必要性や意味を理解し、守りながら、遊びや活動をすすめる。

文例 5歳児 指導上参考となる事項 健康

10の姿 健康な心と体

P116_01

●伸び伸びと遊ぶ

戸外遊びが好きで、友達を自ら誘い、おにごっこやリレーなどの体を使った遊びを伸び伸びと楽しんでいる。

P116_02

●仲のよい友達と充実感をもって遊ぶ

進級当初は友達の遊びを傍観することもあったが、仲のよい友達ができると、一緒に園庭へ出て毎日サッカーを楽しむなど、充実感をもって遊ぶ姿がみられた。

P116_03

●遊び方のルールを工夫する

友達とルールを決めたり、遊び方を工夫したりして、いろいろなおにごっこを考えることを楽しみ、思い切り体を動かして遊んでいる。

P116_04

●園庭遊具を通して小さい子に関わる

園庭の遊具で全身を使って遊んでいる。安全な使い方を３歳児にわかりやすく伝え、一緒に遊ぶ姿もみられる。

P116_05

●遊びの発展を楽しむ

色おにやドッジボールなどのルールのある運動遊びが好きで、友達と新しいルールをつくるなどして、遊びの幅を広げていく姿がみられる。

P116_06

●目標をもち、繰り返し取り組む

跳び箱などに、自分なりの目標をもって繰り返し取り組んでいる。目標が達成できると、新しい目標や別の運動遊びにすすんで挑戦し、充実感を味わっている。

P116_07

●苦手な運動遊びに取り組む

苦手意識のあるマット運動や縄跳びなども、頑張る姿を友達や教師に認められたことを自信につなげ、積極的に取り組んでいる。

P116_08

●達成感を味わう

運動会に向けた活動では、ダンスに繰り返し取り組み、本番で自信をもって踊ることができ、達成感を味わっていた。他の活動にも積極的になるなど、意欲が継続している。

P117_01

● 見通しをもって行動する

園生活の流れがわかり、片付けの時間までの間にできる遊びを友達に提案するなど、見通しをもって行動している。

P117_02

● 食べ物に関心をもつ

野菜の栽培を通して様々な食材や栄養に興味をもち、友達と楽しく食事をしながら、使われている食材について話す姿がみられる。

P117_03

● すすんで食事の支度をする

身支度や昼食の準備などでは、必要なことを自ら考えて行動し、自分の準備が終わると、友達を手伝う姿がみられる。

P117_04

● 食事のマナーを大切にする

昼食では、時間内に残さず食べることを心がけていて、箸の持ち方なども身に付き、他児の模範となっている。

P117_05

● 苦手な食べ物を克服しようとする

クッキングの活動を通して、苦手なピーマンを食べられたことが自信につながり、他の苦手な食材も食べてみようと挑戦するようになった。

P117_06

● 健康への意識が高い

気温差による衣服の調節や、必要な時に手洗いやうがいをすることなど、健康的な生活への意識が高く、自分から実行しようとする姿がみられる。

P117_07

● 健康な生活習慣が身に付く

汗をかいた時や気温が変化した時などには、すすんで着替えや衣服の調整を行うなど、自分の体調を考えて行動することができる。

P117_08

● 感染症予防の大切さがわかる

風邪を予防することの大切さがわかり、戸外遊びの後、手洗い・うがいをする習慣が身に付いている。また、忘れてしまった友達に声をかける姿もみられる。

P117_09

● 自分の成長を喜ぶ

身体測定を通して、自分の成長を喜び、年長児としての自覚が芽生えることで、３・４歳児に思いやりをもって関わろうとする姿がみられる。

文例 5歳児 指導上参考となる事項 人間関係

10の姿 自立心

P118_01

●しなければならないことに気付く

何事にも積極的に取り組み、しなければならないことに気付いたり、責任感をもって当番活動などをする姿がみられる。

P118_02

●やるべきことにすすんで取り組む

うさぎの飼育当番の日には、片付けを早く済ませて当番活動をするなど、やるべきことを自覚し、自分で考えて行動している。

P118_03

●ルールをつくって守る

年少の子などにぶつからないようにと、「部屋の入口では必ず止まる」というルールを考えてつくり、自ら守ろうとする姿があった。

P118_04

●繰り返し挑戦する

目の前の課題を自分の力で乗り越えたいという思いが強く、納得できるまで繰り返し挑戦する姿がみられる。

P118_05

●諦めないで取り組む

鍵盤ハーモニカの演奏では、難しい指使いに苦戦していたが、諦めずに繰り返し取り組むことで克服し、自信をもって演奏できるようになった。

P118_06

●粘り強く最後までやり遂げる

集中力があり、製作活動などでは細かな所まで表現しようと意欲的である。何事にも丁寧に取り組み、最後までやり遂げようとする。

P118_07

●やり遂げて充実感を味わう

一輪車や竹馬などの少し難しい活動も、諦めずに自分の力で乗り越えようと繰り返し取り組み、やり遂げることで充実感を味わう姿がみられる。

P118_08

●やり方を考えて工夫する

鉄棒や凧揚げなどの遊びでは、自らやり方を考え工夫して取り組み、できた時は大喜びして達成感を味わっている。

10の姿

協同性

P119_01

●友達と思いを共有する

ごっこ遊びの時などには、友達と思いや考えを伝え合い、イメージを共有しながら、工夫して遊びを楽しんでいる。

P119_02

●協力して取り組む楽しさを知る

運動会や発表会を通して、友達と思いを共有する楽しさを知ったことで、クラス全体で取り組む行事に意欲的に参加するようになった。

P119_03

●自分の役割を考え、行動する

活動の時にすすんで椅子を並べたり、困っている友達に声をかけたりするなど、集団生活の中で自分の役割を考えて行動している。

P119_04

●共通の目的に向けて協力する

遊びの中で友達と役割を分担したり、協力したりしながら、共通の目的に向けて遊びを展開する楽しさを味わっている。

P119_05

●励まし合って取り組む

マラソンや縄跳びなどに、自分なりの目標をもって挑戦し、友達と励まし合いながら一緒にやり遂げる喜びを味わう。

P119_06

●友達と工夫し合って遊ぶ

こま回しに取り組む時などは、友達と新しい技を工夫して考え、互いにアイデアを伝え合いながら遊ぶ姿がみられる。

P119_07

●協力し合ってやり遂げる

共同製作では、自分が得意とする細かな作業では友達を助け、力のいる不得意な作業は手伝ってもらうなど、協力して完成させる喜びを味わった。

P119_08

●共通の目標に向かって仲間と楽しむ

運動会のクラス対抗リレーを通して、みんなで１つの目標に向けて取り組む楽しさを知り、仲間の一員として一緒に活動する充実感を味わっていた。

10の姿

道徳性・規範意識の芽生え

P120_01

●共有の物の整頓を心がける

みんなが気持ちよく生活するために、自分にできることを積極的に行い、共有の道具の整頓などに丁寧に取り組む姿がみられる。

P120_02

●園生活のリーダーとしての自覚

年少クラスとの活動では、年下の子を優しく援助するなど、園生活のリーダー学年としての自覚が芽生えている。

P120_03

●相手の立場で考える

自分の言葉や行動で、相手がどのように感じるかを意識するようになり、相手の立場に立って行動するようになってきている。

P120_04

●思いやりをもって援助する

手助けが必要な友達や困っている友達に自ら声をかけ、援助しようとする姿がみられる。

P120_05

●物を丁寧に扱う気持ちをもつ

物に対する扱いが丁寧で、衣服の整理やロッカーの整頓などに自ら取り組む姿が、他児にもよい影響を与えている。

P120_06

●遊びのルールを工夫する

異年齢での遊びでは、4歳児クラスの子も一緒におにごっこを楽しめるように、ルールを工夫して遊ぶ姿がみられる。

P120_07

●決まりの大切さがわかる

園生活での決まりの大切さがわかり、してはいけないことをしている友達を見ると、やってはいけない理由を丁寧に伝えている。

P120_08

●自分の気持ちを調整する

友達とのぶつかり合いの中でも、自分の意見を押し通すのではなく、気持ちを調整し、友達の意見を聞いて相手の気持ちを理解しようとしている。

10の姿

社会生活との関わり

P121_01

●地域の祭りで踊りを発表する

町内の祭りでは、地域の伝統的な踊りを発表しようと、友達とともに動きを確認し合いながら積極的に取り組んでいた。

P121_02

●思いやる気持ちの大切さに気付く

老人養護施設でのお年寄りとの触れ合いを通して、相手を思いやる気持ちの大切さに気付き、園でもクラスの友達や年下の子たちに声をかけて、積極的に関わろうとする姿がみられる。

P121_03

●家族に感謝の気持ちをもつ

いつも自分を大切にしてくれる家族に感謝の気持ちをもち、家族が喜ぶ姿を想像しながら、プレゼントの製作物を作る姿がみられる。

P121_04

●地域の人と関わりをもつ

クラスでじゃがいもを育てることになると、近隣の農家の人に注意点や育てるこつを自ら聞きに行き、園での実際の栽培に役立てようと行動していた。

P121_05

●演奏を聴いてもらうことを喜ぶ

高齢者との交流会で、歌や楽器演奏を心を込めて行い、みんなで演奏に取り組む楽しさを感じるとともに、聴いてくれたお年寄りに喜んでもらえたことのうれしさを味わった。

P121_06

●図鑑などで情報を調べる

職業体験施設の訪問をきっかけに、様々な職業に興味をもち、将来なりたい職業を図鑑や絵本で調べて、自分が知ったことを生き生きと友達に伝えている。

P121_07

●情報の伝え合い

遠足に行く動物園の情報を、パンフレットや図鑑も使いながらクラスの友達と伝え合い、楽しみにしている。

P121_08

●公共のマナーを守ろうとする

公共の場でのマナーやルールを守ることができ、園外活動の時などに騒いでいる友達がいると、注意を促す姿がみられる。

5歳児 指導上参考となる事項 環境

10の姿 思考力の芽生え

P122_01

●探求心をもって取り組む

棒で瓶をたたいた時、瓶によって音が異なることに興味をもち、様々な瓶や棒を集めて、もっとよい音を出そうと追究する姿がみられた。

P122_02

●遠くまで転がる方法を考える

どんぐりが坂から転がる距離を競う遊びで、どうすれば遠くまで転がるか考えては、いろいろな方法を試して楽しんでいた。

P122_03

●発見を喜び、共有しようとする

色の異なる色水を混ぜると、別の色になることを知り、探究心をもって様々な色水の混色を試して、新しい発見があるとうれしそうに友達に伝えている。

P122_04

●材料ややり方を工夫する

自分の紙飛行機よりも、友達の方がよく飛ぶことに気付き、もっと長く飛ばしたいと、素材や折り方を考え、予想し、試しながら改良を加えていた。

P122_05

●遊びがおもしろくなるアイデアを考え、工夫する

お化け屋敷作りでは、どうしたらおもしろくなるか、年少組の子も一緒に遊ぶにはどうしたらよいかを友達と考え、工夫する姿がみられた。

P122_06

●友達の様々な考えに触れる

友達とのトラブルの中で、相手の考えを知り、自分の考えがいつも正しいわけではないことに気付いて、少しずつ対話を通して問題を解決しようとするようになってきた。

P122_07

●新しい考えを生み出す

当番活動のやり方について友達と話し、自分の意見を考え直したり、友達の意見を取り入れたりして、新しい考えを生み出している。

P122_08

●遊びのルールを考え、共有する

新しい遊び方やおもしろいルールを考えては、友達に提案して遊んでいる。友達にも楽しんでもらうことで、新しい考えを生み出す喜びを感じている。

10の姿

自然との関わり・生命尊重

P123_01

●発見を伝えたり共有したりする

園庭や公園で見つけた花や虫を図鑑で調べ、それらの特徴を友達や教師に生き生きと伝える姿がみられる。

P123_02

●自然物を使った遊びを楽しむ

戸外での自然遊びが好きで、斜面の登り降りや虫探しをしたり、どんぐりや落ち葉を集めて製作遊びをするなど、身近な自然に興味をもって関わり、楽しむ姿がみられる。

P123_03

●自然の不思議や発見を楽しむ

氷の厚みが場所によって異なることに気付き、園内の様々な場所で氷を作って試すなど、自然現象への関心が高まっている。

P123_04

●風の力を利用する

凧揚げの活動で、風が強すぎたり弱すぎたりするとうまく揚がらないことから、風の必要性に気付き、風向きも考えて、どうすれば高く揚がるか工夫する姿がある。

P123_05

●新たな発見で自然への興味が深まる

環境学習では、ビオトープやしいたけの原木などを見学し、自然の不思議さを改めて感じて、身近な環境を観察する姿がみられる。

P123_06

●土と水の性質を把握する

泥だんごに適した土を園庭で見つけ、水分の量でできあがりが違うことを認識して調整し、仕上げの砂を選ぶなど、土や水の性質を把握しながらより硬い物を作ることに集中している。

P123_07

●身近な自然に関心をもつ

畑でのトマト栽培を通して土に触れ、トマトの生長や実の色の変化を感じ取り、先を予想しながら、水やりなどの世話を愛情をもって行っている。

P123_08

●生き物を育てる喜びを味わう

うさぎやにわとりの飼育係を１年間やり遂げたことから自信がつき、生き物を育てる楽しさや喜びを感じている。

10の姿 数量や図形、標識や文字などへの関心・感覚

P124_01

●生活の中で数字に興味を示す

数への関心が高まり、カレンダーを見て、自分や友達の誕生日まであと何日あるか数える姿がみられる。

P124_02

●数を比べて楽しむ

みかんのへたの裏の白い点と、みかんの房の数が同じだと聞き、友達のみかんも見せてもらって何個も数え、本当かどうか確かめて楽しんでいた。

P124_03

●重さを量って比べる

いも掘りの際に、はかりで重さを量る方法を知り、たくさんのさつまいもの中から最も重いものを見つけようと提案し、友達と一緒に意欲的に量っていた。

P124_04

●ゲームの点数係で数を伝える

ミニサッカーの時などは、点数係を自ら引き受けた。ゲーム中、両チームの点数を正確につけて、自信をもって伝えている。

P124_05

●活動の中で数を使う

クラスでチーム分けをする際などには、率先して人数を数えている。人数に差があることにもいち早く気付き、調整しようとする姿がみられる。

P124_06

●数量感覚を身に付ける

クッキングで作ったクッキーをクラスの人数で分ける時には、様々な大きさの物があることに気付き、大きさと数を考慮して、できるだけ公平になる分け方を提案していた。

P124_07

●生活の中で時間を意識する

時の記念日にちなんで時間に関心をもち、時計の針の動きに興味をもって「長い針が○○になったら片付けだね」などと確認しながら、時計の製作活動にも楽しく取り組んでいた。

P125_01

●物の数え方の違いを楽しむ

紙、本、魚など、物の数え方がいろいろあることを知り、友達とクイズを出し合って、盛り上がっている。

P125_02

●図形をイメージして折り紙を楽しむ

折り紙製作では、折り図を見ながら形をイメージして折ることを楽しみ、「三角形をこう折ると四角形になる」など、図形の特徴に気付いて教師に話す姿がある。

P125_03

●イメージを形にすることを楽しむ

ごっこ遊びに必要な物を工夫して作っている。様々な形の空き箱の中からイメージに合った物を選んだり、形を組み合わせたりして、イメージを形にすることを楽しんでいる。

P125_04

●文字や形に親しみをもつ

友達を誘い、ひらがなパズルや地図パズルを使って、文字や形を認識しながら楽しんでいる。

P125_05

●習字で文字に関心をもつ

筆で文字を書く楽しさを知り、自分の名前を繰り返し書くなど、意欲的に取り組んでいる。

P125_06

●仲のよい友達に手紙を書く

仲のよい友達に「ありがとう」の気持ちを伝える手紙を書きたいという思いから、教師に書いてもらった見本を見ながら、ひらがなをまねして書いてみる姿がある。

P125_07

●遊びの中で文字を意識するようになる

かるた遊びでは、自分の名前に使われている文字の札を取ろうと何度も繰り返し遊んだり、その札の読み札を教師に読んでもらいながら、文字を追って読んだりする姿がみられる。

P125_08

●生活の中で目にした文字を遊びにつなげる

レストランに行った経験から、知っている文字を使ってメニュー表を作り、レストランごっこを楽しむなど、園外の経験を取り入れて遊びを発展させている。

P125_09

●看板や標識などに興味をもつ

園外保育へ出かけた際などに、町の看板や標識など、目に入った文字の読み方を教師に聞く姿が多くみられる。

5歳児 指導上参考となる事項 言葉

10の姿 言葉による伝え合い

P126_01

●会話のやりとりを楽しむ

休日に体験したことを友達にすすんで話し、共感して受け止められることで話が広がるなど、会話のやりとりを楽しんでいる。

P126_02

●経験したことを発表する

園外保育での経験をクラスで発表する場面では、印象深かったことや思いを自分の言葉で生き生きと表現している。

P126_03

●感じたことを自分の言葉で伝える

絵本や物語を楽しみ、登場人物の気持ちを想像したり、共感したりして、教師や友達に生き生きと感想を伝えている。

P126_04

●絵本の内容を理解する

絵本の読み聞かせでは、「○○だから～～したんだ」などと、内容を理解したつぶやきを発し、他児の理解の助けとなっている。

P126_05

●絵本の感想を話し合い、イメージを膨らませる

絵本の読み聞かせの後、積極的に手を挙げて感想を話し、友達の発言もよく聞いてイメージを膨らませることを楽しんでいる。

P126_06

●言葉を使った遊びを楽しむ

早口言葉やしりとり遊びなどの言葉遊びが好きで、仲のよい友達を誘って、一緒に遊んでいる姿がみられる。

P126_07

●落語や素話の言葉に触れてまねる

落語や素話を聞いて、伝統的な日本の言葉に興味をもち、まねをして言ってみることを楽しんでいる。

P127_01

●かるた作りに意欲的に取り組む

自分たちのかるたを作る活動で、自分の名前の１文字を絵札に書き、その文字から始まる読み札の内容を考えたり、内容に合った絵を描いたりすることに意欲的に取り組んでいる。

P127_02

●知っていることを言葉で伝える

知っていることを言葉で説明することができ、割れにくいシャボン玉の作り方を知って、友達に丁寧に教え、楽しそうに遊ぶ姿がみられた。

P127_03

●話し合って、よりよい物を作る

砂遊びでは、共通の目的に向かって役割分担をして協力する中で、自分の考えを言葉で伝えながら友達の意見にも耳を傾け、より長い川を作ろうとしていた。

P127_04

●イメージを共有して意欲的に取り組む

グループで作る大型製作では、自分のイメージを友達に伝えたり、友達の考えを聞いたりしながら熱心に取り組み、イメージを共有して１つの物を作り上げる喜びを味わっていた。

P127_05

●せりふや動きを考えて話し合う

発表会の準備では、友達と考えたせりふや動きを確認し合い、納得がいくまで話し合う姿がみられた。

P127_06

●話し合いで解決策を見つける

友達と意見が衝突した時には、自分の思いを伝えながら相手の話にも耳を傾け、話し合いの中で解決策を見つけようとしている。

P127_07

●様々な考えがあることを知る

クラスで飼育当番について話し合った際には、どうやって世話をするかについて、様々な考えがあることを知り、自分の考えを伝えながら、調整しようとしていた。

P127_08

●いろいろな考えを聞いてまとめようとする

チームに分かれてリレーを行う活動で、チームごとに、どうしたら勝てるかを考えて話し合った時には、いろいろな考えを聞いて、まとめようとする姿がみられた。

P127_09

●わかりやすい言葉で伝える

年長児としての自覚が深まり、年下の子に園生活での約束事を伝える際に、自分なりに考えた言葉で、わかりやすく説明しようとしている。

文例 5歳児 指導上参考となる事項 表現

10の姿 豊かな感性と表現

P128_01

●感動したことを表現する

ざりがにを捕まえ、つかめたことに達成感を感じ、友達に生き生きと話したり、絵に描いて思いを表現したりしている。

P128_02

●作る物をイメージして取り組む

製作活動に意欲的で、テーマを決めると、身近な素材をどんなふうに使って物を作るかをイメージして、取り組む姿がある。

P128_03

●1つの素材で遊びを広げる

いも掘りの後で、いものつるを使って縄跳びをしたり、飾りを作ってお店屋さんごっこに発展させるなど、1つの素材から様々な遊びを展開する姿がみられた。

P128_04

●想像力を発揮して遊びを楽しむ

積み木遊びが好きで、種類の違う積み木をいくつも組み合わせてイメージを膨らませ、お城や乗り物など、好きな形を作ることに集中する姿がある。

P128_05

●空間認識ができ、作品が広がる

空間認識が深まり、友達と一緒にロケットの内部を想像しながら、段ボール箱を組み合わせて作り、想像の世界を形にすることを楽しんでいる。

P128_06

●絵の具で表現を工夫する

絵の具遊びに興味をもち、混色を試したり、絵に濃淡を付けたりして、自分なりの表現で作品を作ることを楽しんでいる。

P128_07

●本物に近づける工夫をする

お店屋さんごっこで、ハンバーガー屋さんの店員になり、ハンバーガーを紙で包んだり、ポテトを袋に入れたりして工夫し、せりふもまねて本物らしく表現しようとする姿がみられた。

P129_01

● 歌詞をイメージして歌う

合唱では、歌詞の意味を考え、自分なりに歌の世界をイメージして、気持ちを込めて歌う姿がみられた。

P129_02

● 動きを作り出す喜びを感じる

音楽発表会に向けて、歌やリズムに合わせた振りを自分たちで考え、動きを創作する楽しさを味わっている。

P129_03

● 楽器の特性に気付いて親しむ

いろいろな楽器で音を出すことを楽しみ、音色の違いを感じ取ったり、楽器のしくみに興味をもって、自分で作ってみたりしている。

P129_04

● 気持ちを合わせて合奏する

合奏では、友達と楽器の音を聴き合って、音の出し方を工夫したり、気持ちを合わせてみんなの音が１つになる心地よさを味わう姿がみられた。

P129_05

● 人前で堂々とダンスをする

人前で踊ることに苦手意識があったが、遊びの中で友達に苦手な所を教えてもらいながら取り組むことで自信をつけ、生活発表会では生き生きとダンスをする姿がみられた。

P129_06

● 場面に応じた言葉が身に付く

地域の人との交流の場面では、「ありがとう」ではなく「ありがとうございます」という言葉を使うなど、相手や場面にふさわしい表現方法が身に付いてきている。

P129_07

● 物語をつくって披露する

物語をつくることを楽しみ、聞き手に伝わる表現を考えながら場面ごとに絵を描き、紙芝居にして友達に披露する姿がある。

P129_08

● 作り上げる達成感を味わう

劇遊びでは、ストーリーや役について友達と考えを出し合い、イメージを共有して場面に合った言葉を使うなど、思いを伝え合いながらお話を作り上げていく達成感を味わっていた。

P129_09

● 表現方法を工夫して演じる

発表会の劇では、自分の役に合った表現方法を考え、友達と見せ合いながら熱心に取り組み、役になりきって演じる姿がみられた。

指導上参考となる事項

気になる子

P130_01

●友達に誘われて遊ぶようになる

好きな遊びを一人で楽しむ姿が多かった。教師や気の合う友達に、かけっこやボール遊びなどに繰り返し誘われ、その遊びを見ることで少しずつ興味を示し、友達と一緒の活動にも参加するようになってきた。

P130_02

●少しずつ関わりがみられるようになる

いつも同じ場所で遊ぶことを好み、自分から友達に関わることは少なかったが、教師が集団遊びに誘い、一緒に活動することで、少しずつ友達と関わる姿がみられるようになってきている。

P130_03

●遊びのルールを知る

じゃんけんなどのルールのある遊びの意味を理解することに時間がかかったが、教師が絵に描いて伝えたりすることで、少しずつ理解し、楽しんで遊びに参加するようになってきた。

P130_04

●視覚的支援で活動が楽しめるようになる

製作活動などでは、次の手順がわからず戸惑う姿がみられた。教師が手順を書いて貼るなどすることで、本児が理解しやすくなり、楽しんで取り組むようになっていった。

P130_05

●活動への意欲が出てきている

運動会のダンスでは、振りを模倣することが苦手で消極的になっている姿がみられたので、無理強いせずに、教師と一対一で取り組む機会を設けると、やってみようという気持ちが芽生えるようになった。

P130_06

●汚れることに気をとられなくなる

泥遊びなどで手や足が汚れることを気にしていた。洗えばきれいになることを教師が伝え、やってみることで、汚れを気にしすぎずに遊ぶ姿がみられるようになった。

P130_07

●事前に時間的な見通しを伝える

一人遊びをしている時に活動の終わりを告げられると戸惑い、時には大きな声を出すこともあったが、教師が事前に活動がいつ終わるのかを伝えるなど見通しをもてるようにすることで、落ち着いて次の行動に移れるようになった。

P130_08

●事前に活動の内容を伝える

運動会や発表会などの行事では、不安になって参加しにくいことがあった。事前に前年の映像や絵カードを見て内容を知ることで、見通しをもつことができ、安心して参加することができるようになった。

P131_01

●記憶力を発揮する

数字に対してこだわりがあり、クラス全員の誕生日を意欲的に覚えて言う姿がみられる。

P131_02

●少しずつ気持ちを整理できる

１番になりたいという気持ちが強いが、思い通りに勝てず葛藤を何度も経験する中で、気持ちを教師に受け止めてもらうことで、徐々に気持ちが整理できるようになってきている。

P131_03

●不安の原因に気付き、落ち着く

周囲からの視線に敏感で、不安で動けなくなることがある。そのような時には教師が声をかけ、落ち着いて過ごせる場所に移動すると安心し、再び活動に取り組む姿がみられる。

P131_04

●食べようとする気持ちが芽生える

感覚が敏感で、食べ物の好き嫌いがある。少量を食べてみるよう促され、口にしたことを教師に認められると、徐々に食べようとする姿が増えてきている。

P131_05

●集団遊びの楽しさを知る

ルールがわからず、氷おになどの集団遊びにうまく入っていけない姿がみられたので、教師が遊びに誘い、モデルとなって一緒に遊ぶことで、安心して楽しめるようになってきた。

P131_06

●見通しをもつことで安定する

環境が変わると戸惑いをみせ、思いを自ら話すことができなくなっていたが、活動の順番を絵にして貼った物を見るなどして、園生活の流れがわかると、安心して少しずつ自分から話すことが増えた。

P131_07

●気持ちを切り替えられる

グループ発表などの際、仲のよい友達の後ろに隠れたり、教師のそばから離れなかったりする姿があったが、教師や友達から優しく促されると、気持ちを切り替えて行動するようになってきている。

P131_08

●できたことに対する満足感を味わう

所持品の片付けや降園時の支度に時間がかかっていたが、教師の援助を受けながら、少しずつやり方を知っていき、自分でできたという達成感を味わう姿がある。

P132_01

●身の回りの片付けができるようになる

片付けが苦手だが、教師が何をどこに置くかを繰り返し伝えることで、徐々に身の回りの整理に意識が向くようになった。

P132_02

●座って話を聞けるようになる

座って教師の話を聞くことが苦手だが、教師が事前に活動の内容と、いつ終わりになるかを伝えると、落ち着いて話を聞く姿がみられる。

P132_03

●集団活動に参加する

歌や劇への取り組みでは、集中力がとぎれがちだったが、友達に優しく声をかけられたり、教師と一対一でやってみる時間をもつことで、みんなと一緒に活動できる時間が増えている。

P132_04

●生活のルールを守ろうとする

戸外の遊具で遊ぶことを好むが、滑り台やぶらんこの順番が待ちきれないことが多い。教師が絵カードで、本児に「並ぶ」ことを伝えると、理解して待つ姿がみられるようになってきた。

P132_05

●気持ちを落ち着ける

伝えたいことを言葉で表現できずに感情的になることがあるが、落ち着く環境で教師がゆったりと話を聞いたり、気持ちを代弁したりすると、本児も冷静に話ができるようになる。

P132_06

●遊びの場を友達と共有する

遊びに入りたいが、うまく関われずに友達の邪魔をしてしまう姿があったが、教師が仲立ちして言葉で伝えられるよう関わる中で、少しずつ友達と場を共有しながら、遊びに取り組めるようになってきている。

P132_07

●自分の思いを伝える方法がわかりはじめている

友達とトラブルになると、その場からすぐに逃げ出してしまっていたが、教師が言葉による気持ちの伝え方を繰り返し伝えたことで、自分の気持ちを言葉で表現する姿が増えつつある。

P132_08

●おしゃべりを抑えられる

伝えたいことがたくさんあり、ずっと話し続けてしまうことが多かったが、相手が話し始めたら聞くなど、教師が繰り返し絵カードなどで示したり、思う存分話せる場を設けたりすることで、次第に人が話している時には聞けるようになってきている。

第5章

幼稚園型
認定こども園の場合

幼稚園型認定こども園で、要録を作る際の参考となるよう、
注意点などを紹介します。
幼保連携型認定こども園園児指導要録の様式を
利用する場合の記入例や参考となる文例も掲載しています。

※この章の参考記入例及び参考文例は、CD-ROMには収録していません。

幼稚園型認定こども園の場合
様式の考え方

幼稚園型認定こども園では、どの様式を使えばよいか迷われるかもしれません。
基本的な考え方と、「幼稚園幼児指導要録」と「幼保連携型認定こども園園児指導要録」の様式の違いを確認しておきましょう。

幼稚園も認定こども園も記録する内容はほぼ同じ

幼稚園型認定こども園では、幼稚園の様式と幼保連携型認定こども園の様式とで、どちらを使えばいいのか迷うかもしれません。幼稚園型認定こども園の様式については、決まったルールがあるわけではありません。強いていえば、認定こども園は、幼保連携型認定こども園の様式を使った方が、外部の人にもわかりやすいといえます。ただ、幼稚園幼児指導要録と幼保連携型認定こども園園児指導要録とで、記録する内容にほとんど違いはありません。

【学籍に関する記録】において２つの様式で異なっているのは、在籍を示す「年度及び入園（転入園）」の記入欄の数だけです。

【指導に関する記録】でも、満３歳～４歳児の年度の記録についてはどちらも同じ形式です。違いは、幼保連携型認定こども園の様式に、「満３歳未満の園児に関する記録」を記入する欄が設けられている点です。

また、「指導上参考となる事項」の下の小さいスペースの記入内容が少しだけ異なっています。 幼稚園の様式では「備考」欄として、必要に応じ、“教育課程に係る教育時間の終了後等に行う教育活動”について記入するようになっています。それに対して幼保連携型認定こども園の様式では、「特に配慮すべき事項」として“園児の健康の状況等、指導上特記すべき事項がある場合に記入”とあります。【最終学年の指導に関する記録】もほぼ同じです。

園の子どもの実情に合わせて使いやすい様式を選択

このように、記入内容の違いはごくわずかなものです。よって３歳以上の子どもだけが通う幼稚園型認定こども園では、幼稚園の様式を使っても問題はありません。一方、３歳未満の子どもが在籍する幼稚園型認定こども園においては、幼保連携型認定こども園の様式を使うと、在籍期間や３歳未満の育ちについてより詳しい記録を残すことができます。この場合は、「幼保連携型認定こども園園児指導要録」を適宜、「認定こども園こども要録」に読み替えるなどする必要があります。

指導要録の様式は、市区町村で統一様式を作っているケースも多いので、自治体に確認してください。それぞれの園の実情に合わせ、使いやすい様式を選択しましょう。

●幼稚園型認定こども園で使用される２通りの様式の違い

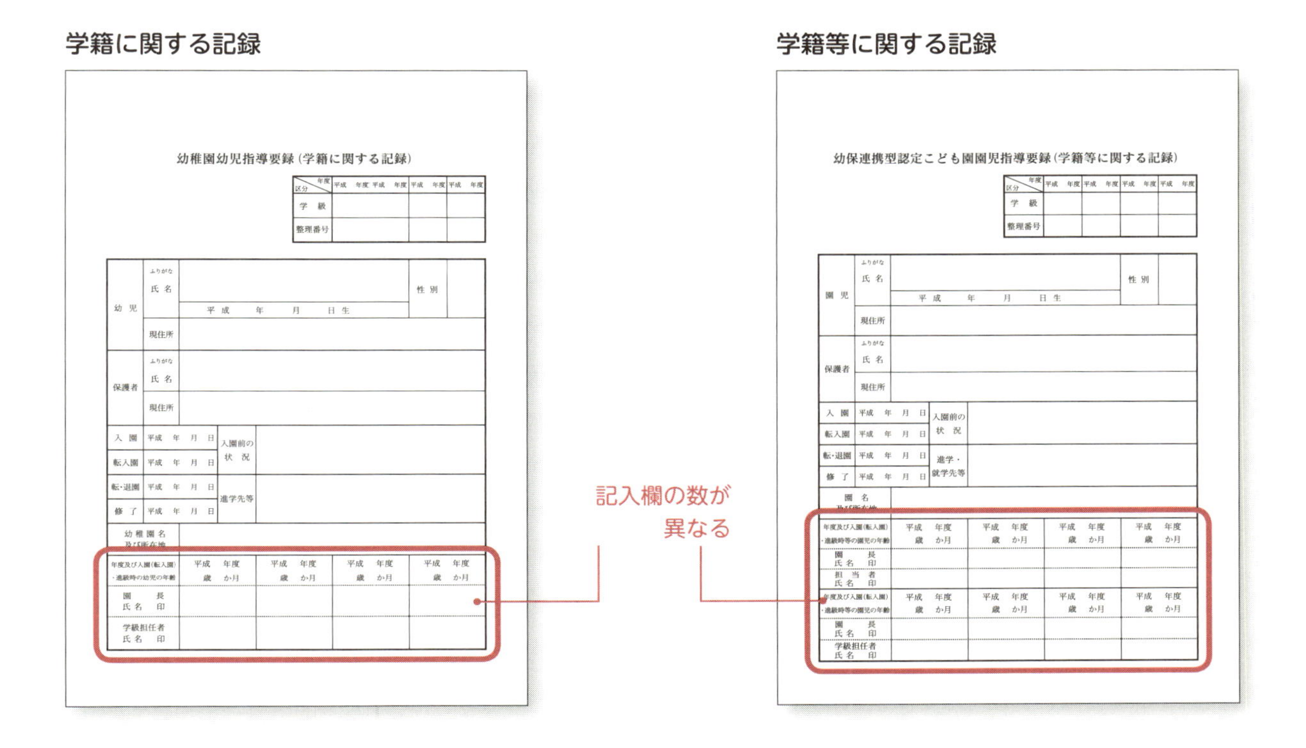

指導に関する記録

幼稚園幼児指導要録（指導に関する記録）

備考

指導等に関する記録

幼保連携型認定こども園園児指導要録（指導等に関する記録）

特に配慮すべき
事項

満３歳未満の
園児に関する事項
（幼保連携型認定こども園
園児指導要録のみ）

様式の違いと記入上の注意点

「幼稚園幼児指導要録」との違いを中心に、「幼保連携型認定こども園園児指導要録」の様式を確認していきましょう。

＊136 ～ 137ページのフォーマットは、CD-ROMには収録されていません。

幼保連携型認定こども園園児指導要録　【学籍等に関する記録】

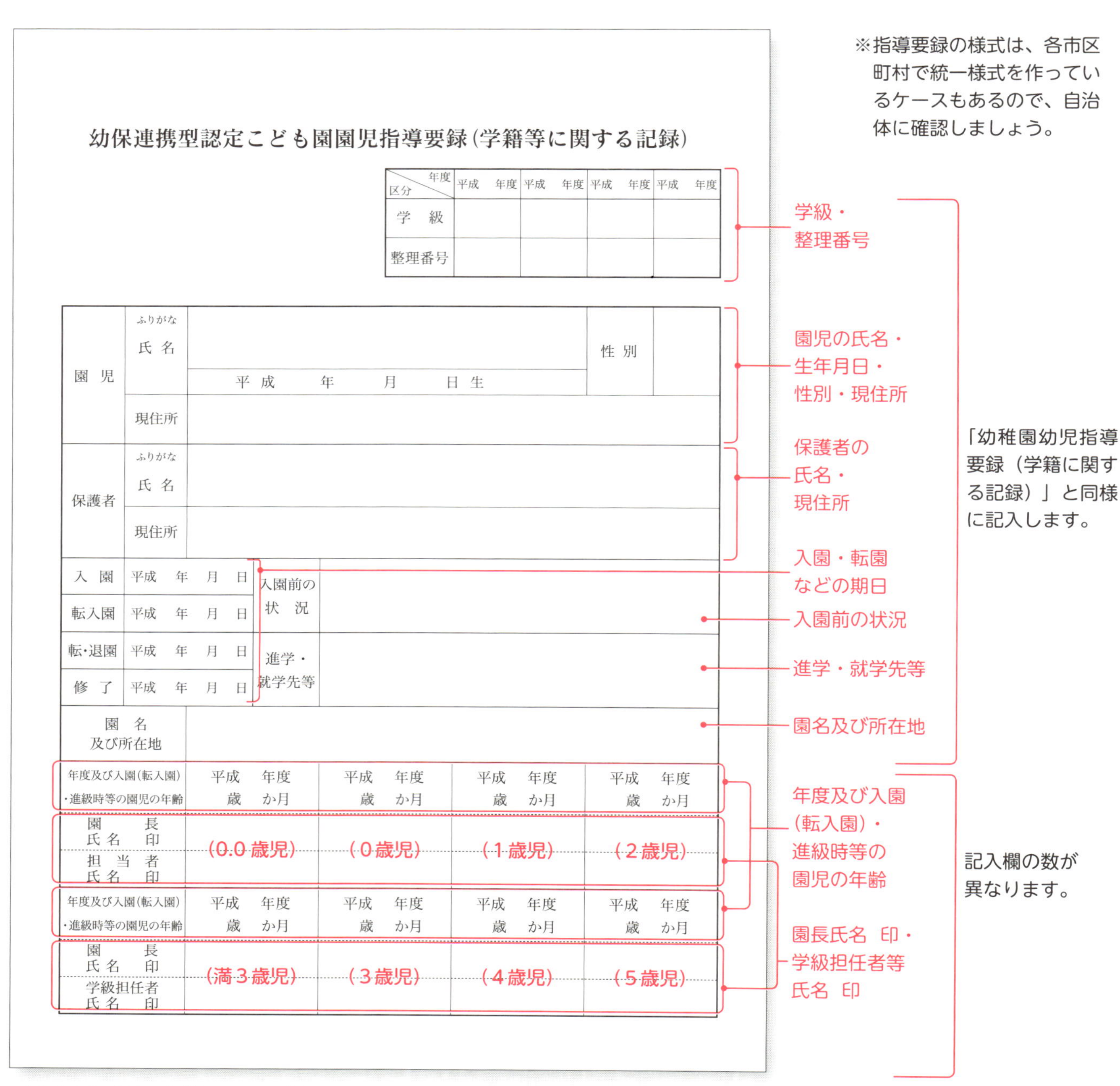

幼保連携型認定こども園園児指導要録（学籍等に関する記録）

区分＼年度	平成　年度	平成　年度	平成　年度	平成　年度
学　級				
整理番号				

園　児	ふりがな 氏　名		性　別	
		平　成　　年　　月　　日　生		
	現住所			
保護者	ふりがな 氏　名			
	現住所			
入　園	平成　年　月　日	入園前の 状　況		
転入園	平成　年　月　日			
転・退園	平成　年　月　日	進学・ 就学先等		
修　了	平成　年　月　日			
園　名 及び所在地				

年度及び入園(転入園)・進級時等の園児の年齢	平成　年度 歳　か月	平成　年度 歳　か月	平成　年度 歳　か月	平成　年度 歳　か月
園　長 氏　名　印 担　当　者 氏　名　印	(0.0歳児)	(0歳児)	(1歳児)	(2歳児)
年度及び入園(転入園)・進級時等の園児の年齢	平成　年度 歳　か月	平成　年度 歳　か月	平成　年度 歳　か月	平成　年度 歳　か月
園　長 氏　名　印 学級担任者 氏　名　印	(満3歳児)	(3歳児)	(4歳児)	(5歳児)

＊3府省からの通知に掲載されている「様式の参考例」をもとに説明しています。

幼保連携型認定こども園園児指導要録　【指導等に関する記録】

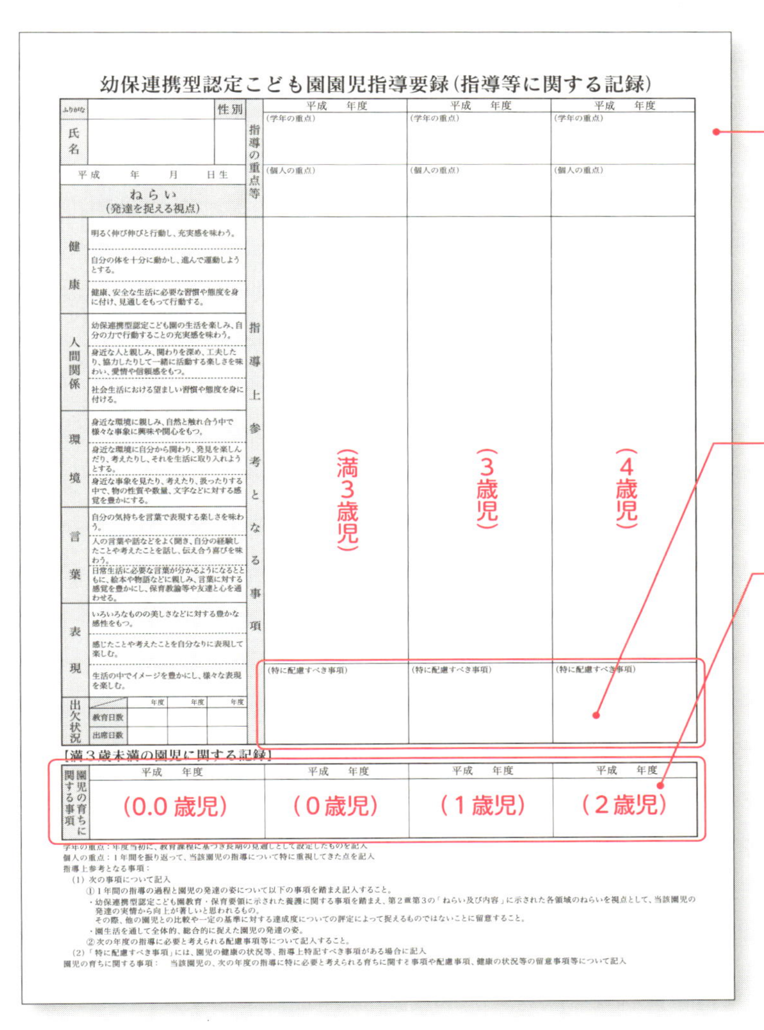

幼保連携型認定こども園園児指導要録（指導等に関する記録）

ふりがな		性別		平成　年度	平成　年度	平成　年度
氏名			指導の重点等	（学年の重点）	（学年の重点）	（学年の重点）
平成　年　月　日生				（個人の重点）	（個人の重点）	（個人の重点）
ねらい（発達を捉える視点）						
健康	明るく伸び伸びと行動し、充実感を味わう。		指導上参考となる事項	（満3歳児）	（3歳児）	（4歳児）
	自分の体を十分に動かし、進んで運動しようとする。					
	健康、安全な生活に必要な習慣や態度を身に付け、見通しをもって行動する。					
人間関係	幼保連携型認定こども園の生活を楽しみ、自分の力で行動することの充実感を味わう。					
	身近な人と親しみ、関わりを深め、工夫したり、協力したりして一緒に活動する楽しさを味わい、愛情や信頼感をもつ。					
	社会生活における望ましい習慣や態度を身に付ける。					
環境	身近な環境に親しみ、自然と触れ合う中で様々な事象に興味や関心をもつ。					
	身近な環境に自分から関わり、発見を楽しんだり、考えたりし、それを生活に取り入れようとする。					
	身近な事象を見たり、考えたり、扱ったりする中で、物の性質や数量、文字などに対する感覚を豊かにする。					
言葉	自分の気持ちを言葉で表現する楽しさを味わう。					
	人の言葉や話などをよく聞き、自分の経験したことや考えたことを話し、伝え合う喜びを味わう。					
	日常生活に必要な言葉が分かるようになるとともに、絵本や物語などに親しみ、言葉に対する感覚を豊かにし、保育教諭等や友達と心を通わせる。					
表現	いろいろなものの美しさなどに対する豊かな感性をもつ。					
	感じたことや考えたことを自分なりに表現して楽しむ。					
	生活の中でイメージを豊かにし、様々な表現を楽しむ。			（特に配慮すべき事項）	（特に配慮すべき事項）	（特に配慮すべき事項）
出欠状況		年度／年度／年度				
	教育日数					
	出席日数					

【満３歳未満の園児に関する記録】

園児の育ちに関する事項	平成　年度	平成　年度	平成　年度	平成　年度
	（0.0 歳児）	（0 歳児）	（1 歳児）	（2 歳児）

学年の重点：年度当初に、教育課程に基づき長期の見通しとして設定したものを記入
個人の重点：1年間を振り返って、当該園児の指導について特に重視してきた点を記入
指導上参考となる事項：
（1）次の事項について記入
①1年間の指導の過程と園児の発達の姿について以下の事項を踏まえ記入すること。
・幼保連携型認定こども園教育・保育要領に示された養護に関する事項を踏まえ、第２章第３の「ねらい及び内容」に示された各領域のねらいを視点として、当該園児の発達の実情から向上が著しいと思われるもの。
その際、他の園児との比較や一定の基準に対する達成度についての評定によって捉えるものではないことに留意すること。
・園生活を通して全体的、総合的に捉えた園児の発達の姿。
②次の年度の指導に必要と考えられる配慮事項等について記入すること。
（2）「特に配慮すべき事項」には、園児の健康の状況等、指導上特記すべき事項がある場合に記入
園児の育ちに関する事項：　当該園児の、次の年度の指導に特に必要と考えられる育ちに関する事項や配慮事項、健康の状況等の留意事項等について記入

幼保連携型認定こども園園児指導要録
【指導等に関する記録】

- 「特に配慮すべき事項」として、園児の健康の状況等、指導に特記すべき事項がある場合に記入します。
- 「満３歳未満の園児に関する記録」として、「園児の育ちに関する事項」の欄があります。

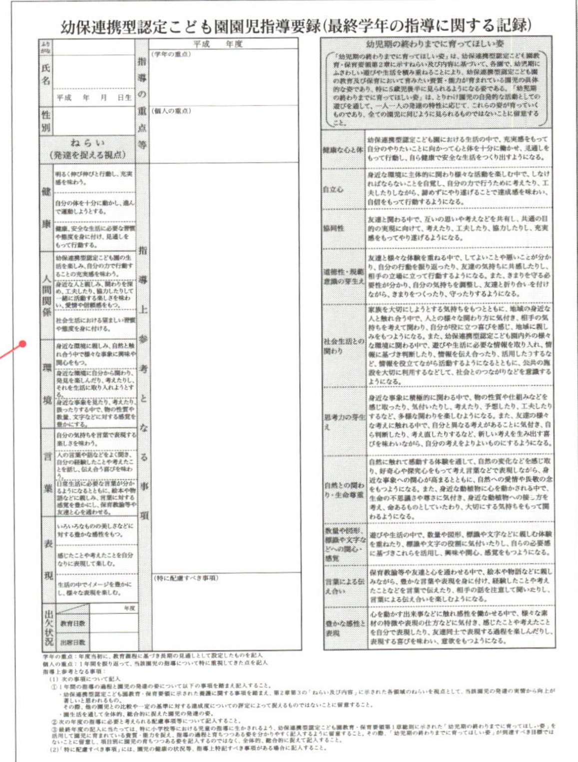

幼保連携型認定こども園園児指導要録（最終学年の指導に関する記録）

幼児期の終わりまでに育ってほしい姿

「幼児期の終わりまでに育ってほしい姿」は、幼保連携型認定こども園教育・保育要領第２章に示すねらい及び内容に基づいて、各園で、幼児期にふさわしい遊びや生活を積み重ねることにより、幼保連携型認定こども園の教育及び保育において育みたい資質・能力が育まれている園児の具体的な姿であり、特に５歳児後半に見られるようになる姿である。「幼児期の終わりまでに育ってほしい姿」は、とりわけ園児の自発的な活動としての遊びを通して、一人一人の発達の特性に応じて、これらの姿が育っていくものであり、全ての園児に同じように見られるものではないことに留意すること。

健康な心と体	幼保連携型認定こども園における生活の中で、充実感をもって自分のやりたいことに向かって心と体を十分に働かせ、見通しをもって行動し、自ら健康で安全な生活をつくり出すようになる。
自立心	身近な環境に主体的に関わり様々な活動を楽しむ中で、しなければならないことを自覚し、自分の力で行うために考えたり、工夫したりしながら、諦めずにやり遂げることで達成感を味わい、自信をもって行動するようになる。
協同性	友達と関わる中で、互いの思いや考えなどを共有し、共通の目的の実現に向けて、考えたり、工夫したり、協力したりし、充実感をもってやり遂げるようになる。
道徳性・規範意識の芽生え	友達と様々な体験を重ねる中で、してよいことや悪いことが分かり、自分の行動を振り返ったり、友達の気持ちに共感したりし、相手の立場に立って行動するようになる。また、きまりを守る必要性が分かり、自分の気持ちを調整し、友達と折り合いを付けながら、きまりをつくったり、守ったりするようになる。
社会生活との関わり	家族を大切にしようとする気持ちをもつとともに、地域の身近な人と触れ合う中で、人との様々な関わり方に気付き、相手の気持ちを考えて関わり、自分が役に立つ喜びを感じ、地域に親しみをもつようになる。また、幼保連携型認定こども園内外の様々な環境に関わる中で、遊びや生活に必要な情報を取り入れ、情報に基づき判断したり、情報を伝え合ったり、活用したりするなど、情報を役立てながら活動するようになるとともに、公共の施設を大切に利用するなどして、社会とのつながりなどを意識するようになる。
思考力の芽生え	身近な事象に積極的に関わる中で、物の性質や仕組みなどを感じ取ったり、気付いたりし、考えたり、予想したり、工夫したりするなど、多様な関わりを楽しむようになる。また、友達の様々な考えに触れる中で、自分と異なる考えがあることに気付き、自ら判断したり、考え直したりするなど、新しい考えを生み出す喜びを味わいながら、自分の考えをよりよいものにするようになる。
自然との関わり・生命尊重	自然に触れて感動する体験を通して、自然の変化などを感じ取り、好奇心や探究心をもって考え言葉などで表現しながら、身近な事象への関心が高まるとともに、自然への愛情や畏敬の念をもつようになる。また、身近な動植物に心を動かされる中で、生命の不思議さや尊さに気付き、身近な動植物への接し方を考え、命あるものとしていたわり、大切にする気持ちをもって関わるようになる。
数量や図形、標識や文字などへの関心・感覚	遊びや生活の中で、数量や図形、標識や文字などに親しむ体験を重ねたり、標識や文字の役割に気付いたりし、自らの必要感に基づきこれらを活用し、興味や関心、感覚をもつようになる。
言葉による伝え合い	保育教諭等や友達と心を通わせる中で、絵本や物語などに親しみながら、豊かな言葉や表現を身に付け、経験したことや考えたことなどを言葉で伝えたり、相手の話を注意して聞いたりし、言葉による伝え合いを楽しむようになる。
豊かな感性と表現	心を動かす出来事などに触れ感性を働かせる中で、様々な素材の特徴や表現の仕方などに気付き、感じたことや考えたことを自分で表現したり、友達同士で表現する過程を楽しんだりし、表現する喜びを味わい、意欲をもつようになる。

幼保連携型認定こども園園児指導要録
【最終学年の指導に関する記録】

- 「幼稚園幼児指導要録（最終学年の指導に関する記録）」と同様に記入しますが、「備考」の欄が「特に配慮すべき事項」になっていることに注意しましょう。

参考
記入例

苦手なことを克服していった子

0～5歳児

〈指導等に関する記録〉

ふりがな	○○○○　○○○○	性別
氏名	○○ Y 子	女
	平成○年○月○日生	

ねらい（発達を捉え…）

- 健康：明るく伽び伸び… わう。／自分の体を十… しようとする。／健康、安全な… を身に付け、…
- 人間関係：認定こども園の生活を楽しみ、自分の力で行動することの充… を味わう。／身近な人と親しみ… したり、協力し… 楽しさを味わい…／社会生活にお… を身に付ける。
- 環境：身近な環境に親… 中で様々な事象に興味や関心をもつ。／身近な環境に自分… 発見を楽しんだり、考え… に取り入れよう…／身近な事象を見… りする中で、物… に対する感覚を…
- 言葉：自分の気持ち… を味わう。／人の言葉や話などをよく聞き、自分の経験したことや考えた… を話し、伝え合う喜びを味わ…／日常生活に必要な言… に、絵本や物語な… を豊かにし、保育…
- 表現：いろいろなもの… 豊かな感性を…／感じたことや… 表現して楽しむ。／生活の中でイメージを豊かにし、様々な表現を楽しむ。

	平成○年度	平成○年度	平成○年度
指導の重点等	（学年の重点）	（学年の重点） 安心できる人や場所を見つけ、好きな遊びを楽しむ。	（学年の重点） 自己を発揮しながら、友達と一緒に遊ぶ楽しさを味わう。
	（個人の重点）	（個人の重点） 安心して園生活を送り、保育者や友達と遊ぶ楽しさを味わう。	（個人の重点） 友達に関心をもち、自分の思いを表現しながら、友達と積極的に関わる。
指導上参考となる事項		・保育者が声をかけたり、ほほえみかけたりすると、本児は緊張感が和らぎ、うれしそうにしている。 ・嫌だと思うことがあると、泣いてしまうが、保育者のそばで安心して過ごせるようになると、気持ちを切り替えられるようになってきた。❶ ・クラスに慣れ、保育者や友達の誘いに応じて、友達と一緒に砂場遊びなどをして楽しんでいる姿が増えている。❷ ・ごっこ遊びで役を決め、友達と一緒に遊ぶ楽しさを感じるようになってきた。 ・園で飼っているモルモットの世話をしている。すすんで水を替えたり、だっこしてかわいがったりと、愛情をもって毎日のように関わっている。 （3歳児）	・友達が楽しそうに遊んでいる姿に興味を示し、遊びに参加しようとしている。特定の友達と仲よくなりたいという気持ちをもつようになってきた。❸ ・製作遊びが好きで、遠足の時に見たぞうを、画用紙や空き箱を使って丁寧に作る姿がみられた。 ・大人数での集団遊びに興味があるが友達の様子や顔色を気にする姿がみられた。誘われて参加するうちに、大人数の友達と遊ぶ楽しさを感じ始め、自分から遊びに入ることが増えている。 ・みんなと一緒にいることの楽しさや居心地のよさを感じるようになったことで、関わりが少なかった友達にも自分から話しかける姿がみられるようになってきている。❹ （4歳児）
	（特に配慮すべき事項）	（特に配慮すべき事項） ・特記事項なし。	（特に配慮すべき事項） ・特記事項なし。

出欠状況	○年度	○年度	○年度
教育日数	○○	○○	○○
出席日数	○○	○○	○○

Point 1　3歳児にとって、安心できる人がいることはとても大切です。本児が安心感をもとに気持ちを立て直している様子が、読み手に伝わる書き方になっています。

Point 2　徐々に環境に慣れ、友達関係の幅が広がっていることが、読み手に伝わります。

Point 3　「10の姿」の視点でみると、「協同性」などに関連した4歳児なりの育ちが書かれています。

Point 4　遊びを通して人との関わりが広がり、徐々に課題を克服していく様子がよくわかる書き方です。

［満3歳未満の園児に関する記録］

	平成○年度	平成○年度	平成○年度	平成○年度
園児の育ちに関する事項		担当の保育者に慣れ、伸び伸びと過ごす。他の人が来ると人見知りをして泣くことがある。 （0歳児）	徐々に発語が増えてきて、指差しなどで自分の意思を示すようになってきている。 （1歳児）	自分の気持ちを言葉や身振りなどで表現しようとしている。 （2歳児）

＊「幼保連携型認定こども園園児指導要録」の様式を使った
0～5歳児の記入例を2例掲載します。

＊この参考記入例は、CD-ROMには収録していません。

〈最終学年の指導に関する記録〉

<table>
<tr><td>ふりがな</td><td>○○○○　○○○○</td><td rowspan="4">指導の重点等</td><td>平成○年度</td></tr>
<tr><td>氏名</td><td>○○ Y 子
平成○年○月○日生</td><td>（学年の重点）
生活や行事を通して、友達の思いに気付きながら一緒に活動し、達成感や充実感を味わう。</td></tr>
<tr><td>性別</td><td>女</td><td rowspan="2">（個人の重点）
間違いや失敗を恐れずに、周りの人に支えてもらいながら、自信をもって自分の思いを伝えられるようになる。</td></tr>
<tr><td colspan="2">ねらい
（発達を捉える視点）</td></tr>
<tr><td>健康</td><td>明るく伸び伸びと行動し、充実感を味わう。
自分の体を十分に動かし、進んで運動しようとする。
健康、安全な生活に必要な習慣や態度を身に付け、見通しをもって行動する。</td><td rowspan="5">指導上参考となる事項</td><td rowspan="5">・5歳児クラスになったことへの自信や今までの経験から、新しい友達と仲よくなろうと、自分から積極的に関わっている。役割を分担し、イメージを伝え合いながら、ごっこ遊びなどをして楽しんでいる。
・間違いや失敗を気にして、みんなの前で話すことに戸惑いを感じながらも、繰り返し取り組んでいった。回を重ねるにつれ、自信がもてるようになり、友達の前に立って、堂々と発表する姿がみられた。
・自分の気持ちを抑え込んでしまうことがあり、言いたいことを言わずに我慢する姿がみられた。運動会や共同製作などで、みんなで力を合わせる経験を通して、自分の思いを言葉にして伝えることの大切さを知り、言葉で伝えることが増えている。
・様々な活動を通して、相手の思いを知り、そこからどうしていくのかを友達と一緒に考えるようになった。みんなで力を合わせてやり遂げることで、達成感を味わっている。
・ダンスや跳び箱などに意欲的に取り組み、失敗してもまた頑張ろうという前向きな気持ちで、笑顔でもう一度挑戦する姿がみられる。
（5歳児）</td></tr>
<tr><td>人間関係</td><td>認定こども園の生活を楽しみ、自分の力で行動することの充実感を味わう。
身近な人と親しみ、関わりを深め、工夫したり、協力したりして一緒に活動する楽しさを味わい、愛情や信頼感をもつ。
社会生活における望ましい習慣や態度を身に付ける。</td></tr>
<tr><td>環境</td><td>身近な環境に親しみ、自然と触れ合う中で様々な事象に興味や関心をもつ。
身近な環境に自分から関わり、発見を楽しんだり、考えたりし、それを生活に取り入れようとする。
身近な事象を見たり、考えたり、扱ったりする中で、物の性質や数量、文字などに対する感覚を豊かにする。</td></tr>
<tr><td>言葉</td><td>自分の気持ちを言葉で表現する楽しさを味わう。
人の言葉や話などをよく聞き、自分の経験したことや考えたことを話し、伝え合う喜びを味わう。
日常生活に必要な言葉が分かるようになるとともに、絵本や物語などに親しみ、言葉に対する感覚を豊かにし、保育者や友達と心を通わせる。</td></tr>
<tr><td>表現</td><td>いろいろなものの美しさなどに対する豊かな感性をもつ。
感じたことや考えたことを自分なりに表現して楽しむ。
生活の中でイメージを豊かにし、様々な表現を楽しむ。</td></tr>
<tr><td rowspan="3">出欠状況</td><td>○年度</td><td></td><td rowspan="3">（特に配慮すべき事項）
・特記事項なし。</td></tr>
<tr><td>教育日数　○○</td><td></td></tr>
<tr><td>出席日数　○○</td><td></td></tr>
</table>

Yちゃんの保育記録より

●Yちゃんってこんな子

人見知りで消極的な面があり、失敗を恐れ、挑戦に尻込みしてしまうことがある。活動や行事を通して、徐々に友達と関われるようになり、失敗しても再び挑戦する前向きな気持ちが出てきた。

●指導の過程

保育者に対して安心感がもてるよう、丁寧に関わってきた。無理強いはせずに、遊びに誘うことで、友達関係を広げていけるように留意した。同じ活動を繰り返すと安心感が得られるので、繰り返し取り組める機会を設けた。

ここからの育ちを
プラスの視点で書こう！

Point 5

進級するごとに成長を感じます。要録全体を読むと、本児が次第に自信をつけてきたことが示されており、わかりやすいです。

Point 6

本児が安心して活動に取り組み、共同の学びができてきた様子が伝わります。

Point 7

「10の姿」の「健康な心と体」「自立心」などに関連する内容が書かれています。

参考
記入例

自ら積極的に取り組もうとする子

0～5歳児

〈指導等に関する記録〉

ふりがな	○○○○　○○○○	性別		平成○年度	平成○年度	平成○年度
氏名	○○ Z 也	男	指導の重点等	（学年の重点）	（学年の重点） いろいろな経験をする中で、自分なりの思いを表現する。	（学年の重点） 様々な環境に積極的に関わろうとする。
平成○年○月○日生				（個人の重点）	（個人の重点） 好奇心旺盛に様々な活動に参加し、園生活を思い切り楽しむ。	（個人の重点） 友達と関わる楽しさを感じながら生活できるようになる。

ねらい（発達を捉え…）		指導上参考となる事項			
健康	明るく伸び伸び…わう。 自分の体を十…しようとする。 健康、安全な…を身に付け、…			・進級当初は環境の変化に不安な様子だったが、園庭の身近な動植物に興味をもち、触れ合うことが安心感につながっていった。特に、園で飼っているやぎに餌をあげることを楽しみにしている。① ・季節ごとの栽培物にも興味をもち、実った物を見つけると、保育者や友達に報告する姿がみられる。 ・自分の経験を遊びに取り入れている。レストランに行った体験から、注文を聞いたり、食べ物をお盆に載せて運んだりと、具体的にイメージして遊んでいる。② ・イメージを友達と共有し、盛り上がる姿もみられる。マットをタクシーに見立て、運転手になりきったり、島にいる設定で高い台に登ったりするなど、様々な場面を想像して友達と楽しんでいる。 （3歳児）	・乳児クラスや3歳児クラスのことを気にかけて、様子を見に行ったり、以前遊んだ子に声をかけたりしている。 ・乳児との関わりでは、相手が言葉を話せない分、表情から気持ちをくみ取ろうとしている。不思議に感じることがあれば保育者にたずねて、理解しようとする。③ ・保育者を手伝ったり、困っている子に手を差し伸べたりと、気付いた時に、すぐ行動に移すことができる。また、自分が使っていない場所の片付けなども丁寧にしようとする。④ ・色おになどのルールのある遊びの時に、違う意見が飛び交うと、解決策を提案する姿がみられるようになってきた。 （4歳児）
人間関係	認定こども園の生活を楽しみ、自分の力で行動することの充…を味わう。 身近な人と親しみ、…したり、協力し…楽しさを味わい… 社会生活にお…を身に付ける。				
環境	身近な環境に親…中で様々な事象に興味や関心をもつ。 身近な環境に自分…発見を楽しんだり、考え…に取り入れよう… 身近な事象を見…りする中で、物…に対する感覚を…				
言葉	自分の気持ち…を味わう。 人の言葉や話…経験したことや考…え合う喜びを味わう。 日常生活に必要な言葉が…なるとともに、絵本や物語などに…を豊かにし、保育者…				
表現	いろいろなもの…豊かな感性を… 感じたことや…表現して楽し… 生活の中でイメージを豊かにし、様々な表現を楽しむ。		（特に配慮すべき事項）	（特に配慮すべき事項） ・特記事項なし。	（特に配慮すべき事項） ・特記事項なし。

出欠状況	○年度	○年度	○年度
教育日数	○○	○○	○○
出席日数	○○	○○	○○

Point 1
動植物に興味をもち、触れ合いの中で安心感を深めてクラスに慣れていく様子が具体的に書かれており、本児の姿が読み手に伝わりやすいです。

Point 2
自分の経験したことを遊びに取り入れる力をもっていることがよくわかる記述です。

Point 3
疑問に感じたことや不思議に思ったことを自ら解決しようとする姿が具体的に書かれているので、本児の姿がイメージしやすい記述です。

Point 4
「10の姿」の「道徳性・規範意識の芽生え」などに関連した4歳児なりの育ちが書かれています。

［満3歳未満の園児に関する記録］

	平成○年度	平成○年度	平成○年度	平成○年度
園児の育ちに関する事項		周りの環境に興味をもち、自分の行きたい所に自由に行く姿がみられる。 （0歳児）	指差しや身振りで自分の思いを伝えようとする姿がみられ、徐々に発語も増えてきている。 （1歳児）	体を動かして遊ぶことが好きで、活動する範囲が広がり、いろいろな場所で遊んでいる。 （2歳児）

＊この参考記入例は、CD-ROMには収録していません。

〈最終学年の指導に関する記録〉

ふりがな	○○○○　○○○○	指導の重点等	平成○年度
氏名	○○ Z 也 平成○年○月○日生		（学年の重点） 主体的に物事に取り組みながら、自分なりの興味や関心を広げていく。
性別	男		（個人の重点） 友達の意見を聞き、自分の意見との調整ができるようになる。
ねらい（発達を捉える視点）			
健康	明るく伸び伸びと行動し、充実感を味わう。 自分の体を十分に動かし、進んで運動しようとする。 健康、安全な生活に必要な習慣や態度を身に付け、見通しをもって行動する。	指導上参考となる事項	・クラスの話し合いで決まったことや、連絡事項をみんなの前で話したり、忘れ物に気付いて声をかけたりする。周りがよく見えており、自分の気付いたことや思いを、堂々と伝えるようになっている。⑤ ・友達や保育者と一緒に、氷おになどの戸外遊びを楽しんでいる。年下の子と一緒に遊ぶことがよくあり、年下の子には手加減するなどの配慮をしている。⑥ ・おにごっこでは、役割を決める時に、他児にやりたい役を譲ることが多い。譲ったあとも、自分の立場で楽しむ方法を見つけている。 ・体を動かす遊びが好きで、なげごま、リレー、ドッジボール、おにごっこなどの遊びに意欲的に参加している。 ・苦手意識のある製作活動でも、作品展に向けてみんなで共同製作をした時には、大きなロケットを完成させるという目標に向かって、様々な工夫をする姿がみられた。⑦ （5歳児）
人間関係	認定こども園の生活を楽しみ、自分の力で行動することの充実感を味わう。 身近な人と親しみ、関わりを深め、工夫したり、協力したりして一緒に活動する楽しさを味わい、愛情や信頼感をもつ。 社会生活における望ましい習慣や態度を身に付ける。		
環境	身近な環境に親しみ、自然と触れ合う中で様々な事象に興味や関心をもつ。 身近な環境に自分から関わり、発見を楽しんだり、考えたりし、それを生活に取り入れようとする。 身近な事象を見たり、考えたり、扱ったりする中で、物の性質や数量、文字などに対する感覚を豊かにする。		
言葉	自分の気持ちを言葉で表現する楽しさを味わう。 人の言葉や話などをよく聞き、自分の経験したことや考えたことを話し、伝え合う喜びを味わう。 日常生活に必要な言葉が分かるようになるとともに、絵本や物語などに親しみ、言葉に対する感覚を豊かにし、保育者や友達と心を通わせる。		
表現	いろいろなものの美しさなどに対する豊かな感性をもつ。 感じたことや考えたことを自分なりに表現して楽しむ。 生活の中でイメージを豊かにし、様々な表現を楽しむ。		（特に配慮すべき事項） ・特記事項なし。

出欠状況		○年度
	教育日数	○○
	出席日数	○○

Zくんの保育記録より

●Zくんってこんな子

3歳児クラス進級当初はよく泣いていたが、クラスに慣れてからは積極性がみられた。行動力があり、周囲のこともよく見えている。友達や年下の子を思いやる気持ちがある。体を動かす遊びが得意で、積極的に遊ぶ。一方で、製作活動には苦手意識があり、消極的だった。

●指導の過程

行動力があり、他児を思いやる優しさがある所など、よい所がさらに伸ばせるよう、見守りながら援助していった。

ここからの育ちを
プラスの視点で書こう！

Point 5

4歳児の頃から行動力があったことが読み取れますが、5歳児になって、堂々と言葉で伝えることも増えて、成長が感じられます。このように、本児が大きく成長した所をしっかりと記載します。

Point 6

「10の姿」の「健康な心と体」「道徳性・規範意識の芽生え」などに関連する内容が書かれています。

Point 7

苦手な活動でも目標をもって活動に参加する様子が記載されています。本児の課題となる内容も、成長として捉えて記入しているよい書き方です。

満3歳未満の園児に関する記録

0.0歳児／0歳児

保育者の問いかけや応答に喜び、目に見える様々な物に関心をもつようになり、指差しが増えている。

担当の保育者に慣れ、アーアー、ウーウーなど喃語を盛んに発している。

自分の要求を保育者にあたたかく受け入れてもらい、安心して遊んでいる。

動く物が好きで、目で追ったり、音が聞こえた方に顔を向けたりする姿がよくみられる。

一人ひとりに合わせた生活の中で、安心して睡眠がとれている。

体が動かせるようになり、はいはいやずりばいで興味をもった方向に探索行動を楽しむ。

好きな絵本があり、保育者に読んでもらうことを喜んで、指差ししながら楽しんでいる。

手指が発達し、玩具などをつまんで持ち上げたり､手でたたいて音を出したりして遊んでいる。

戸外に出るのが好きで、散歩先では、葉っぱを拾ったり、小走りしたりする姿がみられる。

園の環境に慣れ、心地よさを感じながら、気に入った玩具で伸び伸びと遊ぶ。

食事や散歩などの様々な経験をする中で、生活リズムが整ってきている。

＊満３歳未満の子どもの育ちに関する文例を掲載します。
一人ひとりの子どもの様子に合わせてご利用ください。

＊この参考文例は、CD-ROMには収録していません。

1 歳児

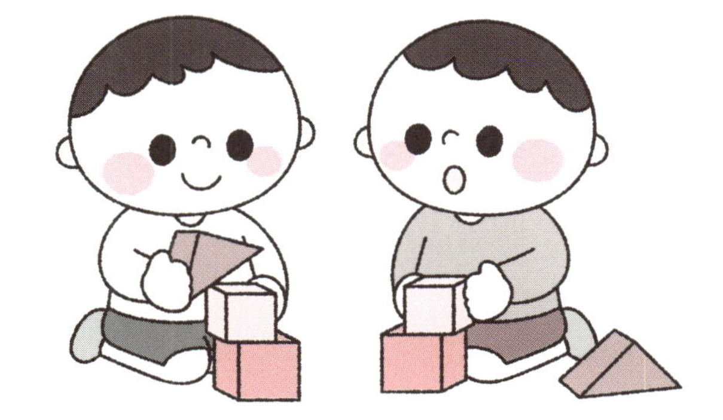

友達や保育者との安定した関係の中で、安心して伸び伸びと過ごしている。

保育者とのやり取りを楽しみ、自分の気持ちを受け入れてもらえる環境で安心して過ごす。

丁寧な関わりの中で、簡単な身の回りのことが自分でできるようになった。

身近な友達に顔を近づけて関わろうとする姿がみられる。

友達のしていることに興味をもち、自分もやってみようとしている。

様々な物に興味をもち、指差しをして名前を知ろうとしたり、何かを伝えようとしたりする。

歌や手遊びが好きで、曲が聞こえると、楽しそうに体を動かしている。

保育者の言葉を理解し、自分の思いを仕草や言葉で意欲的に伝えようとする。

指先を使った遊びが好きで、ブロック遊びやシール貼りなどを集中して楽しんでいる。

戸外に出ることを喜び、歩き回って、自分のしたいことを見つけて遊んでいる。

保育者に手伝ってもらいながら、手づかみで食べたり、スプーンを使って食べたりする。

＊この参考文例は、CD-ROM には収録していません。

2 歳児

様々な生活の場面で意欲的に活動しようとする姿が増えてきた。

語彙が増え、経験したことを話し、保育者とのやり取りを楽しんでいる。

スプーン・フォーク・箸の使い方が上達して、必要に応じて自ら使おうとする姿がみられる。

身の回りのことに意欲的で、衣服の着脱を自分でしようとする。

興味のある遊びや好きな遊びを見つけて、保育者と関わりながら遊んでいる。

苦手な食べ物があると食がすすまないこともあるが、徐々に食べすすめるようになってきている。

動植物や虫に興味があり、目新しい草花や虫などを見つけると保育者に知らせる姿がみられる。

友達がしている遊びに興味をもち、新しい遊びにも関わるようになってきている。

紙をちぎったり、ひも通しをしたりして、指先を使った遊びを楽しんでいる。

体を動かすことが好きで、ダンスやリトミックを喜んで行う。

活動の内容がわかるまで参加せずに様子を見ているが、わかると参加して楽しんでいる。

第6章

資料編

- 幼稚園及び特別支援学校幼稚部における指導要録の改善について（通知）
- 学校教育法施行規則（抄）　第24条、第28条
- 幼保連携型認定こども園園児指導要録の改善及び
  認定こども園こども要録の作成等に関する留意事項等について（通知）
- 幼稚園教育要領
- 個人情報の保護に関する法律（抄）
- 配偶者からの暴力の被害者の子どもの就学について（通知）（抄）

※各法律・施行規則は更新されることがあります。更新によって、通知文と法律・施行規則の間で不整合が生じる可能性があります。

幼稚園及び特別支援学校幼稚部における指導要録の改善について（通知）

２９文科初第１８１４号
平成３０年３月３０日

各都道府県教育委員会教育長
各都道府県知事
附属幼稚園、小学校及び特別支援学校を置く各国立大学法人学長
殿

文部科学省初等中等教育局長
髙橋道和（印影印刷）

幼稚園及び特別支援学校幼稚部における指導要録の改善について（通知）

幼稚園及び特別支援学校幼稚部（以下「幼稚園等」という。）における指導要録は、幼児の学籍並びに指導の過程及びその結果の要約を記録し、その後の指導及び外部に対する証明等に役立たせるための原簿となるものです。

今般の幼稚園教育要領及び特別支援学校幼稚部教育要領の改訂に伴い、文部科学省では、各幼稚園等において幼児理解に基づいた評価が適切に行われるとともに、地域に根ざした主体的かつ積極的な教育の展開の観点から、各設置者等において指導要録の様式が創意工夫の下決定され、また、各幼稚園等により指導要録が作成されるよう、指導要録に記載する事項や様式の参考例についてとりまとめましたのでお知らせします。

つきましては、下記に示す幼稚園等における評価の基本的な考え方及び指導要録の改善の要旨等並びに別紙１及び２、別添資料１及び２（様式の参考例）に関して十分御了知の上、都道府県教育委員会におかれては所管の学校及び域内の市町村教育委員会に対し、都道府県知事におかれては所轄の学校に対し、各国立大学法人学長におかれてはその管下の学校に対して、この通知の趣旨を十分周知されるようお願いします。

また、幼稚園等と小学校、義務教育学校の前期課程及び特別支援学校の小学部（以下「小学校等」という。）との緊密な連携を図る観点から、小学校等においてもこの通知の趣旨の理解が図られるようお願いします。

なお、この通知により、平成21年１月28日付け20文科初第1137号「幼稚園幼児指導要録の改善に

ついて（通知）」、平成 21年３月９日付け 20文科初第 1315号「特別支援学校幼稚部幼児指導要録の改善について（通知）」は廃止します。

記

1　幼稚園等における評価の基本的な考え方

幼児一人一人の発達の理解に基づいた評価の実施に当たっては、次の事項に配慮すること。

(1)　指導の過程を振り返りながら幼児の理解を進め、幼児一人一人のよさや可能性などを把握し、指導の改善に生かすようにすること。その際、他の幼児との比較や一定の基準に対する達成度についての評定によって捉えるものではないことに留意すること。

(2)　評価の妥当性や信頼性が高められるよう創意工夫を行い、組織的かつ計画的な取組を推進するとともに、次年度又は小学校等にその内容が適切に引き継がれるようにすること。

2　指導要録の改善の要旨

「指導上参考となる事項」について、これまでの記入の考え方を引き継ぐとともに、最終学年の記入に当たっては、特に小学校等における児童の指導に生かされるよう、「幼児期の終わりまでに育ってほしい姿」を活用して幼児に育まれている資質・能力を捉え、指導の過程と育ちつつある姿を分かりやすく記入することに留意するよう追記したこと。このことを踏まえ、様式の参考例を見直したこと。

3　実施時期

この通知を踏まえた指導要録の作成は、平成 30年度から実施すること。なお、平成 30年度に新たに入園、入学（転入園、転入学含む。）、進級する幼児のために指導要録の様式を用意している場合には様式についてはこの限りではないこと。

この通知を踏まえた指導要録を作成する場合、既に在園、在学している幼児の指導要録については、従前の指導要録に記載された事項を転記する必要はなく、この通知を踏まえて作成された指導要録と併せて保存すること。

4　取扱い上の注意

(1)　指導要録の作成、送付及び保存については、学校教育法施行規則（昭和 22年文部省令第 11号）第 24条及び第 28条の規定によること。なお、同施行規則第 24条第２項により小学校等の進学先に指導要録の抄本又は写しを送付しなければならないことに留意すること。

(2)　指導要録の記載事項に基づいて外部への証明等を作成する場合には、その目的に応じて必要な事項だけを記載するよう注意すること。

(3)　配偶者からの暴力の被害者と同居する幼児については、転園した幼児の指導要録の記述を通じて転園先、転学先の名称や所在地等の情報が配偶者（加害者）に伝わることが懸念される場合がある。

このような特別の事情がある場合には、平成21年7月13日付け21生参学第7号「配偶者からの暴力の被害者の子どもの就学について（通知）」を参考に、関係機関等との連携を図りながら、適切に情報を取り扱うこと。

(4) 評価の妥当性や信頼性を高めるとともに、教師の負担感の軽減を図るため、情報の適切な管理を図りつつ、情報通信技術の活用により指導要録等に係る事務の改善を検討することも重要であること。なお、法令に基づく文書である指導要録について、書面の作成、保存、送付を情報通信技術を活用して行うことは、現行の制度上も可能であること。

(5) 別添資料1及び2（様式の参考例）の用紙や文字の大きさ等については、各設置者等の判断で適宜工夫できること。

5　幼稚園型認定こども園における取扱い上の注意

幼稚園型認定こども園においては、「幼保連携型認定こども園園児指導要録の改善及び認定こども園こども要録の作成等に関する留意事項等について（通知）」（平成30年3月30日付け府子本第315号・29初幼教第17号・子保発0330第3号）を踏まえ、認定こども園こども要録の作成を行うこと。なお、幼稚園幼児指導要録を作成することも可能であること。

【担　当】
（幼稚園幼児指導要録について）
文部科学省初等中等教育局幼児教育課
〒100-8959 東京都千代田区霞が関3－2－2
TEL　（03）5253-4111（内線2376）
FAX　（03）6734-3736
E-mail　youji-shidou@mext.go.jp

（特別支援学校幼稚部幼児指導要録について）
文部科学省初等中等教育局特別支援教育課
〒100-8959 東京都千代田区霞が関3－2－2
TEL　（03）5253-4111（内線2003）
FAX　（03）6734-3737
E-mail　toku-sidou@mext.go.jp

別紙1

幼稚園幼児指導要録に記載する事項

○ 学籍に関する記録

学籍に関する記録は、外部に対する証明等の原簿としての性格をもつものとし、原則として、入園時及び異動の生じたときに記入すること。

1 幼児の氏名、性別、生年月日及び現住所

2 保護者（親権者）氏名及び現住所

3 学籍の記録

(1) 入園年月日

(2) 転入園年月日

他の幼稚園や特別支援学校幼稚部、保育所、幼保連携型認定こども園等から転入園してきた幼児について記入する。

(3) 転・退園年月日

他の幼稚園や特別支援学校幼稚部、保育所、幼保連携型認定こども園等へ転園する幼児や退園する幼児について記入する。

(4) 修了年月日

4 入園前の状況

保育所等での集団生活の経験の有無等を記入すること。

5 進学先等

進学した小学校等や転園した幼稚園、保育所等の名称及び所在地等を記入すること。

6 園名及び所在地

7 各年度の入園（転入園）・進級時の幼児の年齢、園長の氏名及び学級担任の氏名

各年度に、園長の氏名、学級担任者の氏名を記入し、それぞれ押印する。（同一年度内に園長又は学級担任者が代わった場合には、その都度後任者の氏名を併記する。）

なお、氏名の記入及び押印については、電子署名（電子署名及び認証業務に関する法律（平成12年法律第 102号）第2条第1項に定義する「電子署名」をいう。）を行うことで替えることも可能である。

○　指導に関する記録

指導に関する記録は、１年間の指導の過程とその結果を要約し、次の年度の適切な指導に資するための資料としての性格をもつものとすること。

1　指導の重点等

当該年度における指導の過程について次の視点から記入すること。

(1)　学年の重点

年度当初に、教育課程に基づき長期の見通しとして設定したものを記入すること。

(2)　個人の重点

１年間を振り返って、当該幼児の指導について特に重視してきた点を記入すること。

2　指導上参考となる事項

(1)　次の事項について記入すること。

①　１年間の指導の過程と幼児の発達の姿について以下の事項を踏まえ記入すること。

・　幼稚園教育要領第２章「ねらい及び内容」に示された各領域のねらいを視点として、当該幼児の発達の実情から向上が著しいと思われるもの。その際、他の幼児との比較や一定の基準に対する達成度についての評定によって捉えるものではないことに留意すること。

・　幼稚園生活を通して全体的、総合的に捉えた幼児の発達の姿。

②　次の年度の指導に必要と考えられる配慮事項等について記入すること。

③　最終年度の記入に当たっては、特に小学校等における児童の指導に生かされるよう、幼稚園教育要領第１章総則に示された「幼児期の終わりまでに育ってほしい姿」を活用して幼児に育まれている資質・能力を捉え、指導の過程と育ちつつある姿を分かりやすく記入するように留意すること。その際、「幼児期の終わりまでに育ってほしい姿」が到達すべき目標ではないことに留意し、項目別に幼児の育ちつつある姿を記入するのではなく、全体的、総合的に捉えて記入すること。

(2)　幼児の健康の状況等指導上特に留意する必要がある場合等について記入すること。

3　出欠の状況

(1)　教育日数

１年間に教育した総日数を記入すること。この教育日数は、原則として、幼稚園教育要領に基づき編成した教育課程の実施日数と同日数であり、同一年齢の全ての幼児について同日数であること。ただし、転入園等をした幼児については、転入園等をした日以降の教育日数を記入し、転園又は退園をした幼児については、転園のため当該施設を去った日又は退園をした日までの教育日数を記入すること。

(2) 出席日数
教育日数のうち当該幼児が出席した日数を記入すること。

4 備考
教育課程に係る教育時間の終了後等に行う教育活動を行っている場合には、必要に応じて当該教育活動を通した幼児の発達の姿を記入すること。

別紙２

特別支援学校幼稚部幼児指導要録に記載する事項

○ **学籍に関する記録**
学籍に関する記録は、外部に対する証明等の原簿としての性格をもつものとし、原則として、入学時及び異動の生じたときに記入すること。

1 幼児の氏名、性別、生年月日及び現住所

2 保護者（親権者）氏名及び現住所

3 学籍の記録
(1) 入学年月日
(2) 転入学年月日
他の特別支援学校幼稚部や幼稚園、保育所、幼保連携型認定こども園等から転入学してきた幼児について記入する。
(3) 転・退学年月日
他の特別支援学校幼稚部や幼稚園、保育所、幼保連携型認定こども園等へ転学する幼児や退学する幼児について記入する。
(4) 修了年月日

4 入学前の状況
児童福祉施設等での集団生活の経験の有無等を記入すること。

5 進学先等
進学した学校や転学した学校等の名称及び所在地等を記入すること。

6　学校名及び所在地

7　各年度の入学（転入学）・進級時の幼児の年齢、校長の氏名及び学級担任の氏名

各年度に、校長の氏名、学級担任者の氏名を記入し、それぞれ押印する。（同一年度内に校長又は学級担任者が代わった場合には、その都度後任者の氏名を併記する。）

なお、氏名の記入及び押印については、電子署名（電子署名及び認証業務に関する法律（平成12年法律第 102号）第２条第１項に定義する「電子署名」をいう。）を行うことで替えることも可能である。

○　**指導に関する記録**

指導に関する記録は、１年間の指導の過程とその結果を要約し、次の年度の適切な指導に資するための資料としての性格をもつものとすること。

1　指導の重点等

当該年度における指導の過程について次の視点から記入すること。

(1)　学年の重点

年度当初に、教育課程に基づき長期の見通しとして設定したものを記入すること。

(2)　個人の重点

１年間を振り返って、当該幼児の指導について特に重視してきた点を記入すること。

(3)　自立活動の内容に重点を置いた指導

自立活動の内容に重点を置いた指導を行った場合に、１年間を振り返って、当該幼児の指導のねらい、指導内容等について特に重視してきた点を記入すること。

2　入学時の障害の状態等

入学又は転入学時の幼児の障害の状態等について記入すること。

3　指導上参考となる事項

(1)　次の事項について記入すること。

①　１年間の指導の過程と幼児の発達の姿について以下の事項を踏まえ記入すること。

・　特別支援学校幼稚部教育要領第２章「ねらい及び内容」に示された各領域のねらいを視点として、当該幼児の発達の実情から向上が著しいと思われるもの。その際、他の幼児との比較や一定の基準に対する達成度についての評定によって捉えるものではないことに留意すること。

・　幼稚部における生活を通して全体的、総合的に捉えた幼児の発達の姿。

②　次の年度の指導に必要と考えられる配慮事項等について記入すること。

③　最終年度の記入に当たっては、特に小学校等における児童の指導に生かされるよう、特別支援学校幼稚部教育要領第１章総則に示された「幼児期の終わりまでに育ってほしい姿」を活用して幼児に育まれている資質・能力を捉え、指導の過程と育ちつつある姿を分かりやすく記入するように留意すること。その際、「幼児期の終わりまでに育ってほしい姿」が到達すべき目標ではないことに留意し、項目別に幼児の育ちつつある姿を記入するのではなく、全体的、総合的に捉えて記入すること。

⑵　幼児の健康の状況等指導上特に留意する必要がある場合等について記入すること。

4　出欠の状況

⑴　教育日数

１年間に教育した総日数を記入すること。この教育日数は、原則として、特別支援学校幼稚部教育要領に基づき編成した教育課程の実施日数と同日数であり、同一年齢の全ての幼児について同日数であること。ただし、転入学等をした幼児については、転入学等をした日以降の教育日数を記入し、転学又は退学をした幼児については、転学のため学校を去った日又は退学をした日までの教育日数を記入すること。

⑵　出席日数

教育日数のうち当該幼児が出席した日数を記入すること。

5　備考

教育課程に係る教育時間の終了後等に行う教育活動を行っている場合には、必要に応じて当該教育活動を通した幼児の発達の姿を記入すること。

別添資料1

（様式の参考例）

幼稚園幼児指導要録（学籍に関する記録）

区分＼年度	平成　年度	平成　年度	平成　年度	平成　年度
学　級				
整理番号				

<table>
<tr><td rowspan="3">幼　児</td><td>ふりがな
氏　名</td><td></td><td rowspan="2">性　別</td><td rowspan="2"></td></tr>
<tr><td></td><td>平成　　年　　月　　日生</td></tr>
<tr><td>現住所</td><td colspan="3"></td></tr>
<tr><td rowspan="2">保護者</td><td>ふりがな
氏　名</td><td colspan="3"></td></tr>
<tr><td>現住所</td><td colspan="3"></td></tr>
</table>

<table>
<tr><td>入　園</td><td>平成　年　月　日</td><td rowspan="2">入園前の
状　況</td><td rowspan="2"></td></tr>
<tr><td>転入園</td><td>平成　年　月　日</td></tr>
<tr><td>転・退園</td><td>平成　年　月　日</td><td rowspan="2">進学先等</td><td rowspan="2"></td></tr>
<tr><td>修　了</td><td>平成　年　月　日</td></tr>
<tr><td colspan="2">幼稚園名
及び所在地</td><td colspan="2"></td></tr>
</table>

年度及び入園（転入園）・進級時の幼児の年齢	平成　年度 歳　か月	平成　年度 歳　か月	平成　年度 歳　か月	平成　年度 歳　か月
園　長 氏名　印				
学級担任者 氏名　印				

幼稚園幼児指導要録（指導に関する記録）

		平成　年度	平成　年度	平成　年度
ふりがな 氏名	平成　年　月　日生			
性別		指導の重点等	（学年の重点）	（学年の重点）	（学年の重点）
			（個人の重点）	（個人の重点）	（個人の重点）

ねらい（発達を捉える視点）		指導上参考となる事項	平成　年度	平成　年度	平成　年度
健康	明るく伸び伸びと行動し、充実感を味わう。				
	自分の体を十分に動かし、進んで運動しようとする。				
	健康、安全な生活に必要な習慣や態度を身に付け、見通しをもって行動する。				
人間関係	幼稚園生活を楽しみ、自分の力で行動することの充実感を味わう。				
	身近な人と親しみ、関わりを深め、工夫したり、協力したりして一緒に活動する楽しさを味わい、愛情や信頼感をもつ。				
	社会生活における望ましい習慣や態度を身に付ける。				
環境	身近な環境に親しみ、自然と触れ合う中で様々な事象に興味や関心をもつ。				
	身近な環境に自分から関わり、発見を楽しんだり、考えたりし、それを生活に取り入れようとする。				
	身近な事象を見たり、考えたり、扱ったりする中で、物の性質や数量、文字などに対する感覚を豊かにする。				
言葉	自分の気持ちを言葉で表現する楽しさを味わう。				
	人の言葉や話などをよく聞き、自分の経験したことや考えたことを話し、伝え合う喜びを味わう。				
	日常生活に必要な言葉が分かるようになるとともに、絵本や物語などに親しみ、言葉に対する感覚を豊かにし、先生や友達と心を通わせる。				
表現	いろいろなものの美しさなどに対する豊かな感性をもつ。				
	感じたことや考えたことを自分なりに表現して楽しむ。				
	生活の中でイメージを豊かにし、様々な表現を楽しむ。				

出欠状況		年度	年度	年度	備考			
	教育日数							
	出席日数							

学年の重点：年度当初に、教育課程に基づき長期の見通しとして設定したものを記入
個人の重点：１年間を振り返って、当該幼児の指導について特に重視してきた点を記入
指導上参考となる事項：
(1) 次の事項について記入すること。
①１年間の指導の過程と幼児の発達の姿について以下の事項を踏まえ記入すること。
・幼稚園教育要領第２章「ねらい及び内容」に示された各領域のねらいを視点として、当該幼児の発達の実情から向上が著しいと思われるもの。
その際、他の幼児との比較や一定の基準に対する達成度についての評定によって捉えるものではないことに留意すること。
・幼稚園生活を通して全体的、総合的に捉えた幼児の発達の姿。
②次の年度の指導に必要と考えられる配慮事項等について記入すること。
(2) 幼児の健康の状況等指導上特に留意する必要がある場合等について記入すること。
備考：教育課程に係る教育時間の終了後等に行う教育活動を行っている場合には、必要に応じて当該教育活動を通した幼児の発達の姿を記入すること。

（様式の参考例）

幼稚園幼児指導要録（最終学年の指導に関する記録）

ふりがな		指導の重点等	平成　　年度
氏名	平成　　年　　月　　日生		（学年の重点）
性別			（個人の重点）

ねらい（発達を捉える視点）		指導上参考となる事項
健康	明るく伸び伸びと行動し、充実感を味わう。	
	自分の体を十分に動かし、進んで運動しようとする。	
	健康、安全な生活に必要な習慣や態度を身に付け、見通しをもって行動する。	
人間関係	幼稚園生活を楽しみ、自分の力で行動することの充実感を味わう。	
	身近な人と親しみ、関わりを深め、工夫したり、協力したりして一緒に活動する楽しさを味わい、愛情や信頼感をもつ。	
	社会生活における望ましい習慣や態度を身に付ける。	
環境	身近な環境に親しみ、自然と触れ合う中で様々な事象に興味や関心をもつ。	
	身近な環境に自分から関わり、発見を楽しんだり、考えたりし、それを生活に取り入れようとする。	
	身近な事象を見たり、考えたり、扱ったりする中で、物の性質や数量、文字などに対する感覚を豊かにする。	
言葉	自分の気持ちを言葉で表現する楽しさを味わう。	
	人の言葉や話などをよく聞き、自分の経験したことや考えたことを話し、伝え合う喜びを味わう。	
	日常生活に必要な言葉が分かるようになるとともに、絵本や物語などに親しみ、言葉に対する感覚を豊かにし、先生や友達と心を通わせる。	
表現	いろいろなものの美しさなどに対する豊かな感性をもつ。	
	感じたことや考えたことを自分なりに表現して楽しむ。	
	生活の中でイメージを豊かにし、様々な表現を楽しむ。	

出欠状況	年度	備考
教育日数		
出席日数		

幼児期の終わりまでに育ってほしい姿

「幼児期の終わりまでに育ってほしい姿」は、幼稚園教育要領第２章に示すねらい及び内容に基づいて、各幼稚園で、幼児期にふさわしい遊びや生活を積み重ねることにより、幼稚園教育において育みたい資質・能力が育まれている幼児の具体的な姿であり、特に５歳児後半に見られるようになる姿である。「幼児期の終わりまでに育ってほしい姿」は、とりわけ幼児の自発的な活動としての遊びを通して、一人一人の発達の特性に応じて、これらの姿が育っていくものであり、全ての幼児に同じように見られるものではないことに留意すること。

健康な心と体	幼稚園生活の中で、充実感をもって自分のやりたいことに向かって心と体を十分に働かせ、見通しをもって行動し、自ら健康で安全な生活をつくり出すようになる。
自立心	身近な環境に主体的に関わり様々な活動を楽しむ中で、しなければならないことを自覚し、自分の力で行うために考えたり、工夫したりしながら、諦めずにやり遂げることで達成感を味わい、自信をもって行動するようになる。
協同性	友達と関わる中で、互いの思いや考えなどを共有し、共通の目的の実現に向けて、考えたり、工夫したり、協力したりし、充実感をもってやり遂げるようになる。
道徳性・規範意識の芽生え	友達と様々な体験を重ねる中で、してよいことや悪いことが分かり、自分の行動を振り返ったり、友達の気持ちに共感したりし、相手の立場に立って行動するようになる。また、きまりを守る必要性が分かり、自分の気持ちを調整し、友達と折り合いを付けながら、きまりをつくったり、守ったりするようになる。
社会生活との関わり	家族を大切にしようとする気持ちをもつとともに、地域の身近な人と触れ合う中で、人との様々な関わり方に気付き、相手の気持ちを考えて関わり、自分が役に立つ喜びを感じ、地域に親しみをもつようになる。また、幼稚園内外の様々な環境に関わる中で、遊びや生活に必要な情報を取り入れ、情報に基づき判断したり、情報を伝え合ったり、活用したりするなど、情報を役立てながら活動するようになるとともに、公共の施設を大切に利用するなどして、社会とのつながりなどを意識するようになる。
思考力の芽生え	身近な事象に積極的に関わる中で、物の性質や仕組みなどを感じ取ったり、気付いたりし、考えたり、予想したり、工夫したりするなど、多様な関わりを楽しむようになる。また、友達の様々な考えに触れる中で、自分と異なる考えがあることに気付き、自ら判断したり、考え直したりするなど、新しい考えを生み出す喜びを味わいながら、自分の考えをよりよいものにするようになる。
自然との関わり・生命尊重	自然に触れて感動する体験を通して、自然の変化などを感じ取り、好奇心や探究心をもって考え言葉などで表現しながら、身近な事象への関心が高まるとともに、自然への愛情や畏敬の念をもつようになる。また、身近な動植物に心を動かされる中で、生命の不思議さや尊さに気付き、身近な動植物への接し方を考え、命あるものとしていたわり、大切にする気持ちをもって関わるようになる。
数量や図形、標識や文字などへの関心・感覚	遊びや生活の中で、数量や図形、標識や文字などに親しむ体験を重ねたり、標識や文字の役割に気付いたりし、自らの必要感に基づきこれらを活用し、興味や関心、感覚をもつようになる。
言葉による伝え合い	先生や友達と心を通わせる中で、絵本や物語などに親しみながら、豊かな言葉や表現を身に付け、経験したことや考えたことなどを言葉で伝えたり、相手の話を注意して聞いたりし、言葉による伝え合いを楽しむようになる。
豊かな感性と表現	心を動かす出来事などに触れ感性を働かせる中で、様々な素材の特徴や表現の仕方などに気付き、感じたことや考えたことを自分で表現したり、友達同士で表現する過程を楽しんだりし、表現する喜びを味わい、意欲をもつようになる。

学年の重点：年度当初に、教育課程に基づき長期の見通しとして設定したものを記入
個人の重点：１年間を振り返って、当該幼児の指導について特に重視してきた点を記入
指導上参考となる事項：
(1) 次の事項について記入すること。
①１年間の指導の過程と幼児の発達の姿について以下の事項を踏まえ記入すること。
・幼稚園教育要領第２章「ねらい及び内容」に示された各領域のねらいを視点として、当該幼児の発達の実情から向上が著しいと思われるもの。
その際、他の幼児との比較や一定の基準に対する達成度についての評定によって捉えるものではないことに留意すること。
・幼稚園生活を通して全体的、総合的に捉えた幼児の発達の姿。
②次の年度の指導に必要と考えられる配慮事項等について記入すること。
③最終年度の記入に当たっては、特に小学校等における児童の指導に生かされるよう、幼稚園教育要領第１章総則に示された「幼児期の終わりまでに育ってほしい姿」を活用して幼児に育まれている資質・能力を捉え、指導の過程と育ちつつある姿を分かりやすく記入するように留意すること。また、「幼児期の終わりまでに育ってほしい姿」が到達すべき目標ではないことに留意し、項目別に幼児の育ちつつある姿を記入するのではなく、全体的、総合的に捉えて記入すること。
(2) 幼児の健康の状況等指導上特に留意する必要がある場合等について記入すること。
備考：教育課程に係る教育時間の終了後等に行う教育活動を行っている場合には、必要に応じて当該教育活動を通した幼児の発達の姿を記入すること。

別添資料2

（様式の参考例）

特別支援学校幼稚部幼児指導要録（学籍に関する記録）

区分＼年度	平成　年度	平成　年度	平成　年度	平成　年度
学　級				
整理番号				

幼児	ふりがな 氏名		性別	
		平成　年　月　日生		
	現住所			
保護者	ふりがな 氏名			
	現住所			

入学	平成　年　月　日	入学前の状況	
転入学	平成　年　月　日		
転・退学	平成　年　月　日	進学先等	
修了	平成　年　月　日		

学校名 及び所在地				
年度及び入学（転入学）・進級時の幼児の年齢	平成　年度 歳　か月	平成　年度 歳　か月	平成　年度 歳　か月	平成　年度 歳　か月
校長 氏名　印				
学級担任者 氏名　印				

第6章 資料編

（様式の参考例）

特別支援学校幼稚部幼児指導要録（指導に関する記録）

ふりがな		性別	
氏名			
	平成　年　月　日生		
入学時の障害の状態等			

指導の重点等		平成　年度	平成　年度	平成　年度
	総合的な指導	（学年の重点）	（学年の重点）	（学年の重点）
		（個人の重点）	（個人の重点）	（個人の重点）
	自立活動の内容に重点を置いた指導			

ねらい（発達を捉える視点）		指導上参考となる事項			
健康	明るく伸び伸びと行動し、充実感を味わう。				
	自分の体を十分に動かし、進んで運動しようとする。				
	健康、安全な生活に必要な習慣や態度を身に付け、見通しをもって行動する。				
人間関係	幼稚部における生活を楽しみ、自分の力で行動することの充実感を味わう。				
	身近な人と親しみ、関わりを深め、工夫したり、協力したりして一緒に活動する楽しさを味わい、愛情や信頼感をもつ。				
	社会生活における望ましい習慣や態度を身に付ける。				
環境	身近な環境に親しみ、自然と触れ合う中で様々な事象に興味や関心をもつ。				
	身近な環境に自分から関わり、発見を楽しんだり、考えたりし、それを生活に取り入れようとする。				
	身近な事象を見たり、考えたり、扱ったりする中で、物の性質や数量、文字などに対する感覚を豊かにする。				
言葉	自分の気持ちを言葉で表現する楽しさを味わう。				
	人の言葉や話などをよく聞き、自分の経験したことや考えたことを話し、伝え合う喜びを味わう。				
	日常生活に必要な言葉が分かるようになるとともに、絵本や物語などに親しみ、言葉に対する感覚を豊かにし、先生や友達と心を通わせる。				
表現	いろいろなものの美しさなどに対する豊かな感性をもつ。				
	感じたことや考えたことを自分なりに表現して楽しむ。				
	生活の中でイメージを豊かにし、様々な表現を楽しむ。				

出欠状況		年度	年度	年度	備考			
	教育日数							
	出席日数							

学年の重点：年度当初に、教育課程に基づき長期の見通しとして設定したものを記入
個人の重点：１年間を振り返って、当該幼児の指導について特に重視してきた点を記入

自立活動の内容に重点を置いた指導：自立活動の内容に重点を置いた指導を行った場合に、１年間を振り返って、当該幼児の指導のねらい、指導内容等について特に重視してきた点を記入すること。

入学時の障害の状態等：入学又は転入学時の幼児の障害の状態等について記入すること。
指導上参考となる事項：

(1) 次の事項について記入すること。

①１年間の指導の過程と幼児の発達の姿について以下の事項を踏まえ記入すること。

・特別支援学校幼稚部教育要領第２章「ねらい及び内容」に示された各領域のねらいを視点として、当該幼児の発達の実情から向上が著しいと思われるもの。その際、他の幼児との比較や一定の基準に対する達成度についての評定によって捉えるものではないことに留意すること。

・幼稚部における生活を通して全体的、総合的に捉えた幼児の発達の姿。

②次の年度の指導に必要と考えられる配慮事項等について記入すること。

(2) 幼児の健康の状況等指導上特に留意する必要がある場合等について記入すること。

備考：教育課程に係る教育時間の終了後等に行う教育活動を行っている場合には、必要に応じて当該教育活動を通した幼児の発達の姿を記入すること。

（様式の参考例）

特別支援学校幼稚部幼児指導要録（最終学年の指導に関する記録）

ふりがな		性別			年度
氏名			指導の重点等	総合的な指導	（学年の重点）
	平成　　年　月　日生				（個人の重点）
入学時の障害の状態等				自立活動の内容に重点を置いた指導	
ねらい（発達を捉える視点）					

領域	ねらい（発達を捉える視点）	指導上参考となる事項	
健康	明るく伸び伸びと行動し、充実感を味わう。		
	自分の体を十分に動かし、進んで運動しようとする。		
	健康、安全な生活に必要な習慣や態度を身に付け、見通しをもって行動する。		
人間関係	幼稚部における生活を楽しみ、自分の力で行動することの充実感を味わう。		
	身近な人と親しみ、関わりを深め、工夫したり、協力したりして一緒に活動する楽しさを味わい、愛情や信頼感をもつ。		
	社会生活における望ましい習慣や態度を身に付ける。		
環境	身近な環境に親しみ、自然と触れ合う中で様々な事象に興味や関心をもつ。		
	身近な環境に自分から関わり、発見を楽しんだり、考えたりし、それを生活に取り入れようとする。		
	身近な事象を見たり、考えたり、扱ったりする中で、物の性質や数量、文字などに対する感覚を豊かにする。		
言葉	自分の気持ちを言葉で表現する楽しさを味わう。		
	人の言葉や話などをよく聞き、自分の経験したことや考えたことを話し、伝え合う喜びを味わう。		
	日常生活に必要な言葉が分かるようになるとともに、絵本や物語などに親しみ、言葉に対する感覚を豊かにし、先生や友達と心を通わせる。		
表現	いろいろなものの美しさなどに対する豊かな感性をもつ。		
	感じたことや考えたことを自分なりに表現して楽しむ。		
	生活の中でイメージを豊かにし、様々な表現を楽しむ。		

出欠状況	年度	備考	
教育日数			
出席日数			

幼児期の終わりまでに育ってほしい姿

「幼児期の終わりまでに育ってほしい姿」は、幼稚部教育要領第２章に示すねらい及び内容に基づいて、各学校で、幼児期にふさわしい遊びや生活を積み重ねることにより、幼稚部における教育において育みたい資質・能力が育まれている幼児の具体的な姿であり、特に５歳児後半に見られるようになる姿である。「幼児期の終わりまでに育ってほしい姿」は、とりわけ幼児の自発的な活動としての遊びを通して、一人一人の発達の特性に応じて、これらの姿が育っていくものであり、全ての幼児に同じように見られるものではないことに留意すること。

健康な心と体	幼稚部における生活の中で、充実感をもって自分のやりたいことに向かって心と体を十分に働かせ、見通しをもって行動し、自ら健康で安全な生活をつくり出すようになる。
自立心	身近な環境に主体的に関わり様々な活動を楽しむ中で、しなければならないことを自覚し、自分の力で行うために考えたり、工夫したりしながら、諦めずにやり遂げることで達成感を味わい、自信をもって行動するようになる。
協同性	友達と関わる中で、互いの思いや考えなどを共有し、共通の目的の実現に向けて、考えたり、工夫したり、協力したりし、充実感をもってやり遂げるようになる。
道徳性・規範意識の芽生え	友達と様々な体験を重ねる中で、してよいことや悪いことが分かり、自分の行動を振り返ったり、友達の気持ちに共感したりし、相手の立場に立って行動するようになる。また、きまりを守る必要性が分かり、自分の気持ちを調整し、友達と折り合いを付けながら、きまりをつくったり、守ったりするようになる。
社会生活との関わり	家族を大切にしようとする気持ちをもつとともに、地域の身近な人と触れ合う中で、人との様々な関わり方に気付き、相手の気持ちを考えて関わり、自分が役に立つ喜びを感じ、地域に親しみをもつようになる。また、学校内外の様々な環境に関わる中で、遊びや生活に必要な情報を取り入れ、情報に基づき判断したり、情報を伝え合ったり、活用したりするなど、情報を役立てながら活動するようになるとともに、公共の施設を大切に利用するなどして、社会とのつながりなどを意識するようになる。
思考力の芽生え	身近な事象に積極的に関わる中で、物の性質や仕組みなどを感じ取ったり、気付いたりし、考えたり、予想したり、工夫したりするなど、多様な関わりを楽しむようになる。また、友達の様々な考えに触れる中で、自分と異なる考えがあることに気付き、自ら判断したり、考え直したりするなど、新しい考えを生み出す喜びを味わいながら、自分の考えをよりよいものにするようになる。
自然との関わり・生命尊重	自然に触れて感動する体験を通して、自然の変化などを感じ取り、好奇心や探究心をもって考え言葉などで表現しながら、身近な事象への関心が高まるとともに、自然への愛情や畏敬の念をもつようになる。また、身近な動植物に心を動かされる中で、生命の不思議さや尊さに気付き、身近な動植物への接し方を考え、命あるものとしていたわり、大切にする気持ちをもって関わるようになる。
数量や図形、標識や文字などへの関心・感覚	遊びや生活の中で、数量や図形、標識や文字などに親しむ体験を重ねたり、標識や文字の役割に気付いたりし、自らの必要感に基づきこれらを活用し、興味や関心、感覚をもつようになる。
言葉による伝え合い	先生や友達と心を通わせる中で、絵本や物語などに親しみながら、豊かな言葉や表現を身に付け、経験したことや考えたことなどを言葉で伝えたり、相手の話を注意して聞いたりし、言葉による伝え合いを楽しむようになる。
豊かな感性と表現	心を動かす出来事などに触れ感性を働かせる中で、様々な素材の特徴や表現の仕方などに気付き、感じたことや考えたことを自分で表現したり、友達同士で表現する過程を楽しんだりし、表現する喜びを味わい、意欲をもつようになる。

学年の重点：年度当初に、教育課程に基づき長期の見通しとして設定したものを記入

個人の重点：１年間を振り返って、当該幼児の指導について特に重視してきた点を記入

自立活動の内容に重点を置いた指導：自立活動の内容に重点を置いた指導を行った場合に、１年間を振り返って、当該幼児の指導のねらい、指導内容等について特に重視してきた点を記入すること。

指導上参考となる事項：

(1) 次の事項について記入すること。

①１年間の指導の過程と幼児の発達の姿について以下の事項を踏まえ記入すること。

・特別支援学校幼稚部教育要領第２章「ねらい及び内容」に示された各領域のねらいを視点として、当該幼児の発達の実情から向上が著しいと思われるもの。その際、他の幼児との比較や一定の基準に対する達成度についての評定によって捉えるものではないことに留意すること。

・幼稚部における生活を通して全体的、総合的に捉えた幼児の発達の姿。

②次の年度の指導に必要と考えられる配慮事項等について記入すること。

③最終年度の記入に当たっては、特に小学校等における児童の指導に生かされるよう、特別支援学校幼稚部教育要領第１章総則に示された「幼児期の終わりまでに育ってほしい姿」を活用して幼児に育まれている資質・能力を捉え、指導の過程と育ちつつある姿を分かりやすく記入するように留意すること。その際、「幼児期の終わりまでに育ってほしい姿」が到達すべき目標ではないことに留意し、項目別に幼児の育ちつつある姿を記入するのではなく、全体的、総合的に捉えて記入すること。

(2) 幼児の健康の状況等指導上特に留意する必要がある場合等について記入すること。

備考：教育課程に係る教育時間の終了後等に行う教育活動を行っている場合には、必要に応じて当該教育活動を通した幼児の発達の姿を記入すること。

学校教育法施行規則（抄）

昭和22年文部省令第11号

一部改正：令和５年文部科学省令第18号 令和５年３月31日公布

第二十四条　校長は、その学校に在学する児童等の指導要録（学校教育法施行令第三十一条に規定する児童等の学習及び健康の状況を記録した書類の原本をいう。以下同じ。）を作成しなければならない。

②　校長は、児童等が進学した場合においては、その作成に係る当該児童等の指導要録の抄本又は写しを作成し、これを進学先の校長に送付しなければならない。

③　校長は、児童等が転学した場合においては、その作成に係る当該児童等の指導要録の写しを作成し、その写し（転学してきた児童等については転学により送付を受けた指導要録（就学前の子どもに関する教育、保育等の総合的な提供の推進に関する法律施行令（平成二十六年政令第二百三号）第八条に規定する園児の学習及び健康の状況を記録した書類の原本を含む。）の写しを含む。）及び前項の抄本又は写しを転学先の校長、保育所の長又は認定こども園の長に送付しなければならない。

第二十八条　学校において備えなければならない表簿は、概ね次のとおりとする。

一　学校に関係のある法令

二　学則、日課表、教科用図書配当表、学校医執務記録簿、学校歯科医執務記録簿、学校薬剤師執務記録簿及び学校日誌

三　職員の名簿、履歴書、出勤簿並びに担任学級、担任の教科又は科目及び時間表

四　指導要録、その写し及び抄本並びに出席簿及び健康診断に関する表簿

五　入学者の選抜及び成績考査に関する表簿

六　資産原簿、出納簿及び経費の予算決算についての帳簿並びに図書機械器具、標本、模型等の教具の目録

七　往復文書処理簿

②　前項の表簿（第二十四条第二項の抄本又は写しを除く。）は、別に定めるもののほか、五年間保存しなければならない。ただし、指導要録及びその写しのうち入学、卒業等の学籍に関する記録については、その保存期間は、二十年間とする。

③　学校教育法施行令第三十一条の規定により指導要録及びその写しを保存しなければならない期間は、前項のこれらの書類の保存期間から当該学校においてこれらの書類を保存していた期間を控除した期間とする。

幼保連携型認定こども園園児指導要録の改善及び認定こども園こども要録の作成等に関する留意事項等について（通知）

府子本第３１５号
２９初幼教第１７号
子保発０３３０第３号
平成３０年３月３０日

各都道府県認定こども園担当部局
各都道府県私立学校主管部（局）
各都道府県教育委員会
各指定都市、中核市子ども・子育て支援新制度担当部局　の長殿
各指定都市、中核市教育委員会
附属幼稚園、小学校及び特別支援学校を置く
各国公立大学法人

内閣府子ども・子育て本部参事官（認定こども園担当）
（公印省略）
文部科学省初等中等教育局幼児教育課長
（公印省略）
厚生労働省子ども家庭局保育課長
（公印省略）

幼保連携型認定こども園園児指導要録の改善及び認定こども園こども要録の作成等に関する留意事項等について（通知）

幼保連携型認定こども園園児指導要録（以下「園児指導要録」という。）は、園児の学籍並びに指導の過程及びその結果の要約を記録し、その後の指導及び外部に対する証明等に役立たせるための原簿となるものです。

今般の幼保連携型認定こども園教育・保育要領（平成29年内閣府・文部科学省・厚生労働省告示第１号）の改訂に伴い、各幼保連携型認定こども園において園児の理解に基づいた評価が適切に行われるとともに、地域に根ざした主体的かつ積極的な教育及び保育の展開の観点から、各設置者等において園児指導要録の様式が創意工夫の下決定され、また、各幼保連携型認定こども園により園児指導要録が作成されるよう、園児指導要録に記載する事項や様式の参考例についてとりまとめましたのでお知らせします。

また、幼保連携型以外の認定こども園における、園児指導要録に相当する資料（以下「認定こども園

こども要録」という。）の作成等に関しての留意事項も示しましたのでお知らせします。

つきましては、下記に示す幼保連携型認定こども園における評価の基本的な考え方及び園児指導要録の改善の要旨等並びに別紙及び別添資料（様式の参考例）に関して十分御了知の上、管内・域内の関係部局並びに幼保連携型認定こども園及び幼保連携型認定こども園以外の認定こども園の関係者に対して、この通知の趣旨を十分周知されるようお願いします。

また、幼保連携型認定こども園等と小学校、義務教育学校の前期課程及び特別支援学校の小学部（以下「小学校等」という。）との緊密な連携を図る観点から、小学校等においてもこの通知の趣旨の理解が図られるようお願いします。

なお、この通知により、「認定こども園こども要録について（通知）」（平成 21年１月 29日付け 20初幼教第９号・雇児保発第 0129001号文部科学省初等中等教育局幼児教育課長・厚生労働省雇用均等・児童家庭局保育課長連名通知）及び「幼保連携型認定こども園園児指導要録について（通知）」（平成 27年１月 27日付け府政共生第 73号・26初幼教第 29号・雇児保発 0127第１号内閣府政策統括官（共生社会政策担当）付参事官（少子化対策担当）・文部科学省初等中等教育局幼児教育課長・厚生労働省雇用均等・児童家庭局保育課長連名通知）は廃止します。

本通知は、地方自治法（昭和 22年法律第 67号）第 245条の４第１項の規定に基づく技術的助言であることを申し添えます。

記

１　幼保連携型認定こども園における評価の基本的な考え方

園児一人一人の発達の理解に基づいた評価の実施に当たっては、次の事項に配慮すること。

⑴　指導の過程を振り返りながら園児の理解を進め、園児一人一人のよさや可能性などを把握し、指導の改善に生かすようにすること。その際、他の園児との比較や一定の基準に対する達成度についての評定によって捉えるものではないことに留意すること。

⑵　評価の妥当性や信頼性が高められるよう創意工夫を行い、組織的かつ計画的な取組を推進するとともに、次年度又は小学校等にその内容が適切に引き継がれるようにすること。

２　園児指導要録の改善の要旨

幼保連携型認定こども園における養護は教育及び保育を行う上での基盤となるものであるということを踏まえ、満３歳以上の園児に関する記録として、従前の「養護」に関わる事項は、「指導上参考となる事項」に、また、「園児の健康状態等」については、「特に配慮すべき事項」に記入するように見直したこと。さらに、従前の「園児の育ちに関わる事項」については、満３歳未満の園児に関する記録として、各年度ごとに、「養護（園児の健康の状態等も含む）」に関する事項も含め、「園児の育ちに関する事項」に記入するように見直したこと。

最終学年の記入に当たっては、これまでの記入の考え方を引き継ぐとともに、特に小学校等における児童の指導に生かされるよう、「幼児期の終わりまでに育ってほしい姿」を活用して園児に育まれている資質・能力を捉え、指導の過程と育ちつつある姿を分かりやすく記入することに留意するよう追記したこと。

以上のことなどを踏まえ、様式の参考例を見直したこと。

3　実施時期

この通知を踏まえた園児指導要録の作成は、平成 30 年度から実施すること。なお、平成 30 年度に新たに入園（転入園含む。）、進級する園児のために園児指導要録の様式を用意している場合には様式についてはこの限りではないこと。

この通知を踏まえた園児指導要録を作成する場合、既に在園している園児の園児指導要録については、従前の園児指導要録に記載された事項を転記する必要はなく、この通知を踏まえて作成された園児指導要録と併せて保存すること。

4　取扱い上の注意

(1)　園児指導要録の作成、送付及び保存については、就学前の子どもに関する教育、保育等の総合的な提供の推進に関する法律施行規則（平成 26年内閣府・文部科学省・厚生労働省令第２号。以下「認定こども園法施行規則」という。）第 30条並びに認定こども園法施行規則第 26条の規定により準用する学校教育法施行規則（昭和 22年文部省令第 11号）第 28条第１項及び第２項前段の規定によること。なお、認定こども園法施行規則第 30条第２項により小学校等の進学先に園児指導要録の抄本又は写しを送付しなければならないことに留意すること。

(2)　園児指導要録の記載事項に基づいて外部への証明等を作成する場合には、その目的に応じて必要な事項だけを記載するよう注意すること。

(3)　配偶者からの暴力の被害者と同居する園児については、転園した園児の園児指導要録の記述を通じて転園先の園名や所在地等の情報が配偶者（加害者）に伝わることが懸念される場合がある。このような特別の事情がある場合には、「配偶者からの暴力の被害者の子どもの就学について（通知）」（平成 21年７月 13日付け 21生参学第 7号文部科学省生涯学習政策局男女共同参画学習課長・文部科学省初等中等教育局初等中等教育企画課長連名通知）を参考に、関係機関等との連携を図りながら、適切に情報を取り扱うこと。

(4)　評価の妥当性や信頼性を高めるとともに、保育教諭等の負担感の軽減を図るため、情報の適切な管理を図りつつ、情報通信技術の活用により園児指導要録等に係る事務の改善を検討することも重要であること。なお、法令に基づく文書である園児指導要録について、書面の作成、保存、送付を情報通信技術を活用して行うことは、現行の制度上も可能であること。

(5)　別添資料（様式の参考例）の用紙や文字の大きさ等については、各設置者等の判断で適宜工夫できること。

(6)　個人情報については、「個人情報の保護に関する法律」（平成 15年法律第 57号）等を踏まえて適切に個人情報を取り扱うこと。なお、個人情報の保護に関する法令上の取扱いは以下の①及び

②のとおりである。

① 公立の幼保連携型認定こども園については、各地方公共団体が定める個人情報保護条例に準じた取扱いとすること。

② 私立の幼保連携型認定こども園については、当該施設が個人情報の保護に関する法律第２条第５項に規定する個人情報取扱事業者に該当し、原則として個人情報を第三者に提供する際には本人の同意が必要となるが、認定こども園法施行規則第 30条第２項及び第３項の規定に基づいて提供する場合においては、同法第 23条第１項第１号に掲げる法令に基づく場合に該当するため、第三者提供について本人（保護者）の同意は不要であること。

５ 幼保連携型認定こども園以外の認定こども園における認定こども園こども要録の作成等の留意事項

⑴ 幼保連携型認定こども園以外の認定こども園（以下「認定こども園」という。）においては、本通知「１ 幼保連携型認定こども園における評価の基本的な考え方」及び「２ 園児指導要録の改善の要旨」を踏まえ、別紙及び別添資料を参考に、適宜「幼保連携型認定こども園園児指導要録」を「認定こども園こども要録」に読み替える等して、各設置者等の創意工夫の下、認定こども園こども要録を作成すること。

なお、幼稚園型認定こども園以外の認定こども園において認定こども園こども要録を作成する場合には、保育所では各市区町村が保育所児童保育要録（「保育所保育指針の適用に際しての留意事項について」（平成 30年３月 30日付け子保発 0330第２号厚生労働省子ども家庭局保育課長通知）に基づく保育所児童保育要録をいう。以下同じ。）の様式を作成することとされていることを踏まえ、各市区町村と相談しつつ、その様式を各設置者等において定めることが可能であること。

⑵ ５⑴に関わらず、幼稚園型認定こども園においては「幼稚園及び特別支援学校幼稚部における幼児指導要録の改善等について（通知）」（平成 30年３月 30日付け 29文科初第 1814号文部科学省初等中等教育局長通知）に基づく幼稚園幼児指導要録を作成することが、また、保育所型認定こども園においては保育所児童保育要録を作成することが可能であること。その際、送付及び保存等についても、それぞれの通知に準じて取り扱うこと。

また、認定こども園こども要録を作成した場合には、同一の子どもについて、幼稚園幼児指導要録又は保育所児童保育要録を作成する必要はないこと。

⑶ 認定こども園こども要録は、学級を編制している満３歳以上の子どもについて作成すること。なお、これは、満３歳未満に関する記録を残すことを妨げるものではないこと。

⑷ 子どもの進学・就学に際して、作成した認定こども園こども要録の抄本又は写しを進学・就学先の小学校等の校長に送付すること。

⑸ 認定こども園においては、作成した認定こども園こども要録の原本等について、その子どもが小学校等を卒業するまでの間保存することが望ましいこと。ただし、学籍等に関する記録については、20年間保存することが望ましいこと。

⑹ 「３ 実施時期」並びに「４ 取扱い上の注意」の（２）、（３）及び（４）について、認定こど

も園においても同様の取扱いであること。

(7) 個人情報については、個人情報の保護に関する法律等を踏まえて適切に個人情報を取り扱うこと。なお、個人情報の保護に関する法令上の取扱いは以下の①及び②のとおりである。

① 公立の認定こども園については、各地方公共団体が定める個人情報保護条例に準じた取扱いとすること。

② 私立の認定こども園については、当該施設が個人情報の保護に関する法律第２条第５項に規定する個人情報取扱事業者に該当し、原則として個人情報を第三者に提供する際には本人の同意が必要となるが、学校教育法施行規則第 24条第２項及び第３項又は保育所保育指針第２章の４（２）ウの規定に基づいて提供する場合においては、同法第 23条第１項第１号に掲げる法令に基づく場合に該当するため、第三者提供について本人(保護者)の同意は不要であること。

〔参考〕内閣府 子ども・子育て支援新制度ホームページ
http：//www8.cao.go.jp/shoushi/index.html
（内閣府ホーム ＞ 子ども・子育て支援 ＞ 認定こども園）

本件担当：
内閣府子ども・子育て本部参事官（認定こども園担当）付
TEL：03-5253-2111（代表）内線 38446
FAX：03-3581-2808
文部科学省初等中等教育局幼児教育課
TEL：03-5253-4111（代表）内線 2376
FAX：03-6734-3736
厚生労働省子ども家庭局保育課
TEL：03-5253-1111（代表）内線 4846
FAX：03-3595-2674

別紙

幼保連携型認定こども園園児指導要録に記載する事項

○ 学籍等に関する記録

学籍等に関する記録は、外部に対する証明等の原簿としての性格をもつものとし、原則として、入園時及び異動の生じたときに記入すること。

1 園児の氏名、性別、生年月日及び現住所

2 保護者（親権者）氏名及び現住所

3 学籍等の記録

(1) 入園年月日

(2) 転入園年月日

他の幼保連携型認定こども園、幼稚園、特別支援学校幼稚部、保育所等から転入園してきた園児について記入すること。

(3) 転･退園年月日

他の幼保連携型認定こども園、幼稚園、特別支援学校幼稚部、保育所等へ転園する園児や退園する園児について記入すること。

(4) 修了年月日

4 入園前の状況

当該幼保連携型認定こども園に入園する前の集団生活の経験の有無等を記入すること。

5 進学・就学先等

当該幼保連携型認定こども園で修了した場合には進学・就学した小学校等について、また、当該幼保連携型認定こども園から他園等に転園した場合には転園した園等の名称及び所在地等を記入すること。

6 園名及び所在地

7 各年度の入園（転入園）・進級時等の園児の年齢、園長の氏名、担当・学級担任の氏名

各年度に、園長の氏名及び満３歳未満の園児については担当者の氏名、満３歳以上の園児については学級担任者の氏名を記入し、それぞれ押印すること。（同一年度内に園長、担当者又は学級担任者が代わった場合には、その都度後任者の氏名を併記、押印する。）

※満３歳以上の園児については、学級名、整理番号も記入すること。

なお、氏名の記入及び押印については、電子署名（電子署名及び認証業務に関する法律（平成12 年法律第 102 号）第２条第１項に定義する「電子署名」をいう。）を行うことで替えることも可能である。

○　指導等に関する記録

指導等に関する記録は、１年間の指導の過程とその結果等を要約し、次の年度の適切な指導に資するための資料としての性格をもつものとすること。

【満３歳以上の園児に関する記録】

１　指導の重点等

当該年度における指導の過程について次の視点から記入すること。

①　学年の重点

年度当初に教育課程に基づき、長期の見通しとして設定したものを記入すること。

②　個人の重点

１年間を振り返って、当該園児の指導について特に重視してきた点を記入すること。

２　指導上参考となる事項

(1)　次の事項について記入すること。

①　１年間の指導の過程と園児の発達の姿について以下の事項を踏まえ記入すること。

・　幼保連携型認定こども園教育・保育要領に示された養護に関する事項を踏まえ、第２章第３の「ねらい及び内容」に示された各領域のねらいを視点として、当該園児の発達の実情から向上が著しいと思われるもの。その際、他の園児との比較や一定の基準に対する達成度についての評定によって捉えるものではないことに留意すること。

・　園生活を通して全体的、総合的に捉えた園児の発達の姿。

②　次の年度の指導に必要と考えられる配慮事項等について記入すること。

③　最終年度の記入に当たっては、特に小学校等における児童の指導に生かされるよう、幼保連携型認定こども園教育・保育要領第１章総則に示された「幼児期の終わりまでに育ってほしい姿」を活用して園児に育まれている資質・能力を捉え、指導の過程と育ちつつある姿を分かりやすく記入するように留意すること。その際、「幼児期の終わりまでに育ってほしい姿」が到達すべき目標ではないことに留意し、項目別に園児の育ちつつある姿を記入するのではなく、全体的かつ総合的に捉えて記入すること。

(2)「特に配慮すべき事項」には、園児の健康の状況等、指導上特記すべき事項がある場合に記入すること。

３　出欠状況

①　教育日数

１年間に教育した総日数を記入すること。この教育日数は、原則として、幼保連携型認定こども園教育・保育要領に基づき編成した教育課程の実施日数と同日数であり、同一学年の全ての園児について同日数であること。ただし、年度の途中で入園した園児については、入園した日以降の教育日数を記入し、退園した園児については、退園した日までの教育日数を記入すること。

② 出席日数

教育日数のうち当該園児が出席した日数を記入すること。

【満３歳未満の園児に関する記録】

４ 園児の育ちに関する事項

満３歳未満の園児の、次の年度の指導に特に必要と考えられる育ちに関する事項、配慮事項、健康の状況等の留意事項等について記入すること。

（様式の参考例）

幼保連携型認定こども園園児指導要録（学籍等に関する記録）

区分＼年度	平成　年度	平成　年度	平成　年度	平成　年度
学　級				
整理番号				

園児	ふりがな 氏　名		性別	
		平成　年　月　日生		
	現住所			
保護者	ふりがな 氏　名			
	現住所			

入　園	平成　年　月　日	入園前の 状　況	
転入園	平成　年　月　日		
転・退園	平成　年　月　日	進学・ 就学先等	
修　了	平成　年　月　日		

園名 及び所在地				
年度及び入園（転入園）・進級時等の園児の年齢	平成　年度 歳　か月	平成　年度 歳　か月	平成　年度 歳　か月	平成　年度 歳　か月
園長 氏名　印				
担当者 氏名　印				
年度及び入園（転入園）・進級時等の園児の年齢	平成　年度 歳　か月	平成　年度 歳　か月	平成　年度 歳　か月	平成　年度 歳　か月
園長 氏名　印				
学級担任者 氏名　印				

（様式の参考例）

幼保連携型認定こども園園児指導要録（指導等に関する記録）

ふりがな		性別	指導の重点等	平成　年度	平成　年度	平成　年度
氏名				（学年の重点）	（学年の重点）	（学年の重点）
平成　年　月　日生				（個人の重点）	（個人の重点）	（個人の重点）
ねらい（発達を捉える視点）						

領域	ねらい（発達を捉える視点）	指導上参考となる事項	平成　年度	平成　年度	平成　年度
健康	明るく伸び伸びと行動し、充実感を味わう。				
	自分の体を十分に動かし、進んで運動しようとする。				
	健康、安全な生活に必要な習慣や態度を身に付け，見通しをもって行動する。				
人間関係	幼保連携型認定こども園の生活を楽しみ、自分の力で行動することの充実感を味わう。				
	身近な人と親しみ、関わりを深め、工夫したり，協力したりして一緒に活動する楽しさを味わい，愛情や信頼感をもつ。				
	社会生活における望ましい習慣や態度を身に付ける。				
環境	身近な環境に親しみ、自然と触れ合う中で様々な事象に興味や関心をもつ。				
	身近な環境に自分から関わり、発見を楽しんだり、考えたりし、それを生活に取り入れようとする。				
	身近な事象を見たり、考えたり、扱ったりする中で、物の性質や数量、文字などに対する感覚を豊かにする。				
言葉	自分の気持ちを言葉で表現する楽しさを味わう。				
	人の言葉や話などをよく聞き、自分の経験したことや考えたことを話し、伝え合う喜びを味わう。				
	日常生活に必要な言葉が分かるようになるとともに、絵本や物語などに親しみ、言葉に対する感覚を豊かにし，保育教諭等や友達と心を通わせる。				
表現	いろいろなものの美しさなどに対する豊かな感性をもつ。				
	感じたことや考えたことを自分なりに表現して楽しむ。				
	生活の中でイメージを豊かにし、様々な表現を楽しむ。		（特に配慮すべき事項）	（特に配慮すべき事項）	（特に配慮すべき事項）

出欠状況	年度	年度	年度
教育日数			
出席日数			

【満3歳未満の園児に関する記録】

	平成　年度	平成　年度	平成　年度	平成　年度
園児の育ちに関する事項				

学年の重点：年度当初に、教育課程に基づき長期の見通しとして設定したものを記入

個人の重点：１年間を振り返って、当該園児の指導について特に重視してきた点を記入

指導上参考となる事項：

（1）次の事項について記入

①１年間の指導の過程と園児の発達の姿について以下の事項を踏まえ記入すること。

・幼保連携型認定こども園教育・保育要領に示された養護に関する事項を踏まえ、第２章第３の「ねらい及び内容」に示された各領域のねらいを視点として、当該園児の発達の実情から向上が著しいと思われるもの。
その際、他の園児との比較や一定の基準に対する達成度についての評定によって捉えるものではないことに留意すること。

・園生活を通して全体的、総合的に捉えた園児の発達の姿。

②次の年度の指導に必要と考えられる配慮事項等について記入すること。

（2）「特に配慮すべき事項」には、園児の健康の状況等、指導上特記すべき事項がある場合に記入

園児の育ちに関する事項：　当該園児の、次の年度の指導に特に必要と考えられる育ちに関する事項や配慮事項、健康の状況等の留意事項等について記入

（様式の参考例）

幼保連携型認定こども園園児指導要録（最終学年の指導に関する記録）

ふりがな		指導の重点等	平成　　年度
氏名	平成　年　月　日生		（学年の重点）
性別			（個人の重点）
ねらい （発達を捉える視点）			
健康	明るく伸び伸びと行動し、充実感を味わう。	指導上参考となる事項	
	自分の体を十分に動かし、進んで運動しようとする。		
	健康、安全な生活に必要な習慣や態度を身に付け、見通しをもって行動する。		
人間関係	幼保連携型認定こども園の生活を楽しみ、自分の力で行動することの充実感を味わう。		
	身近な人と親しみ、関わりを深め、工夫したり、協力したりして一緒に活動する楽しさを味わい、愛情や信頼感をもつ。		
	社会生活における望ましい習慣や態度を身に付ける。		
環境	身近な環境に親しみ、自然と触れ合う中で様々な事象に興味や関心をもつ。		
	身近な環境に自分から関わり、発見を楽しんだり、考えたりし、それを生活に取り入れようとする。		
	身近な事象を見たり、考えたり、扱ったりする中で、物の性質や数量、文字などに対する感覚を豊かにする。		
言葉	自分の気持ちを言葉で表現する楽しさを味わう。		
	人の言葉や話などをよく聞き、自分の経験したことや考えたことを話し、伝え合う喜びを味わう。		
	日常生活に必要な言葉が分かるようになるとともに、絵本や物語などに親しみ、言葉に対する感覚を豊かにし、保育教諭等や友達と心を通わせる。		
表現	いろいろなものの美しさなどに対する豊かな感性をもつ。		
	感じたことや考えたことを自分なりに表現して楽しむ。		（特に配慮すべき事項）
	生活の中でイメージを豊かにし、様々な表現を楽しむ。		
出欠状況	年度		
	教育日数		
	出席日数		

幼児期の終わりまでに育ってほしい姿

「幼児期の終わりまでに育ってほしい姿」は、幼保連携型認定こども園教育・保育要領第２章に示すねらい及び内容に基づいて、各園で、幼児期にふさわしい遊びや生活を積み重ねることにより、幼保連携型認定こども園の教育及び保育において育みたい資質・能力が育まれている園児の具体的な姿であり、特に５歳児後半に見られるようになる姿である。「幼児期の終わりまでに育ってほしい姿」は、とりわけ園児の自発的な活動としての遊びを通して、一人一人の発達の特性に応じて、これらの姿が育っていくものであり、全ての園児に同じように見られるものではないことに留意すること。

健康な心と体	幼保連携型認定こども園における生活の中で、充実感をもって自分のやりたいことに向かって心と体を十分に働かせ、見通しをもって行動し、自ら健康で安全な生活をつくり出すようになる。
自立心	身近な環境に主体的に関わり様々な活動を楽しむ中で、しなければならないことを自覚し、自分の力で行うために考えたり、工夫したりしながら、諦めずにやり遂げることで達成感を味わい、自信をもって行動するようになる。
協同性	友達と関わる中で、互いの思いや考えなどを共有し、共通の目的の実現に向けて、考えたり、工夫したり、協力したりし、充実感をもってやり遂げるようになる。
道徳性・規範意識の芽生え	友達と様々な体験を重ねる中で、してよいことや悪いことが分かり、自分の行動を振り返ったり、友達の気持ちに共感したりし、相手の立場に立って行動するようになる。また、きまりを守る必要性が分かり、自分の気持ちを調整し、友達と折り合いを付けながら、きまりをつくったり、守ったりするようになる。
社会生活との関わり	家族を大切にしようとする気持ちをもつとともに、地域の身近な人と触れ合う中で、人との様々な関わり方に気付き、相手の気持ちを考えて関わり、自分が役に立つ喜びを感じ、地域に親しみをもつようになる。また、幼保連携型認定こども園内外の様々な環境に関わる中で、遊びや生活に必要な情報を取り入れ、情報に基づき判断したり、情報を伝え合ったり、活用したりするなど、情報を役立てながら活動するようになるとともに、公共の施設を大切に利用するなどして、社会とのつながりなどを意識するようになる。
思考力の芽生え	身近な事象に積極的に関わる中で、物の性質や仕組みなどを感じ取ったり、気付いたりし、考えたり、予想したり、工夫したりするなど、多様な関わりを楽しむようになる。また、友達の様々な考えに触れる中で、自分と異なる考えがあることに気付き、自ら判断したり、考え直したりするなど、新しい考えを生み出す喜びを味わいながら、自分の考えをよりよいものにするようになる。
自然との関わり・生命尊重	自然に触れて感動する体験を通して、自然の変化などを感じ取り、好奇心や探究心をもって考え言葉などで表現しながら、身近な事象への関心が高まるとともに、自然への愛情や畏敬の念をもつようになる。また、身近な動植物に心を動かされる中で、生命の不思議さや尊さに気付き、身近な動植物への接し方を考え、命あるものとしていたわり、大切にする気持ちをもって関わるようになる。
数量や図形、標識や文字などへの関心・感覚	遊びや生活の中で、数量や図形、標識や文字などに親しむ体験を重ねたり、標識や文字の役割に気付いたりし、自らの必要感に基づきこれらを活用し、興味や関心、感覚をもつようになる。
言葉による伝え合い	保育教諭等や友達と心を通わせる中で、絵本や物語などに親しみながら、豊かな言葉や表現を身に付け、経験したことや考えたことなどを言葉で伝えたり、相手の話を注意して聞いたりし、言葉による伝え合いを楽しむようになる。
豊かな感性と表現	心を動かす出来事などに触れ感性を働かせる中で、様々な素材の特徴や表現の仕方などに気付き、感じたことや考えたことを自分で表現したり、友達同士で表現する過程を楽しんだりし、表現する喜びを味わい、意欲をもつようになる。

学年の重点：年度当初に、教育課程に基づき長期の見通しとして設定したものを記入
個人の重点：１年間を振り返って、当該園児の指導について特に重視してきた点を記入
指導上参考となる事項：
(1)次の事項について記入
①１年間の指導の過程と園児の発達の姿について以下の事項を踏まえ記入すること。
・幼保連携型認定こども園教育・保育要領に示された養護に関する事項を踏まえ、第２章第３の「ねらい及び内容」に示された各領域のねらいを視点として、当該園児の発達の実情から向上が著しいと思われるもの。
その際、他の園児との比較や一定の基準に対する達成度についての評定によって捉えるものではないことに留意すること。
・園生活を通して全体的、総合的に捉えた園児の発達の姿。
②次の年度の指導に必要と考えられる配慮事項等について記入すること。
③最終年度の記入に当たっては、特に小学校等における児童の指導に生かされるよう、幼保連携型認定こども園教育・保育要領第１章総則に示された「幼児期の終わりまでに育ってほしい姿」を活用して園児に育まれている資質・能力を捉え、指導の過程と育ちつつある姿を分かりやすく記入するように留意すること。その際、「幼児期の終わりまでに育ってほしい姿」が到達すべき目標ではないことに留意し、項目別に園児の育ちつつある姿を記入するのではなく、全体的、総合的に捉えて記入すること。
(2)「特に配慮すべき事項」には、園児の健康の状況等、指導上特記すべき事項がある場合に記入すること。

幼稚園教育要領

文部科学省告示第62号
平成29年３月31日

教育は、教育基本法第１条に定めるとおり、人格の完成を目指し、平和で民主的な国家及び社会の形成者として必要な資質を備えた心身ともに健康な国民の育成を期すという目的のもと、同法第２条に掲げる次の目標を達成するよう行われなければならない。

1　幅広い知識と教養を身に付け、真理を求める態度を養い、豊かな情操と道徳心を培うとともに、健やかな身体を養うこと。
2　個人の価値を尊重して、その能力を伸ばし、創造性を培い、自主及び自律の精神を養うとともに、職業及び生活との関連を重視し、勤労を重んずる態度を養うこと。
3　正義と責任、男女の平等、自他の敬愛と協力を重んずるとともに、公共の精神に基づき、主体的に社会の形成に参画し、その発展に寄与する態度を養うこと。
4　生命を尊び、自然を大切にし、環境の保全に寄与する態度を養うこと。
5　伝統と文化を尊重し、それらをはぐくんできた我が国と郷土を愛するとともに、他国を尊重し、国際社会の平和と発展に寄与する態度を養うこと。

また、幼児期の教育については、同法第11条に掲げるとおり、生涯にわたる人格形成の基礎を培う重要なものであることにかんがみ、国及び地方公共団体は、幼児の健やかな成長に資する良好な環境の整備その他適当な方法によって、その振興に努めなければならないこととされている。

これからの幼稚園には、学校教育の始まりとして、こうした教育の目的及び目標の達成を目指しつつ、一人一人の幼児が、将来、自分のよさや可能性を認識するとともに、あらゆる他者を価値のある存在として尊重し、多様な人々と協働しながら様々な社会的変化を乗り越え、豊かな人生を切り拓き、持続可能な社会の創り手となることができるようにするための基礎を培うことが求められる。このために必要な教育の在り方を具体化するのが、各幼稚園において教育の内容等を組織的かつ計画的に組み立てた教育課程である。

教育課程を通して、これからの時代に求められる教育を実現していくためには、よりよい学校教育を通してよりよい社会を創るという理念を学校と社会とが共有し、それぞれの幼稚園において、幼児期にふさわしい生活をどのように展開し、どのような資質・能力を育むようにするのかを教育課程において明確にしながら、社会との連携及び協働によりその実現を図っていくという、社会に開かれた教育課程の実現が重要となる。

幼稚園教育要領とは、こうした理念の実現に向けて必要となる教育課程の基準を大綱的に定めるものである。幼稚園教育要領が果たす役割の一つは、公の性質を有する幼稚園における教育水準を全国的に確保することである。また、各幼稚園がその特色を生かして創意工夫を重ね、長年にわたり積み重ねられてきた教育実践や学術研究の蓄積を生かしながら、幼児や地域の現状や課題を捉え、家庭や地域社会と協力して、幼稚園教育要領を踏まえた教育活動の更なる充実を図っていくことも重要である。

幼児の自発的な活動としての遊びを生み出すために必要な環境を整え、一人一人の資質・能力を育んでいくことは、教職員をはじめとする幼稚園関係者はもとより、家庭や地域の人々も含め、様々な立場から幼児や幼稚園に関わる全ての大人に期待される役割である。家庭との緊密な連携の下、小学校以降の教育や生涯にわたる学習とのつながりを見通しながら、幼児の自発的な活動としての遊びを通しての総合的な指導をする際に広く活用されるものとなることを期待して、ここに幼稚園教育要領を定める。

第１章　総則

第１　幼稚園教育の基本

幼児期の教育は、生涯にわたる人格形成の基礎を培う重要なものであり、幼稚園教育は、学校教育法に規定する目的及び目標を達成するため、幼児期の特性を踏まえ、環境を通して行うものであることを基本とする。

このため教師は、幼児との信頼関係を十分に築き、幼児が身近な環境に主体的に関わり、環境との関わり方や意味に気付き、これらを取り込もうとして、試行錯誤したり、考えたりするようになる幼児期の教育における見方・考え方を生かし、幼児と共によりよい教育環境を創造するように努めるものとする。これらを踏まえ、次に示す事項を重視して教育を行わなければならない。

1　幼児は安定した情緒の下で自己を十分に発揮することにより発達に必要な体験を得ていくものであることを考慮して、幼児の主体的な活動を促し、幼児期にふさわしい生活が展開されるようにすること。

2　幼児の自発的な活動としての遊びは、心身の調和のとれた発達の基礎を培う重要な学習であることを考慮して、遊びを通しての指導を中心として第２章に示すねらいが総合的に達成されるようにすること。

3　幼児の発達は、心身の諸側面が相互に関連し合い、多様な経過をたどって成し遂げられていくものであること、また、幼児の生活経験がそれぞれ異なることなどを考慮して、幼児一人一人の特性に応じ、発達の課題に即した指導を行うようにすること。

その際、教師は、幼児の主体的な活動が確保されるよう幼児一人一人の行動の理解と予想に基づき、計画的に環境を構成しなければならない。この場合において、教師は、幼児と人やものとの関わりが重要であることを踏まえ、教材を工夫し、物的・空間的環境を構成しなければならない。また、幼児一人一人の活動の場面に応じて、様々な役割を果たし、その活動を豊かにしなければならない。

第２　幼稚園教育において育みたい資質・能力
及び「幼児期の終わりまでに育ってほしい姿」

1　幼稚園においては、生きる力の基礎を育むため、この章の第1に示す幼稚園教育の基本を踏まえ、次に掲げる資質・能力を一体的に育むよう努めるものとする。

(1)　豊かな体験を通じて、感じたり、気付いたり、分かったり、できるようになったりする「知識及び技能の基礎」

(2)　気付いたことや、できるようになったことなどを使い、考えたり、試したり、工夫したり、表現したりする「思考力、判断力、表現力等の基礎」

(3)　心情、意欲、態度が育つ中で、よりよい生活を営もうとする「学びに向かう力、人間性等」

2　1に示す資質･能力は、第2章に示すねらい及び内容に基づく活動全体によって育むものである。

3　次に示す「幼児期の終わりまでに育ってほしい姿」は、第2章に示すねらい及び内容に基づく活動全体を通して資質・能力が育まれている幼児の幼稚園修了時の具体的な姿であり、教師が指導を行う際に考慮するものである。

(1)　健康な心と体

幼稚園生活の中で、充実感をもって自分のやりたいことに向かって心と体を十分に働かせ、見通しをもって行動し、自ら健康で安全な生活をつくり出すようになる。

(2)　自立心

身近な環境に主体的に関わり様々な活動を楽しむ中で、しなければならないことを自覚し、自分の力で行うために考えたり、工夫したりしながら、諦めずにやり遂げることで達成感を味わい、自信をもって行動するようになる。

(3)　協同性

友達と関わる中で、互いの思いや考えなどを共有し、共通の目的の実現に向けて、考えたり、工夫したり、協力したりし、充実感をもってやり遂げるようになる。

(4)　道徳性・規範意識の芽生え

友達と様々な体験を重ねる中で、してよいことや悪いことが分かり、自分の行動を振り返ったり、友達の気持ちに共感したりし、相手の立場に立って行動するようになる。また、きまりを守る必要性が分かり、自分の気持ちを調整し、友達と折り合いを付けながら、きまりをつくったり、守ったりするようになる。

(5)　社会生活との関わり

家族を大切にしようとする気持ちをもつとともに、地域の身近な人と触れ合う中で、人との様々な関わり方に気付き、相手の気持ちを考えて関わり、自分が役に立つ喜びを感じ、地域に親しみをもつようになる。また、幼稚園内外の様々な環境に関わる中で、遊びや生活に必要な情報を取り入れ、情報に基づき判断したり、情報を伝え合ったり、活用したりするなど、情報を役立てながら活動するようになるとともに、公共の施設を大切に利用するなどして、社会とのつながりなどを意識するようになる。

(6)　思考力の芽生え

身近な事象に積極的に関わる中で、物の性質や仕組みなどを感じ取ったり、気付いたりし、考えたり、予想したり、工夫したりするなど、多様な関わりを楽しむようになる。また、友達の様々な考えに触れる中で、自分と異なる考えがあることに気付き、自ら判断したり、考え直したりするなど、新しい考えを生み出す喜びを味わいながら、自分の考えをよりよいものにするようになる。

⑺ **自然との関わり・生命尊重**

自然に触れて感動する体験を通して、自然の変化などを感じ取り、好奇心や探究心をもって考え言葉などで表現しながら、身近な事象への関心が高まるとともに、自然への愛情や畏敬の念をもつようになる。また、身近な動植物に心を動かされる中で、生命の不思議さや尊さに気付き、身近な動植物への接し方を考え、命あるものとしていたわり、大切にする気持ちをもって関わるようになる。

⑻ **数量や図形、標識や文字などへの関心・感覚**

遊びや生活の中で、数量や図形、標識や文字などに親しむ体験を重ねたり、標識や文字の役割に気付いたりし、自らの必要感に基づきこれらを活用し、興味や関心、感覚をもつようになる。

⑼ **言葉による伝え合い**

先生や友達と心を通わせる中で、絵本や物語などに親しみながら、豊かな言葉や表現を身に付け、経験したことや考えたことなどを言葉で伝えたり、相手の話を注意して聞いたりし、言葉による伝え合いを楽しむようになる。

⑽ **豊かな感性と表現**

心を動かす出来事などに触れ感性を働かせる中で、様々な素材の特徴や表現の仕方などに気付き、感じたことや考えたことを自分で表現したり、友達同士で表現する過程を楽しんだりし、表現する喜びを味わい、意欲をもつようになる。

第３　教育課程の役割と編成等

１　教育課程の役割

各幼稚園においては、教育基本法及び学校教育法その他の法令並びにこの幼稚園教育要領の示すところに従い、創意工夫を生かし、幼児の心身の発達と幼稚園及び地域の実態に即応した適切な教育課程を編成するものとする。

また、各幼稚園においては、6に示す全体的な計画にも留意しながら、「幼児期の終わりまでに育ってほしい姿」を踏まえ教育課程を編成すること、教育課程の実施状況を評価してその改善を図っていくこと、教育課程の実施に必要な人的又は物的な体制を確保するとともにその改善を図っていくことなどを通して、教育課程に基づき組織的かつ計画的に各幼稚園の教育活動の質の向上を図っていくこと（以下「カリキュラム・マネジメント」という。）に努めるものとする。

２　各幼稚園の教育目標と教育課程の編成

教育課程の編成に当たっては、幼稚園教育において育みたい資質・能力を踏まえつつ、各幼稚園の教育目標を明確にするとともに、教育課程の編成についての基本的な方針が家庭や地域とも共有されるよう努めるものとする。

３　教育課程の編成上の基本的事項

⑴　幼稚園生活の全体を通して第２章に示すねらいが総合的に達成されるよう、教育課程に係る教

第6章
資料編

育期間や幼児の生活経験や発達の過程などを考慮して具体的なねらいと内容を組織するものとする。この場合においては、特に、自我が芽生え、他者の存在を意識し、自己を抑制しようとする気持ちが生まれる幼児期の発達の特性を踏まえ、入園から修了に至るまでの長期的な視野をもって充実した生活が展開できるように配慮するものとする。

(2) 幼稚園の毎学年の教育課程に係る教育週数は、特別の事情のある場合を除き、39週を下ってはならない。

(3) 幼稚園の１日の教育課程に係る教育時間は、４時間を標準とする。ただし、幼児の心身の発達の程度や季節などに適切に配慮するものとする。

４　教育課程の編成上の留意事項

教育課程の編成に当たっては、次の事項に留意するものとする。

(1) 幼児の生活は、入園当初の一人一人の遊びや教師との触れ合いを通して幼稚園生活に親しみ、安定していく時期から、他の幼児との関わりの中で幼児の主体的な活動が深まり、幼児が互いに必要な存在であることを認識するようになり、やがて幼児同士や学級全体で目的をもって協同して幼稚園生活を展開し、深めていく時期などに至るまでの過程を様々に経ながら広げられていくものであることを考慮し、活動がそれぞれの時期にふさわしく展開されるようにすること。

(2) 入園当初、特に、３歳児の入園については、家庭との連携を緊密にし、生活のリズムや安全面に十分配慮すること。また、満３歳児については、学年の途中から入園することを考慮し、幼児が安心して幼稚園生活を過ごすことができるよう配慮すること。

(3) 幼稚園生活が幼児にとって安全なものとなるよう、教職員による協力体制の下、幼児の主体的な活動を大切にしつつ、園庭や園舎などの環境の配慮や指導の工夫を行うこと。

５　小学校教育との接続に当たっての留意事項

(1) 幼稚園においては、幼稚園教育が、小学校以降の生活や学習の基盤の育成につながることに配慮し、幼児期にふさわしい生活を通して、創造的な思考や主体的な生活態度などの基礎を培うようにするものとする。

(2) 幼稚園教育において育まれた資質・能力を踏まえ、小学校教育が円滑に行われるよう、小学校の教師との意見交換や合同の研究の機会などを設け、「幼児期の終わりまでに育ってほしい姿」を共有するなど連携を図り、幼稚園教育と小学校教育との円滑な接続を図るよう努めるものとする。

６　全体的な計画の作成

各幼稚園においては、教育課程を中心に、第３章に示す教育課程に係る教育時間の終了後等に行う教育活動の計画、学校保健計画、学校安全計画などとを関連させ、一体的に教育活動が展開されるよう全体的な計画を作成するものとする。

第４　指導計画の作成と幼児理解に基づいた評価

１　指導計画の考え方

幼稚園教育は、幼児が自ら意欲をもって環境と関わることによりつくり出される具体的な活動を通して、その目標の達成を図るものである。

幼稚園においてはこのことを踏まえ、幼児期にふさわしい生活が展開され、適切な指導が行われるよう、それぞれの幼稚園の教育課程に基づき、調和のとれた組織的、発展的な指導計画を作成し、幼児の活動に沿った柔軟な指導を行わなければならない。

2　指導計画の作成上の基本的事項

(1)　指導計画は、幼児の発達に即して一人一人の幼児が幼児期にふさわしい生活を展開し、必要な体験を得られるようにするために、具体的に作成するものとする。

(2)　指導計画の作成に当たっては、次に示すところにより、具体的なねらい及び内容を明確に設定し、適切な環境を構成することなどにより活動が選択・展開されるようにするものとする。

ア　具体的なねらい及び内容は、幼稚園生活における幼児の発達の過程を見通し、幼児の生活の連続性、季節の変化などを考慮して、幼児の興味や関心、発達の実情などに応じて設定すること。

イ　環境は、具体的なねらいを達成するために適切なものとなるように構成し、幼児が自らその環境に関わることにより様々な活動を展開しつつ必要な体験を得られるようにすること。その際、幼児の生活する姿や発想を大切にし、常にその環境が適切なものとなるようにすること。

ウ　幼児の行う具体的な活動は、生活の流れの中で様々に変化するものであることに留意し、幼児が望ましい方向に向かって自ら活動を展開していくことができるよう必要な援助をすること。

その際、幼児の実態及び幼児を取り巻く状況の変化などに即して指導の過程についての評価を適切に行い、常に指導計画の改善を図るものとする。

3　指導計画の作成上の留意事項

指導計画の作成に当たっては、次の事項に留意するものとする。

(1)　長期的に発達を見通した年、学期、月などにわたる長期の指導計画やこれとの関連を保ちながらより具体的な幼児の生活に即した週、日などの短期の指導計画を作成し、適切な指導が行われるようにすること。特に、週、日などの短期の指導計画については、幼児の生活のリズムに配慮し、幼児の意識や興味の連続性のある活動が相互に関連して幼稚園生活の自然な流れの中に組み込まれるようにすること。

(2)　幼児が様々な人やものとの関わりを通して、多様な体験をし、心身の調和のとれた発達を促すようにしていくこと。その際、幼児の発達に即して主体的・対話的で深い学びが実現するようにするとともに、心を動かされる体験が次の活動を生み出すことを考慮し、一つ一つの体験が相互に結び付き、幼稚園生活が充実するようにすること。

(3)　言語に関する能力の発達と思考力等の発達が関連していることを踏まえ、幼稚園生活全体を通して、幼児の発達を踏まえた言語環境を整え、言語活動の充実を図ること。

(4)　幼児が次の活動への期待や意欲をもつことができるよう、幼児の実態を踏まえながら、教師や他の幼児と共に遊びや生活の中で見通しをもったり、振り返ったりするよう工夫すること。

(5)　行事の指導に当たっては、幼稚園生活の自然の流れの中で生活に変化や潤いを与え、幼児が主体的に楽しく活動できるようにすること。なお、それぞれの行事についてはその教育的価値を十分検討し、適切なものを精選し、幼児の負担にならないようにすること。

(6) 幼児期は直接的な体験が重要であることを踏まえ、視聴覚教材やコンピュータなど情報機器を活用する際には、幼稚園生活では得難い体験を補完するなど、幼児の体験との関連を考慮すること。

(7) 幼児の主体的な活動を促すためには、教師が多様な関わりをもつことが重要であることを踏まえ、教師は、理解者、共同作業者など様々な役割を果たし、幼児の発達に必要な豊かな体験が得られるよう、活動の場面に応じて、適切な指導を行うようにすること。

(8) 幼児の行う活動は、個人、グループ、学級全体などで多様に展開されるものであることを踏まえ、幼稚園全体の教師による協力体制を作りながら、一人一人の幼児が興味や欲求を十分に満足させるよう適切な援助を行うようにすること。

4 幼児理解に基づいた評価の実施

幼児一人一人の発達の理解に基づいた評価の実施に当たっては、次の事項に配慮するものとする。

(1) 指導の過程を振り返りながら幼児の理解を進め、幼児一人一人のよさや可能性などを把握し、指導の改善に生かすようにすること。その際、他の幼児との比較や一定の基準に対する達成度についての評定によって捉えるものではないことに留意すること。

(2) 評価の妥当性や信頼性が高められるよう創意工夫を行い、組織的かつ計画的な取組を推進するとともに、次年度又は小学校等にその内容が適切に引き継がれるようにすること。

第5 特別な配慮を必要とする幼児への指導

1 障害のある幼児などへの指導

障害のある幼児などへの指導に当たっては、集団の中で生活することを通して全体的な発達を促していくことに配慮し、特別支援学校などの助言又は援助を活用しつつ、個々の幼児の障害の状態などに応じた指導内容や指導方法の工夫を組織的かつ計画的に行うものとする。また、家庭、地域及び医療や福祉、保健等の業務を行う関係機関との連携を図り、長期的な視点で幼児への教育的支援を行うために、個別の教育支援計画を作成し活用することに努めるとともに、個々の幼児の実態を的確に把握し、個別の指導計画を作成し活用することに努めるものとする。

2 海外から帰国した幼児や生活に必要な日本語の習得に困難のある幼児の幼稚園生活への適応

海外から帰国した幼児や生活に必要な日本語の習得に困難のある幼児については、安心して自己を発揮できるよう配慮するなど個々の幼児の実態に応じ、指導内容や指導方法の工夫を組織的かつ計画的に行うものとする。

第6 幼稚園運営上の留意事項

1 各幼稚園においては、園長の方針の下に、園務分掌に基づき教職員が適切に役割を分担しつつ、相互に連携しながら、教育課程や指導の改善を図るものとする。また、各幼稚園が行う学校評価については、教育課程の編成、実施、改善が教育活動や幼稚園運営の中核となることを踏まえ、カリキュラム・マネジメントと関連付けながら実施するよう留意するものとする。

2　幼児の生活は、家庭を基盤として地域社会を通じて次第に広がりをもつものであることに留意し、家庭との連携を十分に図るなど、幼稚園における生活が家庭や地域社会と連続性を保ちつつ展開されるようにするものとする。その際、地域の自然、高齢者や異年齢の子供などを含む人材、行事や公共施設などの地域の資源を積極的に活用し、幼児が豊かな生活体験を得られるように工夫するものとする。また、家庭との連携に当たっては、保護者との情報交換の機会を設けたり、保護者と幼児との活動の機会を設けたりなどすることを通じて、保護者の幼児期の教育に関する理解が深まるよう配慮するものとする。

3　地域や幼稚園の実態等により、幼稚園間に加え、保育所、幼保連携型認定こども園、小学校、中学校、高等学校及び特別支援学校などとの間の連携や交流を図るものとする。特に、幼稚園教育と小学校教育の円滑な接続のため、幼稚園の幼児と小学校の児童との交流の機会を積極的に設けるようにするものとする。また、障害のある幼児児童生徒との交流及び共同学習の機会を設け、共に尊重し合いながら協働して生活していく態度を育むよう努めるものとする。

第７　教育課程に係る教育時間終了後等に行う教育活動など

幼稚園は、第３章に示す教育課程に係る教育時間の終了後等に行う教育活動について、学校教育法に規定する目的及び目標並びにこの章の第１に示す幼稚園教育の基本を踏まえ実施するものとする。また、幼稚園の目的の達成に資するため、幼児の生活全体が豊かなものとなるよう家庭や地域における幼児期の教育の支援に努めるものとする。

第２章　ねらい及び内容

この章に示すねらいは、幼稚園教育において育みたい資質・能力を幼児の生活する姿から捉えたものであり、内容は、ねらいを達成するために指導する事項である。各領域は、これらを幼児の発達の側面から、心身の健康に関する領域「健康」、人との関わりに関する領域「人間関係」、身近な環境との関わりに関する領域「環境」、言葉の獲得に関する領域「言葉」及び感性と表現に関する領域「表現」としてまとめ、示したものである。内容の取扱いは、幼児の発達を踏まえた指導を行うに当たって留意すべき事項である。

各領域に示すねらいは、幼稚園における生活の全体を通じ、幼児が様々な体験を積み重ねる中で相互に関連をもちながら次第に達成に向かうものであること、内容は、幼児が環境に関わって展開する具体的な活動を通して総合的に指導されるものであることに留意しなければならない。

また、「幼児期の終わりまでに育ってほしい姿」が、ねらい及び内容に基づく活動全体を通して資質・能力が育まれている幼児の幼稚園修了時の具体的な姿であることを踏まえ、指導を行う際に考慮するものとする。

なお、特に必要な場合には、各領域に示すねらいの趣旨に基づいて適切な、具体的な内容を工夫し、それを加えても差し支えないが、その場合には、それが第１章の第１に示す幼稚園教育の基本を逸脱しないよう慎重に配慮する必要がある。

健康

〔健康な心と体を育て、自ら健康で安全な生活をつくり出す力を養う。〕

1　ねらい

(1)　明るく伸び伸びと行動し、充実感を味わう。

(2)　自分の体を十分に動かし、進んで運動しようとする。

(3)　健康、安全な生活に必要な習慣や態度を身に付け、見通しをもって行動する。

2　内容

(1)　先生や友達と触れ合い、安定感をもって行動する。

(2)　いろいろな遊びの中で十分に体を動かす。

(3)　進んで戸外で遊ぶ。

(4)　様々な活動に親しみ、楽しんで取り組む。

(5)　先生や友達と食べることを楽しみ、食べ物への興味や関心をもつ。

(6)　健康な生活のリズムを身に付ける。

(7)　身の回りを清潔にし、衣服の着脱、食事、排泄(せつ)などの生活に必要な活動を自分でする。

(8)　幼稚園における生活の仕方を知り、自分たちで生活の場を整えながら見通しをもって行動する。

(9)　自分の健康に関心をもち、病気の予防などに必要な活動を進んで行う。

(10)　危険な場所、危険な遊び方、災害時などの行動の仕方が分かり、安全に気を付けて行動する。

3　内容の取扱い

上記の取扱いに当たっては、次の事項に留意する必要がある。

(1)　心と体の健康は、相互に密接な関連があるものであることを踏まえ、幼児が教師や他の幼児との温かい触れ合いの中で自己の存在感や充実感を味わうことなどを基盤として、しなやかな心と体の発達を促すこと。特に、十分に体を動かす気持ちよさを体験し、自ら体を動かそうとする意欲が育つようにすること。

(2)　様々な遊びの中で、幼児が興味や関心、能力に応じて全身を使って活動することにより、体を動かす楽しさを味わい、自分の体を大切にしようとする気持ちが育つようにすること。その際、多様な動きを経験する中で、体の動きを調整するようにすること。

(3)　自然の中で伸び伸びと体を動かして遊ぶことにより、体の諸機能の発達が促されることに留意し、幼児の興味や関心が戸外にも向くようにすること。その際、幼児の動線に配慮した園庭や遊具の配置などを工夫すること。

(4)　健康な心と体を育てるためには食育を通じた望ましい食習慣の形成が大切であることを踏まえ、幼児の食生活の実情に配慮し、和やかな雰囲気の中で教師や他の幼児と食べる喜びや楽しさを味わったり、様々な食べ物への興味や関心をもったりするなどし、食の大切さに気付き、進んで食べようとする気持ちが育つようにすること。

(5)　基本的な生活習慣の形成に当たっては、家庭での生活経験に配慮し、幼児の自立心を育て、幼児が他の幼児と関わりながら主体的な活動を展開する中で、生活に必要な習慣を身に付け、次第に見通しをもって行動できるようにすること。

(6) 安全に関する指導に当たっては、情緒の安定を図り、遊びを通して安全についての構えを身に付け、危険な場所や事物などが分かり、安全についての理解を深めるようにすること。また、交通安全の習慣を身に付けるようにするとともに、避難訓練などを通して、災害などの緊急時に適切な行動がとれるようにすること。

人間関係

〔他の人々と親しみ、支え合って生活するために、自立心を育て、人と関わる力を養う。〕

1 ねらい

(1) 幼稚園生活を楽しみ、自分の力で行動することの充実感を味わう。

(2) 身近な人と親しみ、関わりを深め、工夫したり、協力したりして一緒に活動する楽しさを味わい、愛情や信頼感をもつ。

(3) 社会生活における望ましい習慣や態度を身に付ける。

2 内容

(1) 先生や友達と共に過ごすことの喜びを味わう。

(2) 自分で考え、自分で行動する。

(3) 自分でできることは自分でする。

(4) いろいろな遊びを楽しみながら物事をやり遂げようとする気持ちをもつ。

(5) 友達と積極的に関わりながら喜びや悲しみを共感し合う。

(6) 自分の思ったことを相手に伝え、相手の思っていることに気付く。

(7) 友達のよさに気付き、一緒に活動する楽しさを味わう。

(8) 友達と楽しく活動する中で、共通の目的を見いだし、工夫したり、協力したりなどする。

(9) よいことや悪いことがあることに気付き、考えながら行動する。

(10) 友達との関わりを深め、思いやりをもつ。

(11) 友達と楽しく生活する中できまりの大切さに気付き、守ろうとする。

(12) 共同の遊具や用具を大切にし、皆で使う。

(13) 高齢者をはじめ地域の人々などの自分の生活に関係の深いいろいろな人に親しみをもつ。

3 内容の取扱い

上記の取扱いに当たっては、次の事項に留意する必要がある。

(1) 教師との信頼関係に支えられて自分自身の生活を確立していくことが人と関わる基盤となることを考慮し、幼児が自ら周囲に働き掛けることにより多様な感情を体験し、試行錯誤しながら諦めずにやり遂げることの達成感や、前向きな見通しをもって自分の力で行うことの充実感を味わうことができるよう、幼児の行動を見守りながら適切な援助を行うようにすること。

(2) 一人一人を生かした集団を形成しながら人と関わる力を育てていくようにすること。その際、集団の生活の中で、幼児が自己を発揮し、教師や他の幼児に認められる体験をし、自分のよさや特徴に気付き、自信をもって行動できるようにすること。

(3) 幼児が互いに関わりを深め、協同して遊ぶようになるため、自ら行動する力を育てるようにするとともに、他の幼児と試行錯誤しながら活動を展開する楽しさや共通の目的が実現する喜びを味わうことができるようにすること。

(4) 道徳性の芽生えを培うに当たっては、基本的な生活習慣の形成を図るとともに、幼児が他の幼児との関わりの中で他人の存在に気付き、相手を尊重する気持ちをもって行動できるようにし、また、自然や身近な動植物に親しむことなどを通して豊かな心情が育つようにすること。特に、人に対する信頼感や思いやりの気持ちは、葛藤やつまずきをも体験し、それらを乗り越えることにより次第に芽生えてくることに配慮すること。

(5) 集団の生活を通して、幼児が人との関わりを深め、規範意識の芽生えが培われることを考慮し、幼児が教師との信頼関係に支えられて自己を発揮する中で、互いに思いを主張し、折り合いを付ける体験をし、きまりの必要性などに気付き、自分の気持ちを調整する力が育つようにすること。

(6) 高齢者をはじめ地域の人々などの自分の生活に関係の深いいろいろな人と触れ合い、自分の感情や意志を表現しながら共に楽しみ、共感し合う体験を通して、これらの人々などに親しみをもち、人と関わることの楽しさや人の役に立つ喜びを味わうことができるようにすること。また、生活を通して親や祖父母などの家族の愛情に気付き、家族を大切にしようとする気持ちが育つようにすること。

環境

〔周囲の様々な環境に好奇心や探究心をもって関わり、それらを生活に取り入れていこうとする力を養う。〕

1 ねらい

(1) 身近な環境に親しみ、自然と触れ合う中で様々な事象に興味や関心をもつ。

(2) 身近な環境に自分から関わり、発見を楽しんだり、考えたりし、それを生活に取り入れようとする。

(3) 身近な事象を見たり、考えたり、扱ったりする中で、物の性質や数量、文字などに対する感覚を豊かにする。

2 内容

(1) 自然に触れて生活し、その大きさ、美しさ、不思議さなどに気付く。

(2) 生活の中で、様々な物に触れ、その性質や仕組みに興味や関心をもつ。

(3) 季節により自然や人間の生活に変化のあることに気付く。

(4) 自然などの身近な事象に関心をもち、取り入れて遊ぶ。

(5) 身近な動植物に親しみをもって接し、生命の尊さに気付き、いたわったり、大切にしたりする。

(6) 日常生活の中で、我が国や地域社会における様々な文化や伝統に親しむ。

(7) 身近な物を大切にする。

(8) 身近な物や遊具に興味をもって関わり、自分なりに比べたり、関連付けたりしながら考えたり、試したりして工夫して遊ぶ。

(9) 日常生活の中で数量や図形などに関心をもつ。

(10) 日常生活の中で簡単な標識や文字などに関心をもつ。
(11) 生活に関係の深い情報や施設などに興味や関心をもつ。
(12) 幼稚園内外の行事において国旗に親しむ。

3 内容の取扱い

上記の取扱いに当たっては、次の事項に留意する必要がある。

(1) 幼児が、遊びの中で周囲の環境と関わり、次第に周囲の世界に好奇心を抱き、その意味や操作の仕方に関心をもち、物事の法則性に気付き、自分なりに考えることができるようになる過程を大切にすること。また、他の幼児の考えなどに触れて新しい考えを生み出す喜びや楽しさを味わい、自分の考えをよりよいものにしようとする気持ちが育つようにすること。
(2) 幼児期において自然のもつ意味は大きく、自然の大きさ、美しさ、不思議さなどに直接触れる体験を通して、幼児の心が安らぎ、豊かな感情、好奇心、思考力、表現力の基礎が培われることを踏まえ、幼児が自然との関わりを深めることができるよう工夫すること。
(3) 身近な事象や動植物に対する感動を伝え合い、共感し合うことなどを通して自分から関わろうとする意欲を育てるとともに、様々な関わり方を通してそれらに対する親しみや畏敬の念、生命を大切にする気持ち、公共心、探究心などが養われるようにすること。
(4) 文化や伝統に親しむ際には、正月や節句など我が国の伝統的な行事、国歌、唱歌、わらべうたや我が国の伝統的な遊びに親しんだり、異なる文化に触れる活動に親しんだりすることを通じて、社会とのつながりの意識や国際理解の意識の芽生えなどが養われるようにすること。
(5) 数量や文字などに関しては、日常生活の中で幼児自身の必要感に基づく体験を大切にし、数量や文字などに関する興味や関心、感覚が養われるようにすること。

言葉

〔経験したことや考えたことなどを自分なりの言葉で表現し、相手の話す言葉を聞こうとする意欲や態度を育て、言葉に対する感覚や言葉で表現する力を養う。〕

1 ねらい

(1) 自分の気持ちを言葉で表現する楽しさを味わう。
(2) 人の言葉や話などをよく聞き、自分の経験したことや考えたことを話し、伝え合う喜びを味わう。
(3) 日常生活に必要な言葉が分かるようになるとともに、絵本や物語などに親しみ、言葉に対する感覚を豊かにし、先生や友達と心を通わせる。

2 内容

(1) 先生や友達の言葉や話に興味や関心をもち、親しみをもって聞いたり、話したりする。
(2) したり、見たり、聞いたり、感じたり、考えたりなどしたことを自分なりに言葉で表現する。
(3) したいこと、してほしいことを言葉で表現したり、分からないことを尋ねたりする。
(4) 人の話を注意して聞き、相手に分かるように話す。
(5) 生活の中で必要な言葉が分かり、使う。
(6) 親しみをもって日常の挨拶をする。

⑺ 生活の中で言葉の楽しさや美しさに気付く。

⑻ いろいろな体験を通じてイメージや言葉を豊かにする。

⑼ 絵本や物語などに親しみ、興味をもって聞き、想像をする楽しさを味わう。

⑽ 日常生活の中で、文字などで伝える楽しさを味わう。

3 内容の取扱い

上記の取扱いに当たっては、次の事項に留意する必要がある。

⑴ 言葉は、身近な人に親しみをもって接し、自分の感情や意志などを伝え、それに相手が応答し、その言葉を聞くことを通して次第に獲得されていくものであることを考慮して、幼児が教師や他の幼児と関わることにより心を動かされるような体験をし、言葉を交わす喜びを味わえるようにすること。

⑵ 幼児が自分の思いを言葉で伝えるとともに、教師や他の幼児などの話を興味をもって注意して聞くことを通して次第に話を理解するようになっていき、言葉による伝え合いができるようにすること。

⑶ 絵本や物語などで、その内容と自分の経験とを結び付けたり、想像を巡らせたりするなど、楽しみを十分に味わうことによって、次第に豊かなイメージをもち、言葉に対する感覚が養われるようにすること。

⑷ 幼児が生活の中で、言葉の響きやリズム、新しい言葉や表現などに触れ、これらを使う楽しさを味わえるようにすること。その際、絵本や物語に親しんだり、言葉遊びなどをしたりすることを通して、言葉が豊かになるようにすること。

⑸ 幼児が日常生活の中で、文字などを使いながら思ったことや考えたことを伝える喜びや楽しさを味わい、文字に対する興味や関心をもつようにすること。

表現

〔感じたことや考えたことを自分なりに表現することを通して、豊かな感性や表現する力を養い、創造性を豊かにする。〕

1 ねらい

⑴ いろいろなものの美しさなどに対する豊かな感性をもつ。

⑵ 感じたことや考えたことを自分なりに表現して楽しむ。

⑶ 生活の中でイメージを豊かにし、様々な表現を楽しむ。

2 内容

⑴ 生活の中で様々な音、形、色、手触り、動きなどに気付いたり、感じたりするなどして楽しむ。

⑵ 生活の中で美しいものや心を動かす出来事に触れ、イメージを豊かにする。

⑶ 様々な出来事の中で、感動したことを伝え合う楽しさを味わう。

⑷ 感じたこと、考えたことなどを音や動きなどで表現したり、自由にかいたり、つくったりなどする。

⑸ いろいろな素材に親しみ、工夫して遊ぶ。

⑹ 音楽に親しみ、歌を歌ったり、簡単なリズム楽器を使ったりなどする楽しさを味わう。

(7) かいたり、つくったりすることを楽しみ、遊びに使ったり、飾ったりなどする。
(8) 自分のイメージを動きや言葉などで表現したり、演じて遊んだりするなどの楽しさを味わう。

3 内容の取扱い

上記の取扱いに当たっては、次の事項に留意する必要がある。

(1) 豊かな感性は、身近な環境と十分に関わる中で美しいもの、優れたもの、心を動かす出来事などに出会い、そこから得た感動を他の幼児や教師と共有し、様々に表現することなどを通して養われるようにすること。その際、風の音や雨の音、身近にある草や花の形や色など自然の中にある音、形、色などに気付くようにすること。

(2) 幼児の自己表現は素朴な形で行われることが多いので、教師はそのような表現を受容し、幼児自身の表現しようとする意欲を受け止めて、幼児が生活の中で幼児らしい様々な表現を楽しむことができるようにすること。

(3) 生活経験や発達に応じ、自ら様々な表現を楽しみ、表現する意欲を十分に発揮させることができるように、遊具や用具などを整えたり、様々な素材や表現の仕方に親しんだり、他の幼児の表現に触れられるよう配慮したりし、表現する過程を大切にして自己表現を楽しめるように工夫すること。

第3章 教育課程に係る教育時間の終了後等に行う教育活動などの留意事項

1 地域の実態や保護者の要請により、教育課程に係る教育時間の終了後等に希望する者を対象に行う教育活動については、幼児の心身の負担に配慮するものとする。また、次の点にも留意するものとする。

(1) 教育課程に基づく活動を考慮し、幼児期にふさわしい無理のないものとなるようにすること。その際、教育課程に基づく活動を担当する教師と緊密な連携を図るようにすること。

(2) 家庭や地域での幼児の生活も考慮し、教育課程に係る教育時間の終了後等に行う教育活動の計画を作成するようにすること。その際、地域の人々と連携するなど、地域の様々な資源を活用しつつ、多様な体験ができるようにすること。

(3) 家庭との緊密な連携を図るようにすること。その際、情報交換の機会を設けたりするなど、保護者が、幼稚園と共に幼児を育てるという意識が高まるようにすること。

(4) 地域の実態や保護者の事情とともに幼児の生活のリズムを踏まえつつ、例えば実施日数や時間などについて、弾力的な運用に配慮すること。

(5) 適切な責任体制と指導体制を整備した上で行うようにすること。

2 幼稚園の運営に当たっては、子育ての支援のために保護者や地域の人々に機能や施設を開放して、園内体制の整備や関係機関との連携及び協力に配慮しつつ、幼児期の教育に関する相談に応じたり、情報を提供したり、幼児と保護者との登園を受け入れたり、保護者同士の交流の機会を提供したりするなど、幼稚園と家庭が一体となって幼児と関わる取組を進め、地域における幼児期の教育のセンターとしての役割を果たすよう努めるものとする。その際、心理や保健の専門家、地域の子育て経験者等と連携・協働しながら取り組むよう配慮するものとする。

個人情報の保護に関する法律（抄）

平成15年法律第57号
一部改正：令和5年法律第47号 令和５年６月７日公布

第二章　国及び地方公共団体の責務等

（地方公共団体の責務）
第五条　地方公共団体は、この法律の趣旨にのっとり、国の施策との整合性に配慮しつつ、その地方公共団体の区域の特性に応じて、地方公共団体の機関、地方独立行政法人及び当該区域内の事業者等による個人情報の適正な取扱いを確保するために必要な施策を策定し、及びこれを実施する責務を有する。

第四章　個人情報取扱事業者の義務等

第一節　総則

（定義）
第十六条　２　この章及び第六章から第八章までにおいて「個人情報取扱事業者」とは、個人情報データベース等を事業の用に供している者をいう。ただし、次に掲げる者を除く。
一　国の機関
二　地方公共団体
三　独立行政法人等
四　地方独立行政法人

第二節　個人情報取扱事業者及び個人関連情報取扱事業者の義務

（データ内容の正確性の確保等）
第二十二条　個人情報取扱事業者は、利用目的の達成に必要な範囲内において、個人データを正確かつ最新の内容に保つとともに、利用する必要がなくなったときは、当該個人データを遅滞なく消去するよう努めなければならない。

（安全管理措置）
第二十三条　個人情報取扱事業者は、その取り扱う個人データの漏えい、滅失又は毀損の防止その他の個人データの安全管理のために必要かつ適切な措置を講じなければならない。

（第三者提供の制限）

第二十七条　個人情報取扱事業者は、次に掲げる場合を除くほか、あらかじめ本人の同意を得ないで、個人データを第三者に提供してはならない。

一　法令に基づく場合

二　人の生命、身体又は財産の保護のために必要がある場合であって、本人の同意を得ることが困難であるとき。

三　公衆衛生の向上又は児童の健全な育成の推進のために特に必要がある場合であって、本人の同意を得ることが困難であるとき。

四　国の機関若しくは地方公共団体又はその委託を受けた者が法令の定める事務を遂行することに対して協力する必要がある場合であって、本人の同意を得ることにより当該事務の遂行に支障を及ぼすおそれがあるとき。

五　当該個人情報取扱事業者が学術研究機関等である場合であって、当該個人データの提供が学術研究の成果の公表又は教授のためやむを得ないとき（個人の権利利益を不当に侵害するおそれがある場合を除く。）。

六　当該個人情報取扱事業者が学術研究機関等である場合であって、当該個人データを学術研究目的で提供する必要があるとき（当該個人データを提供する目的の一部が学術研究目的である場合を含み、個人の権利利益を不当に侵害するおそれがある場合を除く。）（当該個人情報取扱事業者と当該第三者が共同して学術研究を行う場合に限る。）。

七　当該第三者が学術研究機関等である場合であって、当該第三者が当該個人データを学術研究目的で取り扱う必要があるとき（当該個人データを取り扱う目的の一部が学術研究目的である場合を含み、個人の権利利益を不当に侵害するおそれがある場合を除く。）。

（開示）

第三十三条　本人は、個人情報取扱事業者に対し、当該本人が識別される保有個人データの電磁的記録の提供による方法その他の個人情報保護委員会規則で定める方法による開示を請求することができる。

２　個人情報取扱事業者は、前項の規定による請求を受けたときは、本人に対し、同項の規定により当該本人が請求した方法（当該方法による開示に多額の費用を要する場合その他の当該方法による開示が困難である場合にあっては、書面の交付による方法）により、遅滞なく、当該保有個人データを開示しなければならない。ただし、開示することにより次の各号のいずれかに該当する場合は、その全部又は一部を開示しないことができる。

一　本人又は第三者の生命、身体、財産その他の権利利益を害するおそれがある場合

二　当該個人情報取扱事業者の業務の適正な実施に著しい支障を及ぼすおそれがある場合

三　他の法令に違反することとなる場合

配偶者からの暴力の被害者の子どもの就学について（通知）（抄）

21生参学第7号
平成21年7月13日

2．指導要録の取扱いについて

(1) 指導要録の取扱い

指導要録は、児童及び生徒の学籍並びに指導の過程及び結果の要約を記録し、その後の指導及び外部に対する証明等に役立たせるための原簿となるものであり、児童及び生徒の転学の際には、転出元の校長が転学先の校長に指導要録の写し等を送付すること（学校教育法施行規則第24条第３項）。これは、転学先の学校において、進級や卒業の認定を行ったり調査書を作成したりする際に、転出元の指導要録の写し等が必要なためであり、写し等が送付されないと転学先での指導等に支障が生じることがある。

また、児童及び生徒の転学の際には、転出元の指導要録に転学先の学校名及び所在地も記載すること（「小学校児童指導要録、中学校生徒指導要録、高等学校生徒指導要録、中等教育学校生徒指導要録並びに盲学校、聾学校及び養護学校の小学部児童指導要録、中学部生徒指導要録及び高等部生徒指導要録の改善等について」（平成13年４月27日付け13文科初第193号通知））。

(2) 配偶者からの暴力の被害者の子どもについての配慮事項

配偶者からの暴力の被害者の子どもについては、転学した児童及び生徒の指導要録の記述を通じて転学先の学校名や所在地等の情報が配偶者（加害者）に伝わることが懸念される場合がある。

このような特別の事情がある場合には、下記３の留意事項を参照し、配偶者からの暴力の被害者の子どもの就学であることを関係者間で共有するとともに、転学先の学校名や所在地等の情報を知り得る者については必要最小限の範囲に制限するなど、情報を特に厳重に管理した上で、転出元の学校から転学先の学校へ児童及び生徒の指導要録の写し等を送付すること。

3．転学先や居住地等の情報の管理について

配偶者からの暴力の被害者の子どもの転学先や居住地等の情報については、各地方公共団体の個人情報保護条例等に則り、配偶者暴力相談支援センターや福祉部局等との連携を図りながら、厳重に管理すること。

また、就学事務に携わる職員及び学齢簿や指導要録等の保存の責任者は、配偶者からの暴力の被害者の子どもであるなどの特別の事情があることを十分認識し、転学先や居住地等の情報を記している学齢

簿や指導要録等の開示請求等については、特に慎重に対応すること。配偶者（加害者）が児童及び生徒の法定代理人として学齢簿や指導要録等の開示請求をしたような場合でも、教育委員会や学校にあっては、「個人情報の保護に関する法律」（平成15年法律第57号）において、「本人又は第三者の生命、身体、財産その他の権利利益を害するおそれがある場合」はその全部又は一部を開示しないことができる（同法第25条第１項）とされていることや、「学校における生徒等に関する個人情報の適正な取扱いを確保するために事業者が講ずべき措置に関する指針」（平成16年文部科学省告示第161号）において、個人データの開示に関し、「本人の法定代理人から当該本人に関する保有個人データの開示を求められた場合におけるその開示又は非開示の決定に当たっては、当該本人に対する児童虐待（児童虐待の防止等に関する法律（平成12年法律第82号）第２条に規定する児童虐待をいう。）及び当該本人が同居する家庭における配偶者からの暴力（配偶者からの暴力の防止及び被害者の保護に関する法律（平成13年法律第31号）第１条第１項に規定する配偶者からの暴力をいう。）のおそれの有無を勘案すること」とされていること等も踏まえながら、それぞれの地方公共団体の個人情報保護条例等に則り、適切に対応すること。

●監修 **無藤 隆**（むとう・たかし） 白梅学園大学 名誉教授

東京大学教育学部教育心理学科卒業。聖心女子大学文学部講師、お茶の水女子大学生活科学部教授、白梅学園短期大学学長、白梅学園大学教授を経て、現職。教育学の中でも、保育関連や心理学系統が専門。文部科学省中央教育審議会教育課程部会幼児教育部会主査、内閣府幼保連携型認定こども園教育・保育要領の改訂に関する検討会座長等を歴任。著書多数。

●編著 **大方美香**（おおがた・みか） 大阪総合保育大学大学院 教授、大阪総合保育大学 学長

聖和大学教育学部卒業後、曽根幼稚園に勤務する。聖和大学大学院修了後、自宅を開放した地域の子育てサロン、城南学園子ども総合保育センターを立ち上げる。大阪城南女子短期大学教授を経て、現職。博士（教育学）。教育学の中でも保育関連が専門。文部科学省中央教育審議会教育課程部会幼児教育部会委員、厚生労働省社会保障審議会児童部会保育専門委員会委員等を歴任。著書多数。

要録記入例等執筆……池田美保子（元・高槻市立幼稚園 園長）
岡本京子（元・認定こども園 関西女子短期大学附属幼稚園 園長／大阪総合保育大学兼任講師）
太田友子（城南学園幼稚園 園長／大阪総合保育大学 特任教授／博士（教育学））
「育ちの姿シート」記入例執筆……佐々木 晃（元・鳴門教育大学附属幼稚園 園長）
協力……鳩山多加子（文京学院大学人間学部児童発達学科 教授）

カバー、CD-ROMデザイン……株式会社リナリマ
カバー、CD-ROMイラスト……カモ
本文デザイン……鷹觜麻衣子
マンガ……ゼリービーンズ
本文イラスト……ゼリービーンズ、北村友紀、みやれいこ、TICTOC、有栖サチコ、イシグロフミカ
取材・文……小林洋子（有限会社遊文社）
本文DTP……鷹觜麻衣子、有限会社ドット テトラ
本文校正……有限会社くすのき舎
CD-ROM製作……株式会社エムツークリエイト
株式会社ケーエヌコーポレーションジャパン
編集協力……株式会社童夢
編集……石山哲郎、井上淳子、田島美穂、西岡育子

チャイルド本社ホームページ
https://www.childbook.co.jp/
チャイルドブックや
保育図書の情報が盛りだくさん。
どうぞご利用ください。

書ける！ 伝わる！
幼稚園幼児指導要録　書き方＆文例集 平成30年度実施

CD-ROM付き

2018年12月　初版第1刷発行
2023年12月　　　第5刷発行

監修者　無藤 隆
編著者　大方美香
発行人　大橋 潤
編集人　竹久美紀
発行所　株式会社チャイルド本社
〒112-8512　東京都文京区小石川5-24-21
電話　03-3813-2141（営業）　03-3813-9445（編集）
振替　00100-4-38410
印刷・製本　共同印刷株式会社

ISBN978-4-8054-0277-1　NDC376　26 × 21cm　192P